교회란 무엇인가?

IVP(InterVarsity Press)는
캠퍼스와 세상 속의 하나님 나라 운동을 지향하는
IVF(InterVarsity Christian Fellowship)의 출판부로
생각하는 그리스도인을 위한 문서 운동을 실천합니다.

The Household of God
Copyright ⓒ 2002 by Paternoster Publishing
Originally published in English under the title
The Household of God by Lesslie Newbigin
Published by Paternoster Publishing,
an imprint of Authentic Media Ltd.
C/O 500 Avebury Boulevard, Milton Keynes, MK9 2BE, UK.
All rights reserved.

Translated and used by permission of Paternoster Publishing,
through arrangement of rMaeng2, Seoul, Korea.

Korean Edition ⓒ 2010 by Korea InterVarsity Press
156-10 Donggyo-ro, Mapo-gu, Seoul 04031, Republic of Korea

이 한국어판의 저작권은 알맹2를 통하여
Paternoster Publishing과 독점 계약한 IVP에 있습니다.
신 저작권법에 의하여 한국 내에서 보호받는 저작물이므로
무단 전재와 무단 복제를 금합니다.

교회란 무엇인가?

레슬리 뉴비긴 | 홍병룡 옮김

마이클 홀리스에게
감사와 사랑의 마음을 담아

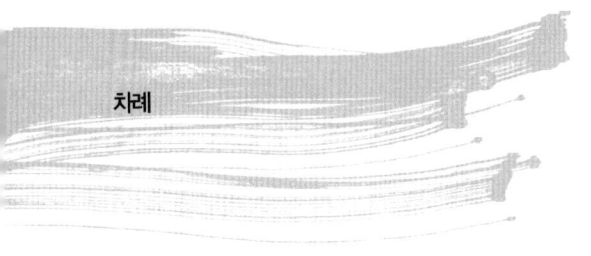

차례

서문

1장 **주제의 배경** 13
- ● **상황적 배경**
  기독교 세계의 붕괴 | 기독교 선교의 경험 | 에큐메니컬 운동
- ● **입장**
- ● **정의**

2장 **신자들의 회중** 37
- ● **성경적 기초**
  그리스도께 영입되는 조건으로서 믿음 - 할례를 둘러싼 논쟁
  연속성과 불연속성 | 오직 믿음으로 - 갈라디아서의 가르침
  믿음과 언약 - 로마서의 가르침
- ● **비판적 논평**
  교회의 구성 요소로서 말씀과 성례
  개신교의 두 가지 약점 | 교회의 권위에 관한 의문

3장 **그리스도의 몸** 73
- ● **성경적 기초**
  예수와 그 사도들 | 하나님의 백성 | 인간과 사회
  인간과 자연 | 복음적 성례 | 바울과 그리스도의 몸
- ● **경험에 기초한 논증**
  그리스도인의 삶의 규범으로서 질서와 연속성
  구조와 믿음, 구조와 경험의 관계 | 복음적 성례의 중심적 위치
  인격적 관계의 진정한 맥락
- ● **비판적 논평**
  연속성은 교회에 필수적인가?
  교회 안에 있는 죄 | 하나님의 자비와 교회의 소망

4장 성령의 공동체 105

- 성경적 기초
- 가톨릭과 개신교 논쟁의 불완전성

  메시지, 구조, 성령 | 성령의 자유와 주권

- 성령과 우리의 구원

  성령과 그리스도의 사역 | 성령과 선택의 문제

- 비판적 논평

  열심과 질서의 대비 | 친교의 범위 | 오늘날의 쟁점

5장 우리 안에 계신 그리스도, 영광의 소망 133

- 성경적 기초

  현재와 미래의 그리스도

  신자–그리스도 안에 있으나 그리스도를 고대하는 사람

- 삼중적 역설

  죽음을 통한 생명 | 이미 가졌으나 아직 가지지 않은

  "이제는 내가 사는 것이 아니요 오직 내 안에 그리스도께서 사시는 것이라"

- 교회의 삶–믿음, 소망, 사랑
- 하나님의 자비로, 하나님의 구원을 위해–재연합의 참된 맥락

6장 모든 민족을 향한 선교 165

- 성경적 기초

  한 마디 경고 | 한 마디 약속 | 한 가지 사명 | 물러가심

- 집합적이고 우주적인 구원의 함의

  소망의 긴장 | 선교의 과업 | 담보와 증인으로서 성령

- 교회의 본질적 요소로서 선교

  교회와 선교회의 이분화 | 선교 사역의 확장에 대한 이해

  세상을 향하는 교회

- 교회–수단인 동시에 목적
- 선교와 연합

  연합에 의존하는 선교 | 선교에 의존하는 연합

해설

서문

이 책은 1952년 11월 글래스고의 트리니티 칼리지에서 행한 커 강연(Kerr Lectures)의 내용을 약간 손질한 것이다. 우선 영예스럽게도 그 강연을 내게 맡겨준 위원회에 깊은 감사를 표한다. 그 초청에 응한 이유는, 지난 5년간 남인도 교회에 몸담는 특권을 누린 만큼 그 경험으로부터 배운 바를 체계적으로 고민해 봐야겠다는 부담을 가지고 있었기 때문이다. 아울러 그와 같은 계기가 없었으면 체계적인 사고 자체가 이루어지지 않을 가능성이 높았기 때문이기도 하다. 나는 교회에 관한 교리 전체를 포괄적으로 다루려 한 게 아니라, 현재 에큐메니컬 논쟁의 중심에 있는 교회의 본질 문제에만 초점을 맞추려 했다. 독자 여러분은 이 책에서 교회 사역과 성례 혹은 믿음의 표준 등에 관한 논의는 찾을 수 없을 것이다. 나는 "교회는 과연 무엇으로 구성되는가?"라는 질문에 나름대로 응답해 보려고 애썼을 뿐이다. 1장은 오늘날 그것이 논의되는 맥락을 개관하고 '교회'(Church)라는 단어의 성경적 의미를 다룬다. 다음 세 장은 이 질문에 대한 세 가지 답—개신교, 가톨릭, 오순절파—에 관해 검토한다. 마지막 두 장은 교회를 종말론적 관점과 선교적 관점에서, 즉 세상의 끝과 땅끝을 동시에 고려하며 바라볼 때 제대로 이해할 수 있다고 주장한다.

이 주제에 관한 문헌을 별로 인용하지 않았는데, 부분적으로는 그런 문헌에 대한 나의 지식이 부족하기 때문이고 또 부분적으로는 이처럼 제한된 주제를 다루면서 항목별로 그동안 책이나 토론을 통해 배운 바를 정리하기가 어려웠기 때문이다. 각주로 인용하진 않았지만 많은 저자에게 빚지고 있다는 점을 독자는 쉽게 알아차릴 수 있을 것이다.

이 논의에서 빠뜨린 중요한 사항 하나를 언급해야겠다. 바로 동방 정교회의 교회론인데, 이를 생략한 것은 교회에 관한 체계적인 논의에서 도무지 용납될 수 없을지도 모르겠다. 나는 교회의 온전함을 회복하려면 정교회가 가르치는 바에 크게 의존하지 않으면 안 된다고 확신한다. 그럼에도 현재의 논의에서 이 중요한 부분을 생략할 수밖에 없었던 이유는, 책과 개인적 관계를 통해 알고 있는 동방 정교회에 관한 내 지식이 너무 일천해서 도무지 엄두가 나지 않았기 때문이다.

이 강연을 준비하고 진행하는 과정에서 개인적으로 도움을 준 여러분에게 진심으로 감사를 표하고 싶다. 트리니티 칼리지의 직원들이 좋은 친구와 격려자로서 정성껏 베풀어 준 친절은 아직도 잊히지 않는다. 스코틀랜드 교회의 해외선교부는 안식년 기간의 상당 부분을 이 일에 쏟을 수 있도록 배려해 주었다. 에든버러 대학교의 교수인 윌리엄 맨슨(William Manson) 목사와 윈저(Windsor)의 참사회 회원인 A. R. 비들러(Vidler) 목사는 친절하게도 이 원고를 읽고 여러 유익한 제안을 해주었다. 에든버러 대학교의 교수인 T. M. 토랜스(Torrance) 목사는 초기 단계에서 읽을 책들을 소개해 주고 좋은 제안을 해주었다. 헬렌 맥니콜(Helen Macnicol)도 비판과 조언을 해주었을 뿐 아니라, 교정본을 기꺼이 읽고 색인을 준비해 주기도 했다. 끝으로 SCM 출판사의 로널드 그레거 스미스(Ronald Gregor Smith) 목사는 여러 귀중한 비평을 해주었고(이 책의 초판은 1953년 SCM 출판사를 통해 출간되었다—편집자 주), 늘 그랬듯이 아주 배려 깊은 출판사의 모습을 보여 주었다. 이 모든 분께 진정으로 감사를 드린다. 남인도 교회는 내가 이제껏 속한 하나님의 백성 가운데 가장 풍성한 경험을 안겨 줬다. 이 책의 내용이 그 값진 경험에 온전히 미치길 바랄 뿐이다. 저자로서 받는 저작권료는 그 교회의 사역에 사용될 것이다.

나는 다음과 같이 기도하는 마음으로 이 책을 썼다. 하나님, 이 책을 읽는 이에게 당신의 사랑의 "너비와 길이와 높이와 깊이가 어떠함을 모든 성도와 함께 깨달을 수 있는" 은혜를 주시고, 하나님의 백성 가운데 당신의 뜻에 걸맞은 평화와 하나됨을 더욱 이루어 주소서.

레슬리 뉴비긴

1
주제의 배경

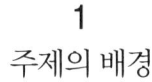

상황적 배경

교회론은 최근 신학 논의의 중심 위치를 차지하기에 이르렀다. 이는 밀접하게 연관된 요인들이 서로 복합적으로 작용한 결과인데, 이 요인들이 우리 논의의 배경을 이루는 만큼 여기서 간략히 살펴보는 것이 좋겠다. 나는 그중 세 가지 요인을 언급할 생각이다. 그것은 기독교 세계(Christendom)의 붕괴, 옛 기독교 세계 바깥에서 이루어지는 교회의 선교 경험, 현대 에큐메니컬 운동의 발흥이다.

기독교 세계의 붕괴

이 말은, 기독교가 거의 민속 종교가 되다시피 했던 서부 유럽, 곧 아시아 대륙의 유럽 반도 서부에서 이루어진 복음과 문화의 통합이 (처음에는 서서히, 나중에는 점점 빠른 속도로) 와해되는 현상을 일컫는다. 그 통합은 천 년에 걸쳐 이룩된 것으로, 당시 동쪽과 남쪽이 이슬람 세력으로 둘러싸여 있던 서부 유럽 민족들이 복음을 개인 생활과 사회 생활 구석구석에 밀어넣어 전 인구가 '그리스도의 몸' (*corpus Christianum*)으로 생각되기에 이른 것을 의미한다. 바로 이 개념이 모든 종교개혁 신학의 배경이 되었다. 종교개혁 신학은 선교적 상황이 아니라 기독교 세계를 당연시하는 상황에 고착되어 있다. 이는 그 신학들이 주창한 교회론은 어디까지나 '그리스도의 몸 된 세계' 안에서 서로 입장을 달리한다는 의미다. 달리 말하면, 그들이 교회를 이방 세계와 대립되는 개념으로 규정한 게 아니라는 뜻이다. 이 점이 그들의 사고 방식에 얼마나 큰 영향을 미쳤는지는 굳이 설명할 필요가 없을 것이다.

중세의 통합이 와해되어 오늘과 같은 세계로 바뀌면서 교회는 다시 한 번 비기독교 세계와 접촉하게 되었는데, 하나는 해외 선교의 경험을 통해서였고, 다른 하나는 기독교 세계 안에서 일어난 반기독교 운동을 통해서였다.

근대 선교 운동의 시작에 관해 연구해 보면 그 운동이 여전히 옛 기독교 세계의 사상에 크게 좌우되었음을 알 수 있다. 사람들은 선교 사역이 기독교 세계의 변경을 확장하는 일이요, 아직까지 기독교 문명의 혜택을 누리지 못한 이들에게 그 혜택을 선사하는 것이라고 생각했다. 첫 개종자들은 이런 생각에 공감했고, 대부분의 경우 선교사가 들고 온 복음과 함께 그들의 문화도 기쁘게 수용했다. 그러나 아시아, 아프리카, 태평양 군도 등 여러 곳에서 교회가 성장함에 따라 그런 생각을 재고할 수밖에 없었다. 복음과 서구 문화를 구분해야 했고, 이는 거꾸로 어떤 문화적 환경에 있든지 복음으로만 사는 그리스도의 몸 된 교회가 자신이 몸담은 사회로부터 구별되어야 함을 의미했다. 해외 선교의 초기 단계에는 기독교 세계가 마련한 거주지가 주변 사회로부터 확실히 분리되어 완전히 별개의 문화 공동체를 이루었고, 그 경계는 선교사들이 사는 구역을 둘러싼 높은 벽으로 상징되었다. 하지만 이제 그런 시대는 지나갔다. 도시와 농촌으로 흩어질수록, 그리스도인이 믿지 않는 이웃과 공유하는 영역이 넓어졌다. 그래서 이제 새로운 구분을 해야 할 때가 되었다. 교회와 세상을 구분하되 기독교 공동체를 지역 문화로부터 분리시키지는 않는 구분 말이다. 그런데 그 구분 작업은 전문 신학자의 몫이 아니라, 날마다 교회를 돌보는 일에 헌신한 수많은 사역자의 몫이었다. 그러나 잠시 후에 살펴보겠지만, 거기에는 깊은 신학적 함의가 담겨 있었다.

그동안, 옛 기독교 세계에서는 비기독교 세력들이 등장해 교회에 이와 똑같은 문제를 안겨 줬다. 처음에는 그 세력들이 기독교 세계의 **관습을** 어느 정도 수용하면서 그 신학에 도전하다가, 마침내는 서부 유럽의 윤리 전통 전체에 공격을 퍼부어 그것을 전혀 다른 것으로 대치하려 했다. 그런 상황이 되자 기독교식 예배, 가르침, 사역 등이 더 이상 공동체 전체의 종교 활동으로 간주될 수 없었다. 교회는 갈수록 이론과 실천 양면에서 공동체 전체와 구별된 하나의 몸으로 스스로를 규정하고, 그 결과 자신의 본질에 대해 성찰하지 않으면 안 되게 된 것이다. 현재 잉글랜드와 스코틀랜드에서 폭넓게 논의되는 이른바 '무차별 세례'(indiscriminate baptism)라는 것이 그런 성찰 작업의 한 본보기다.

기독교 세계의 붕괴가 교회론을 우리 사고의 중심에 놓게 된 데는 또 하나의 이유가 있다. 그 붕괴의 한 국면은 그동안 사람들에게 소속감을 주던 가족, 동네, 동업 집단 등 자연스런 공동체의 유대 관계가 와해된 것이었다. 이는 사회 분석가들이 반복해서 지적하는 것이라 굳이 설명할 필요가 없을 것이다. 서구 문명에서는 개인이 가족과 이웃 등 자연적인 배경에서 점점 벗어나 대체 가능한 사회적 기계의 부품으로 전락하는, 일종의 원자화 과정이 나타났다. 가장 가까운 이웃이라도 서로 이름조차 모른다. 개인은 이곳에서 저곳으로, 이 직장에서 저 직장으로, 이 관계에서 저 관계로, 그리고 (해방 정도가 심해지면) 이 배우자에서 저 배우자로 자유로이 움직인다. 그는 자신이 처한 모든 상황에서 점점 익명의 존재요 대체 가능한 부품으로 변해 가는, 합리주의적 인간 개념의 완벽한 구현체다. 과거 백 년 동안 이 서구 문명이 침투한 곳이면 어디에나 이런 원자화 과정이 나타났다. 콜카타, 상하이, 요하네스버그 같은 근대 도시들의 특징적인 모습은, 수많은 사람이, 마치 오랜 사암 덩어리에서 물로 침식된 모래알처럼, 농촌 마을이나 부족 혹은 카스트 등 오랜 유대 관계에서 떨어져 나와 도시의 소용

돌이 속에서 서로 부대끼는 개체가 된 것이다. 똑같이 빼닮은 익명의 대체 가능한 단위들로 전락한 모습이다.

그와 같은 상황에서 인간이 참 공동체를 갈망하는 것은 너무나 자연스런 현상이다. 공동체가 없이는 인간다운 존재가 될 수 없기 때문이다. 특히 그리스도인들이 하나님이 주신 참 공동체, 곧 예수 그리스도의 교회에 관한 교리에서 해결책을 찾으려는 일은 더더욱 자연스럽다. 우리는 전권을 휘두르는 한 집단이 개인을 그 영혼까지 완전히 통제함으로써 일종의 원시 집단 상태로 돌아가려 했을 때 얼마나 끔찍한 결과를 초래했는지 직접 목격했다. 그럼에도 우리에게 대안이 없다면 인간이 외로움을 해결하기 위해 취한 조치를 비난할 수만은 없다. 사람들이 과거 어느 때보다 절실하게 다음과 같은 질문을 던지는 것은 무척 자연스런 현상이다. "이 땅에 내가 속할 수 있는 하나님의 가족, 모든 사람이 자기 집처럼 편안히 거할 수 있는 그런 처소가 정말 존재하는가? 만일 존재한다면, 어디서 그것을 찾을 수 있고, 그 특징은 무엇이며, 기존의 가정, 민족, 문화와 같은 공동체들과 어떤 관계가 있으며 어떻게 구별되는가? 그 경계선, 구조, 회원의 조건은 무엇인가? 그리고 어쩌다가 자칭 하나이자 거룩한 공동체의 대변인이라는 사람들이 그 공동체의 본질을 둘러싸고 싸워서 분열되고 부조화하게 된 것인가?" 기독교 세계의 붕괴는 이런 의문들이 전면에 떠오르게 했다. 따라서 이에 대해 명백하고 믿을 만한 대답을 주는 것보다 더 긴급한 일은 없지 않나 생각한다.

기독교 선교의 경험

교회가 유럽 바깥에 있는 비기독교 종교 문화들과 접촉하는 것을 계기로 교회와 세상의 관계에 대한 실제적 질문들과 교회의 본질에 관한 의문이 제기되었다고 이미 언급한 바 있다. 이런 실제적 문제들을 가지고 씨름한 결과, 교회에 관한 의문이 지난 20년 동안 선교 사상을 지배하기에 이르렀다. 이제 이에 대해 더 자세히 설명할까 한다.

서부 유럽에서만 살아 온 사람들은 교회가 소위 기독교 문화에 둘러싸여 있다는 사실이 얼마나 중요한지를 실감하기 어려울 것이다. 비기독교 문화에 둘러싸인 교회를 경험해 봐야 그 차이점을 실감할 수 있다. 서부 유럽에 있는 교회들은 대체로 교인들이 수행하는 세상 일에서 교회와 직접 관련이 없는 부분이 훨씬 크다는 사실을 당연하게 여긴다. 교육, 의료, 예술, 음악, 농업, 정치, 경제 등이 각각 별개의 영역으로 취급되며, 그 속에 몸담은 그리스도인은 그 일을 수행하는 데 필요한 지침을 교회가 아니라 그 분야의 전문가들─신자든 아니든─로부터 제공받는다. 이런 활동들을 교회가 직접 관할하던 시대는 이미 지났고, 지금은 아무도 그런 것을 기대하지도 용납하지도 않는다. 하지만 이 세속 문화가 기독교 세계 안에서 자랐다는 사실은 아직도 그 문화의 성격에 깊은 영향을 미친다. 기독교 사상이 세속 문화에 참여하는 이들의 사고와 행습에 상당한 영향을 미친다는 말이다. 그리스도인이 개별적으로 그 문화에 크게 기여할 수 있는 것은, 그 문화가 애초에 단일한 기독교적 인생관과 생활 방식에서 유래한 만큼 아직도 그 영향을 상당히 받고 있기 때문이다. 교회는 직업을 가진 교인들이 사고와 행동에서 기독교적 표준을 유지할 가능성이 있다는 것을 알기 때문에, 당장은 파산에 대한 염려 없이 예배, 종교적 가르침, 교제의 기회를 제공하며 아주 '종교적인' 일에만 집중할 수 있다. 그래서 교인들의 여러 관심사 가운데 아주 작은 부분만 다루는, 반(半)기독교적 문화 내의 느슨하게 결속된 친교 모임 정도로 바뀌고 있다. 교인에게 교회는 여러 협회 가운데 하나에 불과하므로, 교인이 된다는 것은 교인들과 비교적 피상적인 관계를 유지하는 것을 의미할 뿐이다.

물론 나는 이런 그림이 부분적으로만 진실이며, 서구의 모든 교회가 이 점에서 똑같은 태도를 가진 게 아니고, 많은 그리스도인이 이런 현상을 슬퍼하고 그에 따른 엄청난 위험을 의식하며 그 흐름을 뒤집어 교회가 '세속' 질서에 더 깊이 관여할 수 있는 길을 찾고 있다는 것을 충분히 안다. 그럼에도 이 그림이, 가령 힌두교와 같은 비기독교 문화 한복판에 있는 교회의 상황과 아주 대조되는 모습을 보여 주기에 충분하다고 생각한다. 그러면 이제 후자의 상황에 대해 대략 묘사해 보자.

첫째, 비기독교 문화에서 그리스도인이 된다는 것은 그 문화 전체와 철저히 결별하는 것을 뜻한다. 그 문화에도 좋은 것이 많을 수 있으나, 그것은 지배적인 종교 사상에 의해 좌우되므로 개종자는 보통 완전히 결별해야 한다고 느낀다. 전혀 다른 원리들에 의해 움직이는 새로운 공동체의 일원이 되면, 새로운 공동체에서 충분히 자리를 잡은 후에는, 자신이 떠난 그 문화를 잘 평가해 보고 그 가운데 좋은 것을 보존하는 게 가능하다. 이제는 대부분의 대인 관계가 교회의 동료 교인들과 형성될 것이며, 결정적인 순간마다 교인들을 찾게 될 것이다. 이제 자신의 전 존재가 새로운 분위기에 둘러싸여 새로운 환경의 지배를 받는다. 그는 새로운 클럽에 가입한 회원이라기보다 새로운 가정에 입양된 아이와 같다. 교회는 이제 그가 몸담은 여러 친교 모임 가운데 하나가 아니라 삶의 총체적 환경이 되었다.

둘째, 이제 개인의 측면이 아니라 교회의 측면에서 그 상황을 보자. 새로운 영토를 밟은 교회는 대부분 당장 그 지역 사회를 위해 교육, 의료, 농업, 산업 등 여러 분야에 걸쳐 온갖 봉사를 해야 한다고 느낀다. 그런 봉사를 통해 이방 문화 속에서 새로운 개인의 행동 양식을 보여 줄 뿐 아니라, 종교적 영역을 넘어 폭넓은 분야에서 집합적 행동 양식도 보여 주어야 한다고 느낀다. 혹자는 이런 모습이 콘스탄티누스 시대 이후 선교 사역의 특징이긴 해도 기독교 선교의 본업은 아니라고 주장할 수도 있다. 내 관심사는 단지 근대 선교 사역의 보편적 특징이었던 이 모습이 교회론을 재고하도록 만든 하나의 요인이었음을 보여 주는 것이기 때문에, 여기서 이 문제를 놓고 논쟁을 벌일 필요는 없다.

셋째, 비기독교 문화에 둘러싸인 교회는 규율 문제를 진지하게 고민해야 한다. 최근에 개척한 어린 교회들은 한결같이 이 문제에 봉착한다. 규율이 필요한 이유는 두 가지다. 하나는, 개종자가 카스트나 지역 사회 혹은 부족의 전통적 규율에서 벗어난다는 것은 곧 그것을 대치하는 새로운 사회적 규율을 제공할 책임이 교회에 주어진다는 의미이기 때문이며, 다른 하나는 규율이 없으면 비기독교 세계를 대상으로 한 교회의 증언이 타협을 피할 수 없기 때문이다. 기독교 세계에서 유래된 전통적 태도들을 재고할 필요성이 가장 시급하게 대두되는 부분이 바로 이 영역이다. 기독교 세계에 두 가지 대조적인 태도가 공존한다는 것은 주지의 사실이다. 한편으로는 국가 교회의 전형적 태도가 있는데, 이는 일반 공동체의 삶에 대한 일정한 책임을 수용하면서도, 세상을 구원하는 데 필요한 뚜렷이 구별되는 공동체의 모습을 보여 주지 못하는 경우다. 다른 한편으로는 이와 반대로 모인 공동체의 태도가 있는데, 이는 교회가 세상으로부터 그리고 명목상의 기독교로부터 따로 부름받은 것은 분명 의식하지만, 교인이 교인답지 않은 행동을 할 때 그들을 치리할 책임에서 완전히 등을 돌리는 경우다.

이방 세계에서 선교하는 교회는 이 두 태도 중 어느 것도 취할 수 없다. 한편으로, 교회는 주변의 이방 세계와 분리된, 차별성 있는 공동체여야 한다. 하지만 다른 한편으로, 교회는 개종자들을 예부터 내려오던 그 땅에서 뿌리째 뽑아 완전히 새로운 땅에 이식했기에 그들과 그들의 자손에 대한 책임을 모면할 수 없다. 지역에 따라 차이가 있겠지만, 인도에서는 이 문제가 상당히 심각한 편이다. 인도의 경우, 세례 의식을 통해 개종자들을 오래전부터 내려오던 카스트와 지역 공동체의 유대 관계에서 떼어내 그리스도의 공동체로 옮겨놓고서 그들에 대해 일정한 책임을 지지 않는다면, 교회는 충격적일 만큼 무책임하다는 비난을 면할 수 없을 것이다. 이 개종자들은 세례를 통해 그동안 공동 생활의 준거가 되었던 사회적 규율의 끈을 완전히 끊어 버렸다. 그런데도 교회가 그들에게 새롭고 더 나은 사회적 규율을 주지 않는다면, 인간의 행복을 강탈한 것으로 정죄받을 수밖에 없을 것이다. (곧 분명해지겠지만) 이 필요를 채우려는 노력, 즉 그들을 교권적 횡포가 아니라 기독교의 자유로 인도하는 참으로 복음적인 규율을 제공하려는 노력이 바로 교회의 본질에 대해 가장 어려운 질문을 제기한다.

넷째, 비기독교 세계에 이처럼 오랜 종교 문화와 구별되는 새로운 공동체가 자리잡는 상황에서 연합의 문제가 불가피하게 떠올랐다. 그런 선교적 상황에서 기독교가 분열한다는 것은, 어떤 면으로든 도무지 관용할 수 없는 비정상적인 모습임에 틀림없다. 하나의 세계로 여겨지던 기독교 세계 내에서 교회가 분열되었을 때는, 세상의 주된 흐름은 점차 세속 권력에 맡기고 교회는 그리스도 안에서 신앙 생활을 연구하는 일에만 몰두할 수 있었다. 종교적 모임을 중심으로 한 이 신앙 생활이 교인들에게 갈수록 적은 것만 요구한 것은 물론이다. 그런데 교회들은 (거의 천 년만에 처음으로) 선교적 상황에 던져졌다. 하나님을 알지 못하는 광대하고 유서 깊은 종교 문화 앞에서 유일하신 주님이요 구원자를 증언하라는 부름을 받은 것이다. 이때 그들이 그리스도를 세상의 구속자라고 전해도 이 메시지의 지리적 함의가 수용되지 않는다면 순전히 허튼소리에 불과하다는 것을 깨닫기 시작했고, 교회가 서로 적대적인 집단으로 분열되는 것이 복음의 중심 진리들과 양립할 수 없다는 점이 분명해지기 시작했다. 지난 몇 년 동안 선교와 연합을 묶는 끈이 바로 복음의 중심부에 놓여 있다는 사실을 보여 주는 많은 글이 쏟아져 나왔기에, 여기서 다시 반복할 필요는 없을 것이다. 모든 선교 사역의 한복판에 그리스도의 영원한 약속—"내가 땅에서 들리면 모든 사람을 내게로 이끌겠노라"(요 12:32)—이 우뚝 서 있으며, 그 목표는 바로 "다 그리스도 안에서 통일되게 하려는"(엡 1:10) 것이다. 세상을 향해 나아갈 때, 교회는 자신이 그리스도의 화해의 사역이 낳은 첫 열매요 그 사역의 도구로 존재한다는 것과, 스스로 분열되는 것은 그 본질에 완전히 어긋나는 일종의 자가당착임을 알고 있다. 이처럼 복음의 중심부에 선교와 연합을 묶는 끈이 놓여 있기에, 기독교 세계 내에서는 교회들이 분열을 좌시했으나, 선교적 상황에 놓였을 때는 그런 분열이 도무지 용납될 수 없는 걸림돌임을 발견한 것이다. 이런 새로운 선교 경험 덕분에 교회들은 따로따로인 관계에서 서로 존중하는 관계로, 서로 존중하는 관계에서 협력하는 관계로, 그리고 (적어도 일부 지역에서는) 협력하는 관계에서 유기적인 연합으로 진전되어 갔다.

그리고 이 점은 이제 우리 논의에서 셋째 요인에 해당하는 에큐메니컬 운동의 발흥으로 이어진다.

에큐메니컬 운동

에큐메니컬 운동은 근대 선교 운동이 낳은 하나의 부산물이다. 그것은 본래 옛 기독교 세계 바깥에서 이루어진 선교 경험에서 파생된 것이지만, 교회가 기독교 세계 안에서도 새로운 이교도 사상들에 직면하는 일종의 선교적 상황에 처하자 훨씬 더 심화되었다. 그 뿌리에 해당하는 선교의 맥락에 계속 충실하지 않으면 에큐메니컬 운동은 타락할 수밖에 없기 때문에, 이 사실을 염두에 두는 것이 중요하다. '에큐메니컬'의 어원인 신약 성경의 '오이쿠메네'(*oikumene*)가 범세계적인 교회를 지칭하는 게 아니라 교회가 보냄을 받은 곳, 즉 인간이 거주하는 온 땅을 가리킨다는 사실을 유념하면, 그 이름은 그대로 보존되어야 한다. 그런데 오늘날은 잘못된 에큐메니컬 운동으로 빠질 위험이 있다. 즉, 선교에의 부름에는 순종하지 않은 채, 그저 옛 기독교 세계가 붕괴된 현장에 서서 저 멀리 더 광대한 새로운 기독교 세계가 다가오는 것만 바라보며 위로를 얻으려 한다. 결국 막다른 골목에 봉착할 이런 비전은 아무리 매력적으로 보여도 단호히 거부해야 한다. 철두철미하게 선교적 성격을 띠지 않으면 진정한 에큐메니컬 운동이라 할 수 없다. 진정한 교회론은 세상의 구원자와 세상 사이에 있는 팽팽한 긴장 관계를 늘 견지해야 하기 때문이다. 세계교회협의회(World Council of Churches, 이하 WCC)와 국제선교협의회(International Missionary Council, 이하 IMC)가 서로 긴밀한 관계에 있으나 별개의 기구로 있다는 사실은, 교회의 본질에 대한 선교적 개념이 아직 교회의 일반적인 사고 방식에 충분히 스며들지 않았음을 방증한다.

현 단계에서 에큐메니컬 운동의 결정적 특징은 WCC의 결성에 있다. 이에 함축된 의미를 그 협의회와 회원 교회들이 이제야 서서히 인식할 뿐이다. 그 교회들은 암스테르담에서 열린 첫 대회에서 다음과 같은 선언을 했다.

"우리는 이 WCC를 결성하기로 언약을 맺었다. 우리는 반드시 함께할 것을 다짐한다. 우리는 곳곳에 있는 기독교 회중들에게 이 상호 언약을 승인하고 그대로 이룰 것을 요청한다. 우리 모두 하나님께 감사하는 마음으로 장래를 그분께 의탁한다."

이 선언은 교회 간의 관계에 원대한 변화가 일어났음을 시사한다. 에큐메니컬 운동은 더 이상 몇몇 개인이나 집단의 문제가 아니며, 상당히 제한된 목표만 있는 것도 아니다. 이 교회들은 하나님과 모든 신자 공동체 앞에서 서로 헌신하기로 다짐했다. 이것이 무엇을 의미하는지 지금으로서는 모두 알 수 없다. 첫 대회는 에큐메니컬 운동이 이처럼 서로 연합하도록 도와주심에 하나님께 감사하면서 이렇게 고백했다.

"우리는 (하나님이) 우리 가운데 권능으로 역사하신다고 믿으며, 우리가 희미하게밖에 볼 수 없는 저 목표들을 향해 계속 인도하실 것을 믿는다. 그분이 우리 가운데 이미 이루신 것이나 그것이 우리의 가는 길에 어떤 함의가 있는지는 아직 완전히 알지 못한다."[1]

교회들이 여기에 담긴 함의가 무엇인지를 깊이 생각하는 중에 여러 중요한 의문이 제기되었다. 이 언약을 통해 회원 교회들은 어떤 의미에서 서로를 교회로 인정했다고 볼 수 있는가? 그들이 서로를 신약적 의미에서 '교회'로 인정했다면, 교회의 본질에 관한 자신들의 교리는 옆으로 제쳐놓기로 한 것인가? 혹은 그런 교리에 그저 이차적인 중요성만 부여하기로 한 것인가? 그렇지 않다면, 어

---

1) *Findings and Decisions*, 1948년 네덜란드 암스테르담에서 열린 WCC 1차 총회, Section I Report, para. VI.

떻게 그들은 자신들이 보기에 본질적 요소들이 결여된 공동체를 교회로 승인할 수 있는가? 이런 의문들이 당장 공식적인 대답을 달라고 아우성을 쳤다.

암스테르담 대회가 열리고 2년이 지난 후(1950년), 토론토에 모인 WCC 중앙위원회는 회원 가입의 의미에 대해 지극히 자세하면서도 균형 잡힌 성명서를 발표했다. 그 성명서는 회원이 된다는 것이 다른 회원 교회들을 완전한 의미에서 교회로 취급할 의무가 있다든가, 자신의 교회론을 그저 상대적인 것으로 간주해야 한다든가, 교회 연합의 가시적 형태에 관한 특정 견해를 반드시 수용해야 한다는 것을 **의미하는 게 아님을** 천명했다. 긍정적으로는, 다음과 같은 가정들이 WCC 결성의 밑바닥에 깔려 있는 동시에 회원 가입의 의미라고 발표했다. 모든 회원은, 그리스도께서 그분의 몸 된 교회의 유일한 머리가 되신다는 것과 따라서 교회는 하나라는 것을 인정한다. 각 회원 교회는, 보편 교회(the Church Universal)가 **어떤 의미에서** WCC의 경계를 뛰어넘는다는 것과 '**어떤 의미에서 그런가?**'는 함께 연구하고 대화할 주제라는 것, 그리고 이처럼 자기와 다른 교회들이 지닌 참 교회의 요소들을 인정한다는 것은 상호 대화의 의무를 짊어진다는 의미임을 인정한다. 또 자신들이 세상에서 다함께 증언할 것이 무엇인지, 서로 도우며 살아간다는 것이 무엇인지, 그리스도의 몸을 세우기 위해 서로 영적인 관계로 들어간다는 것이 무엇인지 등을 그리스도로부터 함께 배워야 한다는 점을 모두가 인정했다.

이 성명서가 진술하는 바에 따라 현 상황을 요약하자면, WCC는 교회가 하나가 되어야 한다는 확신을 제도적으로 구현한 것이지만 그 연합의 형태에 대해서는 중립적 입장을 취한다고 할 수 있다. 따라서 교회 연합에 관한 다양한 견해는 풍성한 대화를 나눌 수 있는 여지를 마련해 준다. 어떤 이들은 하나님의 뜻에 따른 교회 연합이 이미 자신의 교회에 존재한다고(특정한 신앙고백으로 표현된 교리들에 대한 동의로든, 특정 역사적 체제의 수용으로든) 주장하면서, 자신의 교회 외에는 완전한 의미의 교회가 존재하지 않는다고 믿는다. 또 어떤 이들은 교회를 향한 하나님의 뜻에 대해 이와 다른 견해를 갖고, 다양한 형태의 교리와 체제를 모두 참 교회로 수용한다. 이들은 모두 WCC의 회원이 될 자격이 있으며, 회원이 된다고 해서 견해를 바꿔야 하는 것은 아니다. WCC야말로 그들이 풍성한 대화를 나눌 수 있는 장(場)이다.

물론 WCC가 만남의 장소나 토론을 위한 포럼 정도에 불과한 것은 아니다. 암스테르담에 모인 교회들이 말한 '상호 언약'은 공허한 소리에 불과한 게 아니다. 이전에는 존재하지 않았던 무언가가 생겨나, 서로의 다짐을 통해 증언과 사역에서의 새로운 연합을 낳았다. 그래서 WCC가 지금도 실존하는 것이고, 여러 분야—증언, 봉사, 그리스도의 몸을 세우는 일 등—에서 갈수록 더 효과적으로 활동할 수 있는 것이다. 이야말로 하나의 새로운 사실, 하나의 새로운 현실이다. 이 기구가 존재하게 된 것은 회원 교회들이 서로를 그리스도의 백성으로 인정할 수밖에 없었기 때문이다. "우리는 서로 분열되어 있으나, 분열되지 않은 그리스도께서는 우리를 당신의 소유로 만드셨다." 회원 교회들은 (어떤 교회론을 갖고 있든지) 그 획기적인 선언을 할 수밖에 없었고, WCC 안에서 함께하는 것 자체가 (어떤 의미에서) 그리스도 안에서 함께하는 것이라는 선언에 담긴 함의를 받아들일 수밖에 없었다. 에큐메니컬 운동에 참여한 이라면 누구도 이 점을 의심할 수 없다. 그 운동 안에서의 하나됨은 곧 그리스도 안에서의 하나됨이라는 의미다. WCC는 다양한 교회관을 가진 이들이 서로 만나는 중립적인 장소에 불과한 게 아니다. 그 자체가 일종의 교회적 특성을 갖고 있다.

따라서, **그 취지에 있어서는** WCC가 교회 연합의 형태에 관한 한 중립적이라는 토론토 성명을 받아들여야 하지만, **실제에 있어서는** WCC 자체가 연합의 한 형태이므로 중립적이라는 점에 동의할 수 없다. 그리고 WCC는 분열에서 연합에 이르는 과도기의 한 단계일 뿐이다. 그렇게 보지 않는다면, 분명히 **잘못된** 형태라고밖에 말할 수 없다. 그렇다고 해서 내가 상충되는 다양한 교회론의 중립적 입장에서 말한다는 뜻은 결코 아니다. 나는 하나님의 뜻에 따른 교회 연합은 적어도 다음의 형태를 지녀야 한다고 믿는다. 예수를 주님으로 고백하는 자가 모인 곳에는 사도의 가르침과 교제 가운데 함께 거하고 떡을 떼며 기도하는 가시적인 모임이 있어야 하며, 그 모임의 초점은 말씀, 성례, 사도적 사역이다. 또 우리가 친구로 택한 자들이 아니라 하나님이 우리에게 이웃으로 주신 자들로 구성된 가시적 친교가 나타난다. 그러므로 교회는 한마디로 곳곳에서 그리스도 안에서 재창조된 인간이라 할 수 있다. 교회는 모든 사람이 아무 것도 아닌 존재가 되는 곳이기에 **모두** 하나가 될 수 있는 곳이다. **각** 사람 속에 있는 옛 사람이 말씀, 세례, 성찬을 통해 십자가의 죽음을 맞이하기에 그리스도 안에 있는 새 사람이 날마다 새롭게 되는 곳이다. 그것은 지역적이고 회중적인 공동체이기에 그 하나됨은 범세계적인 연합을 이룬다.

이런 믿음을 갖고 있기 때문에, 연방(federation)의 형태로 재연합을 시도하는 것은 헛된 일이다. 연방은 문제의 핵심—인간이 동네에서 영위하는 일상 생활—을 비켜간다. 또 연합의 대가로 죽음과 부활을 요구하지도 않는다. 여러 종파를 하나로 묶되 각 지체에게 일상 생활의 모든 면에서 대가를 치르도록 요구하지 않고, 자신의 영성을 자유로이 즐기도록 내버려둔다. 그들이 바라보는 연합의 초점은 지역 회중을 배경으로 한 말씀과 복음의 성례가 아니라, 탁자와 회의실이다. 그들은 신약 성경을 진지하게 읽으면 교회의 다원성을 거론하는 것 자체가 매우 불합리하다는 사실을 붙들고 씨름하지 않는다. 달리 말하면, 그런 입장을 견지하는 것은 '교회'라는 단어의 의미를 신약 성경과 상관없이 이해하는 셈이다. 바울이 일컫는 소위 육신적인(고전 3:3-4) 교회론이 되어버린다. 연방 개념의 치명적 오류는 회개가 없는 재연합을 제시한다는 점이다.

나는 WCC가 연방 형태의 교회 연합이라고 주장하고 싶지 않다. 이 점은 토론토 성명을 통해 그리고 회원 교회들이 성찬 교류(intercommunion)를 하기로 다짐하지 않았다는 사실을 통해 분명히 알 수 있다. 하지만 기독교적 연합의 구현체인 만큼 WCC는 하나의 연방 형태에 해당한다. 그리고 여러 이유—WCC가

중립적인 만남의 장 이상의 존재라는 점, 그 안에서 성령 안의 진정한 공동 생활이 일어난다는 점, WCC가 오늘날 기독교 세계의 삶에서 가장 풍성하고 소중한 측면이라는 점, WCC가 세상을 향한 온갖 봉사와 증언을 위한 효과적인 교회 간의 협조 기관이라는 점—로 말미암아, WCC가 분열에서 연합으로 가는 여정의 한 단계요 더 큰 목표 달성을 위한 하나의 수단에 불과하다는 사실을 잊을 위험이 많다. WCC 자체를 교회 연합의 온전한 모습으로 간주하는 것은 치명적인 오류를 범하는 셈이다. 나는 WCC의 회원이 되는 것이 우리 시대에 하나님이 열어 놓으신 연합의 길이며 이 길을 거부하는 것은 하나님의 부르심을 외면하는 것이라고 확신한다. 그러나 이것은 어디까지나 길이지 종착점이 아니다. 만일 종착점으로 간주된다면, 그것은 잘못된 종착점으로 정죄되어야 마땅하다. 우리는 지금이 아주 중대한 순간임을 알아야 한다. 또 '신앙과 질서'(Faith and Order)에 관한 작금의 토론이 유기적 재연합을 향하지 않는다는 것과, 상당히 많은 그리스도인이 현 수준의 협력 관계에 만족한다는 것을 알아야 한다. 달리 말하면, WCC는 스스로 교회 연합의 형태와 관련해서 중립적이라고 선포하지만, 실상은 일종의 연방 형태의 연합 기관으로 받아들여질 위험이 농후하다.

WCC의 사역을 열렬히 지지하는 절대 다수의 개신교도[2]들은 다음과 같은 생각을 품고 있다. 어떤 의미에서 교회들이 서로를 교회로 받아들여 협의회 안에서 서로 언약을 맺은 것인데, 가톨릭이 마땅히 밟아야 할 다음 단계로 여겨지는 회원 교회들 간의 성찬 교류를 거부하는 바람에 실망하고 상처를 받았다는 것이다. 다수가 이런 성찬 성찬 교류를 유기적 연합을 향한 진전으로 간주할 것이다. 그러나 내가 보기에는 오히려 더 많은 수가 그것을 유기적 연합을 향한 진전이 아니라 유기적 연합의 대치로 여기게 될 수도 있다. 그 본보기의 하나가

---

[2] 내가 여기서 사용하는 '개신교'와 '가톨릭'이라는 단어들은 현재 에큐메니컬 토론에 참여하는 두 가지 대표적인 입장을 묘사하는 것으로, 아주 느슨한 의미로 쓰였다. 그리고 여기에 사용된 '가톨릭'(Catholic)이란 단어는 여러 신앙고백에서 사용되는 그런 의미[보편적]가 아니다.

연방 형태를 바람직한 목표로 받아들이는 잉글랜드 자유 교회들의 현재 입장이다. 이런 상황에서 나는 가톨릭의 비타협적 태도가 잠정적으로 정당화될 수 있다고 생각한다. 그들은 현재로서는 성찬 교류를 거부하는 것이 자신들의 교회의 본질에 관한 성경적 진리를 충실히 견지하는 유일한 길이라고 생각한다. 그렇지 않으면 타협의 위험이 있기 때문이다.

그런데 가톨릭도 실은 딜레마에 빠져 있다. 그들이 에큐메니컬 운동에 동참하는 것 자체가 자신들의 전통 신학이 들어설 자리를 없애는 조치이기 때문이다. 가톨릭교도는 교회의 본질이 단 하나의 가시적 공동체를 이루는 것이라고 믿는데, 이런 신념은 옳다. 그리고 이를 진지하게 여기는 사람은 자신이 속한 그 교회가 바로 그 공동체라고 믿어야 한다. 그렇다면 그 사람은 다른 기독교 공동체들을 교회로 취급할 수 없는 법이다. 그런데도 가톨릭은 WCC 내에서 (어떤 의미에서) 그들을 교회로 인정하지 않을 수 없어 그들과 언약을 맺었다. 그러나 전통적인 가톨릭 신학의 언어는 그 일을 정당화하는 범주를 제공하지 못하기에, 그런 조치가 타인의 눈에는 불성실하거나 일관성이 없는 행위로 비칠 것이다. 가톨릭교도는 가령 주교 제도가 교회에 필수적이라고 주장한다. 즉, 주교가 없는 공동체는 교회가 아니라는 것이다. 그런데도 스스로를 교회로 생각한다면, 이는 망상에 사로잡힌 것이다. 따라서 기독교적 사랑은 그들을 그와 같은 망상에서 구출하는 것이며, 사이비 교회에서 구원하여 참 교회로 인도하는 것이다. 그럼에도 불구하고, 그는 에큐메니컬 운동을 통해 그리스도께서 다른 교회들에도 계시다는 사실을 알게 된 이상 가톨릭의 공식 입장을 반박하게 된다. 그로서는 성령을 거스르지 않고는 그 사실을 부인할 수 없다. 이에 따른 논리적 결론은 "주교 제도가 교회에 필수적이다"는 진술을 "주교 제도는 교회에 아주 소중하다"는 진술로 수정하는 일인 것 같다. 그런데 그렇게 하면 자신의 신학적 입장 전체를 무너뜨리는 결과를 초래한다. 따라서 가톨릭은 논리적으로 진퇴양난에 처한 셈이다. 그럼에도 그 입장을 고수함으로써 자칫 잃어버릴 수 있는 중요한 기독교 진리 하나를 변호하는 중이다.

그 결과, 잘 알다시피 우리는 교착 상태에 빠졌다. WCC가 협력과 대화의 기관으로서는 갈수록 힘을 더 얻지만, 교회의 가시적 재연합에는 거의 진전이 없고 오히려 교단들의 입장이 더 강화되는 형편이다. 그래서 갈수록 WCC는 하나의 과도기적 단계로 인식되기보다 영구적인 연합의 형태인 것처럼 여겨진다. WCC가 견지하는 교회적 중립성은 자칫 교회를 연방 연합의 상태에 안주하게 만들 위험이 있다. 이미 언급했듯이, 그렇게 되면 치명적 결과를 초래할 것이다. 그런 결과를 피하려면 교회론의 측면에서 신학적 곤경을 뚫고 나가는 길 말고는 다른 도리가 없는 것 같다. 교회가 이런 처지에 빠져 있기에 내가 다루려는 교회론은 아주 시급한 문제일 수밖에 없다.

입장

지금까지 논의의 배경을 이야기했으니 이제 어떤 입장에서 이 문제를 취급할지에 대해 한 마디 할까 한다. 내가 중립적 태도를 취할 수 없다는 점은 이미 분명히 했다. 나는 내가 섬기는 남인도 교회에 입각해서 말할 수 있을 뿐이다. 그 입장에서, 나는 하나님이 원하시는 보편 교회의 가시적 연합의 형태에 대해 아주 확실한 견해를 지니고 있다. 그것이 무엇인지는 이미 시사한 바 있다. 어쩌면 보편 교회의 헌법과 관련해 가장 중요한 점은 현 교회는 마땅히 되어야 할 모습이 아니라고 명시적으로 고백하는 일이 아닐까 생각한다. 남인도 교회가 룬드 대회(Lund Conference)를 위해 준비한 성명서에서 몇 문장을 인용하고 싶다.

아마 어떤 교회도 그 기초 문헌이 시사하는 만큼 정적이진 않을 것이다. 남인도 교회는 그 헌법에 아예 동적인 개념을 포함시켰다. 그 헌법은 하나의 출발점이라고 명시하지 종착점인 것처럼 행세하지 않는다. 그 헌법은 여전히 분열 상태에 있는 세

교회가 연합을 감행하는 출발점으로 그리고 분열되었을 때보다 연합할 때 진리가 더 분명히 보일 것이라는 믿음으로 작성한 것이다. 그 헌법은 최종 목표가 "그리스도의 이름을 고백하는 모든 이가 보편 교회 안에서 하나 되는 것"이라고 인정함으로써 자신의 부분적이고 잠정적인 성격을 시인하며, 그 진정성 여부는 이처럼 지역마다 "그리스도의 몸의 보편적 하나됨의 원리를 지역별로 표현해야 한다"(헌법 2조 2항)는 원칙에 의해 시험되어야 한다고 주장한다. 이런 표현이 분명히 밝히듯, 남인도 교회는 자신이 아직 '교회'라는 단어가 마땅히 지녀야 할 그 완전한 의미의 교회가 아니라고 고백한다. 즉, 스스로 길을 가는 중이라고 고백하며 그 길이 바른 길이라고 주장하지만, 이미 도착한 듯이 행세하지는 않는다.

이 강의가 조금이라도 건설적인 특징을 지닌다면, 그것은 바로 이 성명서에 내포된 의미를 끌어내는 일일 것이다. 교회란 순례의 길을 걷는 하나님의 백성이다. 교회는 모든 사람이 하나님과 화목하게 되기를 간절히 원해 서둘러 땅끝까지 이르고, 만인을 하나로 모을 그 주님을 만나기 위해 끝날까지 서둘러 길을 재촉하는 행진을 계속한다. 그러므로 교회의 본질을 결코 정적인 언어로 묘사할 수 없으며, 오직 그 종착점의 견지에서만 규정할 수 있다. 교회를 올바르게 이해하려면 반드시 선교적인 관점과 종말론적인 관점을 동시에 가져야 하고, 이런 관점에 입각해야 교착 상태에 빠진 에큐메니컬 논쟁에 종지부를 찍을 수 있다. 그런데 이 해결책은 이론적으로만 만족스러운 게 아니라, 이론과 실제가 뗄 수 없이 묶여 있는 해답의 형태를 띨 것이다(이 점이 대단히 중요하다). 우리가 당면한 곤경에 대해 종말론을 적용하는 한 가지 방법이 있다. 이 곤경이 내세에는 사라질 것이므로 이 문제를 해결하기 위해 우리가 아무런 수고도 할 필요가 없고 다만 자족하고 그것을 받아들이는 것이다. 그러나 이것은 종말론을 완전히 잘못 적용한 것이다. 그리스도의 초림과 재림 사이에 위치한 현 시대는, 장차 도래할 시대의 권세가 현재 그 능력을 발휘하여 만인이 그리스도 안에서 하나가 되도록 이끈다는 데 그 의미가 있다. 교회가 연합하지 않고 선교적 성격을 버리는 것은 본질에 어긋나는 자가당착이다. 교회는 현재의 모습이 아니라 그것이 지향하는 종말에 의해 규정되어야 한다. 그리고 그 종말의 능력은 현재 교회 안에서 작동한다. 이는 장차 완전히 드러날 유업의 보증인 성령의 능력을 일컫는다. 방금 에큐메니컬 논쟁의 교착 상태를 푸는 길은 선교적인 동시에 종말론적인 관점을 품는 데 있다고 했는데, 이것이 성령에 대한 새로운 순종과 성령에 새롭게 사로잡히는 것을 의미하지 않는다면 그릇된 해결책이 될 수밖에 없다. 이 관점은 행동과 불가분의 관계에 있다. 그리고 우리의 행동은 선교의 방향과 연합의 방향 모두를 지향해야 한다. 이 둘이야말로 성령이 하시는 사역의 양 측면이기 때문이다.

정의

이제까지 상황적 배경과 내가 이 문제에 접근하는 입장에 대해 말했으니 이제 정의에 관해 다룰 차례다. 주제가 교회인 만큼, 교회란 인간이 모인 사회로서 (아직 육체 가운데 사는 이들과 관계되는 한) 여러 인간 공동체 가운데 존재하는 하나의 가시적 공동체라는 말부터 해야겠다. 그러면 "교회의 경계는 무엇인가?"라는 질문에 관해 말할 필요가 있을 것이다. 우리는 지금 어떤 경계를 **가진** 사회에 대해 말하는 것이지 추상적인 명사나 비가시적인 플라톤의 이데아에 관해 말하는 게 아니다. 물론 우리가 말하는 교회(the Church)에는 믿음 안에서 죽어 현재 우리 눈에는 보이지 않으나 우리와 함께 심판과 부활과 승리의 날을 기다리는 이들도 포함된다. 그들 가운데 누가 교회에 속하고 속하지 않는지를 우리가 정할 필요는 없다. 그들은 지금 하나님의 손에 있다. 하지만 지금 육체 가운데 사는 이들에 대해서는 그 책임이 우리에게 있다. 우리는 이 땅에 존재하는 하나님의 가시적 회중을 인식하고 거기에 합류하라는 요구를 받는다. 이 회중은 성령 안에서 그리고 성령에 의해 조성된 것이므로 믿음으로만 알려진 공동체다. 그러나 그것은 하나의 가시적 회중이다. 슈미트(K. L. Schmidt)의 말처럼(앞으로 여러 번 언급할 키텔 사전[3]의 글을 인용하면), "정확히 그리스도인만큼이나 가시적이고 한시적인" 것이다. 이 점은 매우 중요하기 때문에 이 도입부를 마감하기 전에 좀더 자세히 살펴볼 필요가 있다.

성경 역사의 중심에는 하나님의 소유된 백성, 왕 같은 제사장, 그분의 빛을 열방에 비추는 민족이 되도록 가시적 공동체를 부르시는 이야기가 놓여 있다. 이스라엘은 어떤 의미에서 당시 셈족 세계의 작은 부족에 불과하다. 하지만 이 스라엘—그 동일한 이스라엘—은 하나님의 소유가 된 백성이기도 하다. 그 반역에도 불구하고 이스라엘은 여전히 그분의 소유다. 이는 하나님이 선물을 주시고 소명을 주신 이상 후회하시지 않기 때문이다. 바로 이 작은 부족이 하나님을 왕으로 모신 제사장 나라요 그분의 거룩한 백성이다. 그리고 이 점은 신약 성경에서도 마찬가지다. 거기에도 '하나님의 백성', '그리스도의 몸'이라 불리는 지상의 가시적 무리가 있다. 우리 주님이 책이나 신조, 사상이나 삶의 규율이 아니라 가시적 공동체를 남겨 놓으셨다는 데는 분명 헤아릴 수 없이 깊은 뜻이 담겨 있다. 개신교도들은 이 사실을 끊임없이 묵상해야 한다. 그분은 구원 사역을 위한 노력을 모두 그 공동체에 쏟으셨다. 이는 어떤 이념을 중심으로 모였기에 이념이 우선하고 공동체는 부차적인 그런 경우가 아니다. 그 공동체는 주님의 의도적인 선택에 의해 다함께 부름받아 그분 안에서 재창조된 공동체이며, 또 단계적으로 그분이 누구시고 무슨 일을 하셨는지를 밝히 드러냈고 현재도 드러내는 공동체다. 따라서 실재하는 공동체가 먼저고 그 정체성에 대한 이해는 부차적이다. 교회는 우리의 교회관이나 교회에 대한 믿음에 의해 그 존재가 좌우되지

---

3) *Kittle's Bible Key Words*(four books in one volume): book 2: K. L. Schmidt, *The Church*(New York: Harper and Brothers, 1951).

않는다. 교회는 무엇보다 주님이 친히 조성하신 가시적 실체로 존재하며, 그 실체에 대한 우리의 이해는 부차적이다. 이 가시적인 실체, 곧 구체적인 이름과 주소를 가진 남자와 여자들로 구성된 이 공동체가 바로 하나님의 교회다. 이는 오순절 날에 현존했던 것으로, 주님이 날마다 구원받는 자들을 더하신 공동체다.

하나님의 교회, 하나님의 회중 혹은 하나님의 총회(ecclesia theou)라는 말과 그 본체는 모두 옛 세대에서 넘어온 것이다. 앞서 언급한 슈미트의 글은, 이 단어의 본질적 의미가 '하나님의'(theou)라는 말이 언제나 따라온다는 사실에 달려 있음을 보여 준다. 그런 식으로 표기되거나 그렇게 이해된다는 것이다. '에클레시아'(ecclesia)라는 단어 자체는 '모임' 혹은 '집회'라는 뜻밖에 없다. 누가 그 모임을 주관했는지 혹은 누가 거기에 참석했는지를 알 필요가 있다. 이 점에서 우리는 하나님의 교회 혹은 하나님의 회중을 다루는 것이다. 이 모임의 특성은 그 회원들이 아니라 그 머리로부터, 거기에 가입하는 이들이 아니라 그것을 조성한 분으로부터 나온다. 그것은 어디까지나 하나님의 모임이다. 그렇기 때문에, 슈미트가 설명하듯, 사도행전과 서신서들에 나오는 것처럼 단수와 복수가 혼용될 수 있고, 어느 경우든 소유격 '하나님의'가 붙는 것이다. 그래서 에베소에 있는 하나님의 모임, 서머나에 있는 하나님의 모임, 혹은 아시아에 있는 하나님의 모임이란 식으로 지칭할 수 있다. 그렇다고 해서 아시아의 교회(the Church of Asia)가 여러 지역 교회로 이루어졌다거나, 지역 교회들이 전체를 대변하는 교회(the Church)의 '지점들'이라는 뜻은 아니다. 이는 하나님이 에베소, 서머나, 아시아 전역에서 서로 비슷한 모습의 모임을 조성하신다는 것을 의미한다. '하나님의 회중'이란 표현도 가정에서 모이는 소그룹 모임과 범세계적인 가족 전체를 가리키기에 적합한 호칭이다. 왜냐하면 그 모임의 진정한 특성은 바로 하나님이 그 모임을 조성하신다는 사실에 있기 때문이다. 이로써 우리는 "두세 사람이 내 이름으로 모인 곳에는 나도 그들 중에 있느니라"(마 18:20)라는 그리스도의 말씀을 상기하게 된다.

이와 비슷한 예로, '나라'(Kingdom)라는 단어의 용법을 들 수 있다. 신약 성경에서 '바실레이아 투 데우'(*basileia tou theou*)라는 어구는 주로 하나님의 왕권의 임재와 행사를 의미한다. 여기서 중요한 의미를 부여하는 단어는 '데우'다. 그런데 느슨하게 표현될 때는 '나라'라는 단어가 홀로 사용됨으로써 마치 그것이 어떤 영역이나 사물의 질서를 가리키는 것처럼 오해를 불러일으키기도 한다. 슈미트는 이 점이 에클레시아의 용법에도 그대로 적용된다고 말한다. 여기서도 중요한 의미를 부여하는 단어는 '데우'(하나님의) 혹은 '크리스투'(*Christou*, 그리스도의)이다. 그것은 하나님이 곳곳에서 모으시는 교회 혹은 회중이다. 이는 하나님의 교회며, 그 모든 특성이 이 사실로부터 나온다. 그것을 홀로 존재한다고 생각하는 순간 곁길로 빠지게 된다. 그 모임을 주관하시는 하나님이, 사고나 논증의 목적상 잠시 동안이라도, 결코 그 그림에서 배제되어서는 안 된다. 동시에 그것은 진정한 모임이다. 하나님이 정말 일하신다. 그래서 회중이 실재하는 것이다. 바로 이들이 하나님이 모으신 백성이요, 하나님의 교회다.

이와는 대조적으로, 통속적인 수준에서 비가시적 교회 개념이 인기를 끄는 이유는 (내가 크게 오해한 것이 아니라면) 각자가 내키는 대로 자격을 정할 수 있다는 점이다. 그것은 우리가 (현재 우리의 영적인 수준에서) 자격 있는 회원이라고 간주하는 이들로 이루어진, **우리의** 이상(理想)에 따른 교회다. 이런 식으로 그려진 교회는 당연히 우리의 영성에 덧붙여진 부속물일 뿐이다. 이는 성경이 말하는 교회가 아닌 하나의 관념으로, 인간 영성의 종류만큼 잡다하고 들쑥날쑥한 모양을 지닐 것이다. 하나님의 회중은 이와 상당히 다르다. 그것은 하나님이 몸소 기꺼이 불러 그 아들과 교제하도록 모으신 사람들이다. 그 교인들은 그분이 직접 택하신 것이지 우리가 택한 것이 아니므로, 좋든 싫든 우리는 그들을 받아들여야 한다. 그것은 서로 격리된 모임(segregation)이 아니라 함께 모이는 모임(congregation)이며, 그것을 조성한 힘은 하나님의 사랑, 곧 사랑스럽지 않은 이까지 사랑하시고 모든 사람을 구하기 위해 손을 뻗치시는 그 사랑이다. 물론 비가시적 교회의 개념에 아주 중요한 진리가 담겨 있는 것은 사실이다. 즉, 교회를 구성하는 것은 다름 아닌 하나님의 성령의 역사이며 그것은 눈에 보이지 않는다는 진리다. 그러나 교회는 하나님이 자신의 아들과 교제하도록 부르신 사람들로 구성된 가시적 모임이다. 바울이 교회를 지칭할 때 사용한 위대한 용어들—그리스도의 몸, 그리스도의 신부, 하나님의 성전 등—은 고린도와 소아시아 등지에 있던 가시적이고 죄 많은 회중들을 지칭할 때 사용한 것으로, 사실 그들 가운데 있는 다양한 죄악과 무질서를 시급히 바로잡기 위해 쓴 편지에서 사용되었다.

비가시적 교회라는 개념이 나온 배경은, 가시적 교회가 예수 안에 계시된 하나님의 뜻과 완전히 배치되는 것들로 가득 차 있다는 자명한 사실에 있다. 물론 로마 가톨릭을 논박할 때 이 개념을 활용했던 루터는 동시에 믿음으로 의롭게 된다는 신조에 의해 교회가 서기도 하고 넘어지기도 한다고 주장함으로써, 교회 안에 있는 죄의 문제를 올바르게 해석하는 길을 가리켰다. 죄 많은 남녀로 구성된 부정한 집단이 어떻게 그리스도의 몸이 될 수 있는가 하는 문제는 죄 많은 인간이 어떻게 하나님의 자녀로 영접될 수 있는가 하는 문제와 똑같은 것이다. '이신칭의' 교리는 그리스도인과 교회에 동시에 적용된다. 우리가 현재와 같은 상황에 빠진 것은, 종교개혁자들이 그리스도인의 처지에 적용한 이 근본 통찰을 그대로 연장하여 교회의 본질에 적용하지 않았기 때문이며, 이 점이 이 강연을 진행하면서 다룰 여러 실마리의 하나가 될 것이다. 슈미트는 이미 인용한 바 있는 대목에서, 기독교 공동체는 정확히 그리스도인만큼 가시적이라고 했다.

이 진리를 받아들이더라도 아직 해결되지 않은 문제가 무수히 많다. 이 땅의 교회가 하나님이 자신의 아들과 교제하도록 부르신 자들의 가시적 몸이라는 견해에 동의한다면, 그 몸을 어디서 찾을 수 있느냐는 의문이 떠오른다. 그것이 오순절 날에 어디에 있었는지는 안다. 바로 예루살렘에 있었다. 그런데 오늘날에는 어디에 있는가? 어떤 표지나 사역이 있을 때 그 공동체가 하나님의 교회라는 것을 알 수 있는가? 우리는 교회가 그리스도 예수를 통한 하나님의 대속 행위에 의해 조성된다는 점에 동의한다. 그분의 성육신, 삶, 죽음, 부활, 승천, 하나님 오른편에 앉으심, 성령의 선물 등에 의해서. 그러면 그 후대에 속하는 우리는 어떻게 그 대속 행위에 동참하게 되는가? **우리는 어떻게 그리스도께 영입되는가?** 이것은 꼭 다뤄야 할 중요한 문제다.

이 질문에 세 가지로 응답할 수 있다고 생각하는데, 이 셋은 교회의 삶 속에 깊이 구현되어 있다.

첫째, 복음을 듣고 믿음으로써 그리스도께 영입된다. 둘째, 역사적 연속성을 지닌 교회에서 성례에 참여함으로써 영입된다. 셋째, 성령을 받고 그 안에 거함으로써 영입된다.

일단 이 세 가지 입장을 단도직입적으로 진술하고 나니 다음 세 가지 점이 분명해지는 것 같다. 먼저, 이 셋은 서로 배타적인 관계가 아니며, 다음으로, 이 가운데 어느 하나라도 부인하는 그리스도인은 거의 없을 것이고, 끝으로, 이 세 입장을 서로 조합한 유형과 그 근사치는 한없이 다양하다는 점이다. 그럼에도 불구하고, 나는 이 세 입장을 따로 떼어놓아야 우리 문제에 가장 잘 접근할 수 있다고 생각한다. 고전적 개신교, 그 가운데서도 특히 루터교회의 경우는 성례에 커다란 가치를 부여한다. 하지만 주요 강조점은 믿음에 둔다. 그리고 믿음은 들음에서 기인하므로 설교가 교회의 삶에서 압도적 우위를 차지한다. 아울러 성령의 사역을 알며 그것을 거론도 하지만 이에 대해선 상당히 유보적인 태도를 표명한다. 뜨거운 열정을 미심쩍어하고 '영적인 체험'에 큰 비중을 부여하길 꺼린다. 가톨릭의 경우는 설교를 중시하고 믿음의 필요성도 인정하지만, 종교 생활의 중심을 설교보다는 성찬에 둔다. 성령께서 행하시는 성화 사역을 인정하지만, 아무래도 교회의 성례에 결정적 중요성을 부여한다. 셋째 유형은 (그것을 모두 아우르는 이름을 찾기가 어려운데) 설교와 성례를 모두 인정하고 그것들을 소중히 여기지만, 그 판단 기준을 자신의 체험에서 찾고 역사적 연속성에 대해서는 관심을 두지 않는다. 이 세 가지 응답은 모두 자신의 입장을 지지하는 성경적 근거를 제시할 수 있다. 이어지는 강의에서 우리는 각 입장이 성경과 복음의 본질에 어떤 근거를 두고 있는지 살펴보고, 대략적으로나마 교회 역사에 비추어 각각을 조명해 보고자 한다. 아울러 이 가운데 어느 하나를 취해 그것만을 교회의 본질을 이해하는 실마리로 삼을 때 어떤 잘못된 결과를 초래하는지도 보일 것이다. 마지막 두 강의에서는, 교회란 땅끝까지 그리고 끝날까지 이르는 여정에 잠시 **경유하는** 공동체라는 점에 비추어 교회의 본질에 대해 숙고할 것이다.

2
신자들의 회중

내가 가장 먼저 거론하는 교회관이 자연스럽게 우선적 위치를 차지한다고 할 수 있겠다. 마가에 의하면, 주님이 공생애를 시작하면서 하신 말씀은 믿음으로의 초대였다. "예수께서 갈릴리에 오셔서 하나님의 복음을 전파하여 이르시되 때가 찼고 하나님의 나라가 가까이 왔으니 회개하고 복음을 믿으라"(막 1:14-15). 그분의 사역은 좋은 소식을 선포하는 일, 회개하고 복음을 믿으라는 메시지와 함께 시작되었다. 복음서에는 믿음을 요구하는 예가 매우 많다. 요한에 따르면, 예수님은 사람들이 하나님의 일이 무엇이냐고 묻자, "하나님께서 보내신 이를 믿는 것"(요 6:29)이라고 응답하셨다. 그분을 믿는 것은 곧 영생을 얻는 것이다. 믿는 것이 현재 그분의 치유와 죄 사함이 주는 유익에 동참하는 데 필요한 조건이다. 사도행전은 그리스도인을 한 마디로 믿은 자들이라고 언급한다. "주 예수를 믿으라. 그리하면 너와 네 집이 구원을 받으리라"(16:31). 이는 사도들이 빌립보 감옥의 간수에게 한 말로, 그들이 모든 사람에게 전한 메시지의 요약으로 봐도 무방하다. 믿음의 우선성을 증명하기 위해 더 많은 보기를 들 필요는 없지만, 신약 성경이 우리와 그리스도의 관계를 거론할 때마다 거의 매번 '믿는다', '믿음'과 같은 단어를 사용한다는 점만은 유념할 필요가 있다.

성경적 기초

그리스도께 영입되는 조건으로서 믿음 – 할례를 둘러싼 논쟁

우선 할례의 문제를 중심으로 벌어진 여러 논쟁에 특별히 주목할 필요가 있는데, 이 논쟁은 사도 바울뿐 아니라 교회 전체에 교회의 본질과 관련된 근본적인 문제를 불러일으켰다. 사실 그렇게 될 수밖에 없었다. 당시 어린 교회에 일어난 이 이야기를 생각하면 할수록, 사도들의 혁명적 용기와 성령의 인도하심에 철저히 의존하는 태도에(이전에 하나님의 백성이 밟았던 길과는 아주 다른 곳으로 인도하실 때조차) 놀라움을 금할 수 없다. 창세기에 나오는 다음과 같은 하나님의 말씀이 주후 1세기의 신실한 히브리인에게 얼마나 강력한 구속력을 가졌을지 상상해 보라. "너희 중 남자는 다 할례를 받으라. 이것이 나와 너희와 너희 후손 사이에 지킬 내 언약이니라.…나와 너희 사이의 언약의 표징이니라.…할례를 받지 아니한 남자 곧 포피를 베지 아니한 자는 백성 중에서 끊어지리니 그가 내 언약을 배반하였음이니라"(창 17:10, 11, 14). 이 표는 언약 백성의 역사 내내 그들의 표지가 되어 왔다. 그것을 지키기 위해 많은 순교자가 피를 흘렸다. 주님도 할례를 받으셨으며, 그것이 폐지되었다고 시사하신 적은 한 번도 없다. 그분은 모세의 율법 가운데 많은 조항을 고쳐 쓰셨지만, 할례의 법은 그리 하시지 않았다. 예수님조차 손을 대시지 않았던 이 성례를 사도들이 무슨 권위로 감히 손을 댄 것일까?

그 대답을 한 마디로 하자면, '성령의 행위임이 명백한 사실이 지닌 권위'이다. 이 문제가 온전히 포함된 부분이 사도행전 15장에 기록된 예루살렘에서 베드로가 사도들과 장로들에게 한 짧은 연설이다. "형제들아 너희도 알거니와 하나님이 이방인들로 내 입에서 복음의 말씀을 들어 믿게 하시려고 오래전부터 너희 가운데서 나를 택하시고 또 마음을 아시는 하나님이 우리에게와 같이 그들에게도 성령을 주어 증언하시고 믿음으로 그들의 마음을 깨끗이 하사 그들이나 우리나 차별하지 아니하셨느니라. 그런데 지금 너희가 어찌하여 하나님을 시험하여 우리 조상과 우리도 능히 메지 못하던 멍에를 제자들의 목에 두려느냐. 그러나 우리는 그들이 우리와 동일하게 주 예수의 은혜로 구원받는 줄을 믿노라"(행 15:7-11). 사도행전의 기록에 따르면, 할례당을 잠재웠던 것은 바로 이 연설과 더불어 이방인들 가운데서 행하신 하나님의 역사를 증언하는 보고였다. 이를 좀더 자세히 살펴보도록 하자.

첫째, 베드로는 그들에게 가이사랴에서 일어난 사건을 상기시킨다. 일찍이 주권적으로 아브라함을 택하여 그 고향에서 불러내 믿는 자의 시조가 되게 하신 하나님, 사도들을 그리스도의 증인이 되도록 택하신 하나님이 그와 마찬가지로 베드로를 택하셔서 고넬료 집안에 복음을 전하게 하셨다. 그분은 사도 베드로의 방문에 앞서 고넬료와 그 집안을 준비시키셨고, 베드로가 전한 복음을 믿도록 그들에게 믿음이라는 선물을 주셨다. 이는 아브라함을 부르신 행위만큼 확실한 하나님의 구원 행위였다. 신비에 싸인 그분의 선택 행위는 언제나 우리의 듣는 행위나 말하는 행위보다 앞선다. 그분은 창세 전에 우리를 택하셨고, 낯설고 이상하게 보이는 일이 일어나더라도, 우리는 그것이 하나님의 주권적 뜻에 따라 일어났음을 인정해야 한다.

둘째, 이것은 추상적 사변에 불과한 게 아니다. 하나님은 자신의 행위를 친히 승인하셨고, 자신의 증인으로 성령을 보내셨다. 고넬료의 집에서 일어난 사건은 의심과 논쟁의 여지가 없는 것이었다. 성령께서는 오순절에 사도들에게 임한 것만큼이나 확실하게 그 무리에게도 임하셨다. 전자를 살아 계신 하나님의 행위로 받아들이면서 후자를 그와 다른 것으로 취급할 수는 없다. 하나님은 자신의 성령을 이방인들에게 주셨는데, 고넬료의 집에서뿐 아니라 (우리의 형제 바울과 바나바가 증언한 것처럼) 구브로, 비시디아, 갈라디아 등에서도 그렇게 하셨다. 이와 똑같이 논란거리가 된 후대 문헌에 나오는 글귀를 빌리자면, 하나님은 그들과 우리에게 똑같이 "무차별적으로 은혜를 부어주셨다."[1]

셋째, 하나님은 믿음으로 그들의 마음을 깨끗하게 하셔서, 그들이 더 이상

'이방의 죄인'으로, 타락한 이방인으로 취급받지 않게 하셨다. 그들은 하나님의 거룩한 백성으로 영접되어야 마땅하다. 이방인의 마음이 오염된 것은 (바울이 롬 1장에서 보여 주듯) 그들의 불신에 대한 하나님의 심판이다. 그리고 거꾸로, 믿음은 마음을 깨끗하게 한다. 아니, 하나님이 믿음으로 마음을 씻으신다고 하는 편이 낫겠다.

넷째, 이런 사실들을 앞에 두고 이방인에게 감당할 수 없는 모세 율법의 짐을 지우는 것은 하나님을 시험하는 일일 것이다. 하나님을 시험하는 행위는 바로 믿음에 반역하는 것이다. 믿음이란 전인(全人)을 하나님의 말씀과 행위 위에, 그분의 자기 계시 위에 온전히 세우는 일이다. 하나님을 시험한다는 것은 하나님이 주신 것 이상의 확신을 얻으려는 것이다. 하나님은 믿음을 통해 자신의 아들과 교제하도록 이방인들을 부르셨다. 그들에게 율법의 짐을 지우는 것은 하나님께 반역하고 그분의 길에 반대하는 것이다.

다섯째, 그들이든 우리든 구원에 이르는 길은 하나밖에 없다. "우리는 그들이 우리와 동일하게 주 예수의 은혜로 구원받는 줄을 믿는다"(행 15:11). 하나님이 주신 구원의 길은 믿음을 통해 은혜로 구원받는 것이다.

이 연설에 할례에 대한 언급이 하나도 없다는 점을 주목할 필요가 있다. 할례당은 "(이방인 개종자들에게도) 할례를 주고 모세의 율법을 지키라고 명령해야 한다"라고 주장했다. 베드로의 연설은 할례의 문제를 구체적으로 다루지 않고 율법을 전반적으로 다룬다. 그리고 야고보의 요약과 그 회의에서 나온 회칙을 보면, 회의 이전에 제기된 질문이 "율법의 짐 가운데 얼마만큼을 이방인 신자에게 부과해야 하는가?"라는 것이었음을 분명히 알 수 있다. 이 점은 할례 논쟁에 대한 바울의 논리에서도 그대로 드러난다. 그는 언약 백성에 합류하는 의식으로서 할례만 따로 취급하지 않고 그것을 '행위로 의롭게 되려는 길'의 첫째 항목

---

1) *South India Basis of Union*, p. 2.

으로 취급한다. "내가 할례를 받는 각 사람에게 다시 증언하노니 그는 율법 전체를 행할 의무를 가진 자라"(갈 5:3). 직접적인 증거는 없으나, 바울을 반대하던 유대주의자들이 할례를 하나님의 언약 백성이 되는 필수 조건으로 내세웠음을 상상할 수 있다. 당시에는 구약 성경밖에 없었으므로, 틀림없이 이런 주장이 강력한 설득력을 가졌을 것이다. 이게 사실이라면, 베드로의 짧은 연설과 바울의 논점 모두 일반적으로 율법 문제, 특히 할례 문제의 뿌리를 건드린다. 율법과 할례는 사실 동전의 양면과 같으며, 둘 다 인간이 하나님 앞에서 스스로의 위치를 확보하려는 노력의 일환임을 입증한다. 성령을 받고 그 마음이 하나님에 의해 믿음으로 깨끗케 된 신자가 그런 것들을 의지한다면 하나님을 시험하는 것이다. 하나님이 구원을 얻는 길에 명백한 표지들을 세워 놓으셨기에, 하나님이 주신 것 이상의 확신을 추구하는 일은 그분이 제공하신 길을 저버리는 행위다. 여기서 진짜 쟁점이 되는 것은 행위냐 믿음이냐의 문제이고, 논쟁의 계기가 된 할례는 그에 따른 부수적인 사안일 뿐이다.

연속성과 불연속성

그런데 이는 아주 어려운 문제들을 제기한다. 이 새로운 하나님의 일은 그분이 행하신 이전의 일들과 어떤 관계에 있는가? 옛 언약은 새 언약에 의해 완전히 폐기된 것인가? 만일 그렇다면, 교회는 어떤 의미에서 스스로를 하나님의 이스라엘로 간주할 수 있는가? 말하자면, 하나님이 이스라엘과의 언약을 끝내시고 완전히 새로운 조건으로 인류와의 새 언약 관계에 들어가신 것인가? 이스라엘의 부르심은 이제 역사의 먼 뒤안길로 사라지는 중인가? 사도들을 중심으로 한 초대교회는 당시의 상황을 물론 이런 식으로 해석하지 않았다. 그 교회는 주저 없이 스스로를 하나님의 이스라엘로 간주했고, 옛 언약이 담긴 책들을 자신의 성경으로 사용했으며, 거기에 나온 약속과 경고들을 자기 것으로 취했다. 또 이방인 그리스도인들을 좋은 감람나무 줄기에 접붙임 받은 야생 가지로 여겼다.

이 모두는 새 이스라엘이 근본적으로 옛 이스라엘과 연속선상에 있음을 의미한다. 그러나 할례의 포기는 아주 철저한 불연속성을 함의하는 것이다. 그러면 연속성과 불연속성은 서로 어떤 관계에 있는가? 어떤 의미에서 그리스도께서 하나님의 백성을 다시 조성하신 것인가? 그분의 피로 맺어진 새 언약은 어느 정도로 옛 규례들을 무효화하는가?

먼저 이 질문에 대한 잘못된 응답 두 가지를 제쳐놓아야 한다. 첫째로, 할례를 계속 시행하지 않은 이유가 그에 버금가는 다른 의식으로 대치되었기 때문이라고 생각하는 것은 잘못이다. 최근에 옛 언약에서의 할례가 새 언약에서의 세례 혹은 견진 중 하나와(혹은 둘 다와) 상응함을 증명하려는 많은 글이 쓰였다. 이런 논의로 인해 많은 측면이 밝혀지긴 했어도, 할례를 둘러싼 커다란 논쟁은 하나님의 백성으로 영입되는 두 종류의 의식에 관한 논쟁이 아니었다. 그것은 그 백성의 토대를 이루는 근본 원리를 둘러싼 싸움이었다.

사도 바울의 글에서 할례는 믿음과 대조된다(갈 5:6; 롬 4:10-12). 그것은 영에서 난 것과 대조되는 육에서 난 것이요(갈 6:13; 엡 2:11; 빌 3:3), 내적인 것과 대조되는 외적인 것이다(롬 2:28-29). 그것이, 옛 것이 새 것과 대조되듯, 세례와 대조된 적은 한 번도 없다. 그리스도 안에서는 할례를 받든 받지 않든 문제가 되지 않는 이유가, 그분 안에 있으면 모두가 새로운 피조물, 새로운 인간이기 때문이라고 거듭해서 말한다. 단 한 대목에서만 할례가 세례와 아주 가까운 관계로 등장하는데, 이 문제와 관련해 늘 인용되는 단락이므로 언급하는 게 좋겠다. "그 안에서 너희가 손으로 하지 아니한 할례를 받았으니 곧 육의 몸을 벗는 것이요 그리스도의 할례니라. 너희가 세례로 그리스도와 함께 장사되고 또 죽은 자들 가운데서 그를 일으키신 하나님의 역사를 믿음으로 말미암아 그 안에서 함께 일으키심을 받았느니라"(골 2:11-12). 세례는 할례처럼 '손으로 하는' 것이기 때문에, 여기서 "손으로 하지 아니한 할례"는 세례를 가리키는 게 아니다. 이 구절이 의미하는 바에 대해서도 의심할 여지가 별로 없다. 이와 비슷한 구절들(엡

2:11; 롬 2:28-29; 빌 3:2-3)에 비추어 보고, 또 옛 성전과 새 성전을 대조하면서 그 어구가 사용된 것으로 미루어볼 때(막 14:58; 행 7:48; 17:24; 고후 5:1), 이는 분명 하나님의 영이 마음에 역사하시는 것을 가리킨다. 이는 옛 시대에 속한 예언자들이 멀리 내다본 것으로, 새 시대에 허락된 성령의 보증인 마음의 할례를 가리킨다. 이 대조는 사도 바울의 다른 글에 나오는 육체의 할례(다른 곳에서는 이를 '절단'이라 부른다)와 마음의 할례(이는 성령의 역사다)의 대조와 같다. 참된 할례는 그리스도의 죽음, 곧 그분이 스스로 육체와 그 권세를 벗어버리신 사건으로 인해 우리에게 가능해진 것이다(골 2:15). 그것은 성례전을 통해 중개되고 믿음에 의해 충당된다. 만일 이 단락의 요점이 한 의식을 다른 의식으로 바꾸는 데 있었다면, "손으로 하지 아니한 할례"라는 표현을 사용하지 말았어야 한다. 새 언약도 나름의 의식이 있는데, 이에 대해선 잠시 후에 다룰 것이다. 어쨌든 다른 곳에서처럼, 여기서도 할례와 세례가 대조되는 것이 아니라, 손으로 행한 육체의 할례와 성령께서 행하신 마음의 할례가 대조된다. 이 점에서 이 단락은 바울이 언급한 다른 내용들과 맥을 같이한다.

설사 이런 해석이 논박을 받더라도, '옛 언약에서의 할례=새 언약에서의 세례'라는 등식을 뒤집기에 충분한 또 한 가지 점이 있다. 이방인 개종자에게 할례를 요구해야 하는지에 대해 치열한 싸움이 벌어지는데도, 사도행전이나 갈라디아서 혹은 로마서 어디를 봐도 그런 등식은 전혀 암시되지 않는다. 침묵에 근거한 논증이 미심쩍을 때도 있지만, 이 경우만은 논박의 여지가 없다고 생각한다. 갈라디아서를 보면, 사도 바울이 자신이 회심시킨 자들에 대해 노심초사하면서 모든 논리와 방법을 동원해 그들이 위험한 처지에 있음을 설득하려고 애쓰는 장면이 나온다. 그러나 그는 (우리가 비판하는 그 견해에) 결정타를 날릴 수도 있는 한 가지 논리는 사용하지 않는다. 그러니까 "당신들은 이미 세례를 받았기 때문에 할례를 받을 필요가 없다"라든가 이와 조금이라도 비슷한 말을 전혀 하지 않는다. 예루살렘 회의에 대한 보고서에도 이런 논리는 전혀 암시되어 있지 않다.

사도 바울이 그야말로 결정적일 수 있는 논리를 사용하지 않았다는 사실은 정말 믿기지 않는다. 할례는 새 세대에 다른 의식으로 대체되었기 때문에 폐기된 게 아니며, 부정문으로 표현된 이 주장은 그 어떤 진술 못지않게 분명한 진술이다. 이는 우리 입장을 확증해 주는, 참으로 중요한 논점이다.

둘째로, 이와 똑같이 중요한 점이 또 하나 있다. 할례가 외적인 표지이고 새 언약은 외적인 표지가 필요 없기 때문에 할례를 포기한 게 아니다. 이 견해도 흔히 볼 수 있는 것이며, 이를 견지하는 자들에게는 그것이 자명해 보인다. "옛 언약은 외적인 의식과 규례의 문제였는데 반해, 새 언약은 마음 판에 새겨진 영적인 것이라 외적인 표지가 필요 없다"는 것이다. 물론 새 언약은 마음 판에 새겨진 영적인 것임에 틀림없다(렘 31:33). 하지만 그렇다고 외적인 표지가 필요 없는 것은 아니다. 앞서 언급한 성구들이 보여 주듯, 바울은 믿음으로 받는 성령의 인침이 세례의 성례를 통해 중개됨을 당연하게 여긴다. 다음 항목에서 그리스도께 영입되는 데 세례와 성만찬이 차지하는 위치를 상고할 예정이니 미리 다룰 필요는 없겠다. 여기서는 할례를 폐기한 이유가 새 언약이 외적인 표지를 모두 없애버렸기 때문이 아니라는 점을 상기하는 것으로 충분하다. 새 언약도 분명히 외적인 표지를 갖기 때문이다.

우리의 주장을 담은 이 두 부정문을 한 마디로 요약하면 이렇다. 할례를 포기한 이유는 그것이 또 다른 의식으로 대체되었기 때문도, 새 언약에 외적인 표지가 필요 없기 때문도 아니다. 이제 이 논점을 긍정문으로 표현해 보자. 이방인 개종자들에게 할례를 요구하면 안 된다는 결정을 내릴 때 사용된 가장 중요한 용어는 '믿음'과 '성령'이다. 이는 베드로의 연설에서 분명히 볼 수 있다. 그 이유는 세 가지다. 하나님이 믿음으로 이방인 신자들의 마음을 깨끗하게 하셨다는 것, 하나님이 그들에게 성령을 주셨다는 것, 율법의 멍에를 그들에게 지워서는 안 된다는 것. 그리고 할례는, 앞서 언급한 것처럼, 율법의 짐 가운데 첫째 항목으로 취급된다. 그렇다면 새 이스라엘과 옛 이스라엘의 연속성은 어디에 있는 것인가? 그리고 하나님의 백성을 규정하는 궁극적 원리들은 무엇인가?

오직 믿음으로 – 갈라디아서의 가르침

이런 질문에 응답하려면 이 주제에 관한 바울의 논점이 가장 많이 담긴 갈라디아서와 로마서로 눈을 돌려야 한다. 갈라디아서에서 바울은 자신이 사람들로부터가 아니라 하나님께로부터 복음을 받았다는 것과, 자신이 이방인들 가운데 행한 사역은 예루살렘에서 사도들이 유대인들 가운데 행한 사역과 완전히 맥을 같이한다는 것을 확증한 다음에(1:1-2:10), 안디옥에서 유대인의 음식 규례와 관련하여 베드로와 충돌한 사건을 언급함으로써 이 문제에 곧바로 뛰어든다. 이어서 율법의 행위로 의롭게 되는 것과 믿음으로 의롭게 되는 것이 서로 배타적 관계에 있음을 강력히 주장한다. 추론하건대, 베드로는 유대인의 의견에 굴복하여 이 두 세계—믿음으로 말미암는 의와 율법의 행위로 말미암는 의의 좋은 면들을—를 최대한 활용하려 했던 것 같다. 그러나 바울은 가차 없는 논리를 편다. 유대인의 음식 규례를 지켜야 마땅하다면, 그것을 범하는 것은 죄다. 그런데 이방인들과 교제하기 위해 그 규례를 범했다면, 이는 그리스도를 믿는 믿음에 따른 것이다. 따라서 그리스도께서 죄의 앞잡이가 되신 셈이다. 아울러 (신자로서) 허물었던 것을 다시 세우면 범법자가 된다(2:18). 이 둘은 완전히 상호배타적이다. 믿음의 의를 행위의 의로 보충하려 한다면, 그리스도를 죄의 앞잡이로 만드는 셈이다. 이 원리를 할례 문제에 적용하는 일은 너무 뻔한 것이어서 바울은 명시적으로 다루지 않는다. 그러고는 바울 특유의 방식대로 그리스도 안에서의 삶, 그분과 함께 십자가에 못 박힘, 그분과 함께 살아남, 믿음 안에서 사는 삶 등을 자세히 묘사한다. 곧 "나를 사랑하사 나를 위하여 자기 자신을 버리신 하나님의 아들을 믿는 믿음 안에서"(2:20) 사는 인생이다. 그리스도 안에서 사는 삶은 모두 은혜에 보답하는 믿음의 삶이다. 거기에 율법의 행위를 더하는 일은 은혜를 헛되게 만드는 것이다. "의롭게 되는 것이 율법으로 말미암으면 그리스도께서 헛되이 죽으셨느니라"(2:21).

바울은 이와 똑같은 절대적 이분법—율법이냐 믿음이냐—을 다음 장에서도 주장한다. 첫째, 그는 예루살렘 회의에 참석했던 베드로와 같이, 성령과 그분의 사역이 모두 그들의 것이 된 것은 "듣고 믿음으로"라는 기정 사실(3:1-5)을 보라고 호소한다. 그러고는 모세의 율법 이전으로, 심지어 할례 제도가 생기기 전으로 돌아가서 아브라함이 하나님의 약속을 믿는 믿음으로 의롭게 되었음을 상기시킨다. 그러므로 아브라함의 참 자손은 믿음에 근거하고 있으며, 율법에 근거한 이는 율법을 모두 지키지 않는 이에게 임하는 저주 아래 있다고 말한다. 율법과 믿음은 양립할 수 없다. 그러나 그리스도께서 우리를 위해 율법의 저주를 받으셨기에, 우리는 아브라함의 복을 물려받고 믿음을 통해 성령의 약속을 받았다(3:6-14). 그리스도 안에서 지체가 된 이들이 그 약속의 대상—씨앗—이다. 그리고 나중에 주어진 율법은 그 약속을 무효로 만들 수 없다(3:15-18). 율법은 하나님의 약속과 상반되지 않으며, 그 목적은 믿음의 길 외에 하나님께 이르는 다른 모든 길을 봉쇄하는 것이다. 율법이 생명을 줄 수는 없으나 우리를 그리스도께 안내할 수는 있다. 그는 말한다. "이제 너희는 다 믿음과 세례로 말미암아 그리스도의 지체들, 아브라함의 참 자손이 되었다"(3:19-29). "너희가 이 감옥에서 해방되어 하나님의 아들의 영을 받고 그분의 자녀가 되었는데, 어떻게 감옥의 일상으로 되돌아갈 수 있는가"(4:1-11). 이어서 아주 부드러운 어조로 그들이 자신에게 보여 주었던 이전의 사랑을 그리고 그들 속에 그리스도의 형상이 이루어지게 하려고 자신이 다시 겪는 해산의 고통을 상기시킨 다음, 이번에는 이스마엘과 이삭을 비유로 들어 다시 율법과 믿음이 절대로 양립할 수 없다고 그들을 설득한다. 그러고는 지극히 엄격한 어조로, 할례를 받는 자들은 모두 "그리스도에게서 끊어진다"(5:4)라고 증언한다. 그런 사람은 율법으로 의롭게 되려 함으로 아브라함의 씨앗인 그 '새로운 사람'에 속한 지체가 아니다. 그런데 그 참 씨앗에 관해서는 이렇게 말한다. "우리는 성령을 힘입어서, 믿음으로 말미암아, 의롭다고 하심을 받을 소망을 간절히 기다린다. 그리스도 안에서는, 할례를 받거나 안 받는 것이 문제가 되지 않고, 믿음이 사랑을 통하여 일하는 것이 중요하기 때문이다"(5:2-12).

여기서도 성령과 믿음이 핵심 단어로 등장한다. 그리스도 안에 있는 새 사람은 하나님 편에서는 성령의 선물에 의해, 사람 편에서는 믿음에 의해 만들어진다. 그리스도 안에서 우리는 "의의 소망을 기다린다." 우리의 신분은 스스로 의롭게 되어 하나님께 인정받는 자가 갖는 신분이 아니다. 그 대신 하나님을 바라보고, 그분을 기다리며, 아브라함처럼 그분의 약속에 의지하는 자, 하나님이 우리를 위해 쌓아놓으신 모든 것을 보증하시는 그 성령 안에서 유업을 받은 자의 신분이다. 그리스도 안에 있는 지체임을 보여 주는 표지는 할례나 무할례가 아니라 "사랑으로써 역사하는 믿음"이고, 바울이 나중에 지적하듯, 이는 할례나 무할례가 아니라 새로운 창조가 가장 중요하다고 말하는 것과 같다. 믿음이 사랑을 통해 역사하는 이유는, 믿음이 하나님의 사랑을 붙잡아 그 사랑이 그리스도의 모든 지체를 가로질러 흐르도록 그 수문을 열기 때문이다. 그리스도 안에 있다는 것은 성령께서 다스리시고 그 열매를 맺으시는 새로운 창조 세계의 일부가 되는 것이다. 이 편지의 나머지 부분에서, 바울은 옛 창조와 새 창조를 대비하는 방식으로 육체의 행실과 대조하여 이 열매를 묘사한다(5:13-6:10). 끝으로, 친필로 쓴 후기에서는 온 힘을 다해 육과 영, 옛 창조와 새 창조라는 두 영역 사이에 존재하는 절대적 대립 관계를 보여 주려 한다. 할례를 강요하는 일은 육의 세계에 속하는 것이다. 그것은 모든 육신의 자랑을 부끄럽게 만드는 것, 곧 십자가라는 수치(scandal)를 피하려는 욕구 때문에 생기는 것이다. 그리스도 안에 있는 사람은 그리스도의 십자가밖에 자랑할 것이 없다. 그리스도 안에서 그리고 그분과 더불어서 옛 창조에 대해 죽고 새 창조 안에 살기 때문이다(6:11-18).

이렇게 요약한 결과, 이방인 개종자에 대한 할례 요구가 그리스도와의 완전한 단절을 초래하기에 사도 바울이 그것을 거부한다는 점과 이 거부의 근거는 그런 요구가 믿음으로 인한 의를 율법의 의로 보완하려는 것이라는 확신임이 분명해졌다. 그 핵심 사항들을 다음과 같이 정리할 수 있을 것이다.

첫째, 인간이 몸담을 수 있는 영역은 두 가지다. 하나는 율법의 영역으로, 사람이 하나님의 율법에 순종함으로써 그분에게 인정받고자 하는 세계다. 사실 이 영역은 하나님의 저주 아래 놓여 있다. 이는 육신의 영역이다. 다른 하나는 은혜의 영역으로, 사람이 그리스도 안에 계시된 하나님의 은혜에 힘입어 그분께 인정받기를 바라는 세계다. 이는 하나님의 영이 다스리는 영역이다. 우리는 복음을 듣고 믿음과 세례로 그것을 붙잡고 성령을 받음으로써 이 영역에 들어간다.

둘째, 이 두 영역은 완전히 배타적이다. 둘 사이에 어떤 조합이나 타협도 있을 수 없다. 은혜를 행위로 보충하려 한다면, 이는 은혜를 저버리는 것이다.

셋째, 그렇다고 율법이 하나님의 목적에 상반된다는 뜻은 아니다. 이와 반대로, 하나님의 의도는 율법을 통해 은혜와 믿음의 길 이외의 다른 모든 길을 막아 버리는 것이다. 또 율법을 통해 우리를 그리스도께 인도하는 것이다. 하지만 우리는 이미 그리스도 안에서 자유롭게 되었기에 다시 율법의 속박으로 돌아가서는 안 된다.

넷째, 이방인들에게 할례를 요구하는 것은 율법의 영역 전체를 수용하는 것, 곧 율법의 무한한 의무를 짊어지고 육체를 신뢰하며 그에 따른 저주를 받아들이는 것을 의미한다. 따라서 이방인 그리스도인이 할례를 받는 것은 그리스도로부터의 단절을 뜻한다.

믿음과 언약 – 로마서의 가르침

사도 바울이 그리스도 안에서 낳은 자녀들을 구하려고 생사를 걸고 치열하게 싸우며 설파한 이런 확신들을 유념하면서, 이 주제들을 좀더 길고 자세히 다룬 로마서의 처음 열한 장을 살펴보자. 여기서는 목회 사역에서 부딪힌 시급한 위기를 다루는 게 아니라, 그리스도의 몸에 함께 속한 이방인 지체와 유대인 지체의 관계에 관한 더 폭넓은 문제들을 다룬다. 현재 우리의 탐구 주제와 관련하여, 그가 모든 신자에게 열려 있는 그 보편적 복음을 이스라엘이라는 구체적인 역사적 실체와 어떻게 연관시키는지 그리고 교회가 어떤 의미에서 또 어느 정도로 새 이스라엘로(그 역사적 실체의 연장으로) 간주되어야 하는지에 초점을 맞추어 보자.

이 편지의 핵심 주제는 앞부분에 확실히 선포되어 있다. 복음은 모든 믿는 자에게 구원을 주시는 하나님의 능력이다. 그것은, 성경에 기록된 바 "의인은 믿음으로 살리라"는 말씀처럼, 복음에 '믿음으로 말미암는 하나님의 의'가 나타나기 때문이다. 믿음으로 말미암는 하나님의 의, 이것이 바로 이 편지의 주제다(1:16-18). 그런데 의의 배경은 진노다. 의로운 재판관은 악행을 처벌하고, 할례를 받은 자나 받지 않은 자를 막론하고 결국 모든 사람의 은밀한 일을 심판할 것이다(1:18-2:16). 이 마지막 심판 때에는 할례가 아무 소용이 없다. 할례를 받았든 받지 않았든 율법을 실제로 지킨 자들만 칭찬을 받을 것이다. 참 할례는 외적이고 가시적인 것이 아니라, 내적이고 영적인 것이다(2:17-29). 그렇다면 우리에게 남는 것은 외적인 규례를 모두 벗어버린 순전히 영적인 종교뿐인가? 유대인이라는 사실, 가시적인 '에클레시아'의 일원이라는 사실은 아무것도 아니란 말인가? 이와 반대로, 하나님이 유대인에게 자신을 계시하셨음은 아주 명백한 사실이다. 그러면 그 가시적 '에클레시아'에 속한 자들의 일부가 신실하지 않다고 해서 하나님의 언약이 무효화된 것인가? 그렇지 않다. 언약을 지키시는 하나님의 신실함이 인간의 불성실함 때문에 선명하게 드러난 것이다. 그렇다면 하나님의 신실함이 더 돋보이게 하려고 계속 악을 행해야 하는 것인가? 그렇지 않다. 그런 생각은 하나님이 최후에 세상을 심판하실 것이라는 진리와 전혀 양립할 수 없다(3:1-8). 나중에 다룰 내용이지만 여기서 분명히 하고 넘어갈 것은, 교회 안과 밖을 막론하고 모든 사람이 죄를 지었다는 사실이다. 그리스도인이든 이방인이든, 스스로 하나님의 율법을 지켜서 그분께 인정받을 자는 하나도 없다(3:9-20). 그런데 이제 우리에게 율법이 아니라 믿음을 통해 오는 하나님의 의가 나타났다. 이는 (하나님이, 그의 피로 인해, 믿음으로 말미암아, 화목 제물로 세우신) 그리스도 안에서 이루어진 구속 사역을 통해 모든 사람에게 차별 없이 주어지는 값없는 의로움이다. 이로써 모든 자랑거리는 없어졌고, 유대인과 이방인이 똑같이 믿음으로 의롭게 되었으며, 율법은 폐기된 게 아니라 오히려 굳게 세워졌다(3:21-31).

하지만 우리는 옛 '에클레시아'의 문제로 돌아갈 필요가 있다. 하나님 앞에서 아브라함의 입장은 무엇이었는가? 하나님이 그를 다루실 때 행위의 원칙을 적용하셨는가? 그렇지 않다. 믿음의 원칙을 적용하셨다. 그분은 오로지 그의 믿음을 근거로 그를 받아주셨고, 그 표지로 할례를 받게 하셨으며, 그 목적은 그가 모든 믿는 자의(할례를 받은 자와 받지 않은 자를 통틀어) 조상이 되게 하려는 것이었다(4:1-12). 하나님이 아브라함과 그 자손에게 주신 약속은, 율법을 의지하는 자들이 아니라 믿음을 가진 자들, 즉 아브라함처럼 희망이 사라진 때에도 여전히 바라면서, 죽은 사람을 살리시며 없는 것들을 불러내어 있는 것이 되게 하시는 그 하나님의 약속을 믿는 자들을 대상으로 한다(4:13-25).

그러므로 우리가 그리스도 안에 영입되어 모든 특권을 누리게 된 것, 소망 가운데 기뻐하는 것, 하나님의 사랑이 성령을 통해 우리 마음속에 부어진 것은 모두 믿음을 통해 가능케 된 것이다(5:1-11). 이 두 영역은 옛 사람인 아담과 새 사람인 그리스도의 대립이라는 맞서는 관계에 있다. 전자의 영역에서는 사람의 죄가 정죄와 죽음을 가져오는 반면, 후자의 영역에서는 하나님의 값없는 선물, 곧 용서의 은혜가 의와 생명을 가져온다. 율법은 우리를 전자로부터 구출하는 게 아니라, 죄의 지배를 더욱 심화하고 그 진상을 확연히 드러낼 뿐이다(5:12-21). 다시금 의문이 제기된다. 그러면 이제 율법 아래 있는 게 아니라 은혜 아래 있으므로, 즐거운 마음으로 계속 죄를 지어도 되는 건가? 정황을 제대로 깨닫는다면, 그런 의문은 전혀 무의미하다. 그리스도는 죽음과 부활을 통해 옛 사람을 무덤 아래로 끌고 가셨다가 새 사람의 영광 가운데 다시 일어나신 것이다. 세례를 받은 우리는 모두 그 죽음과 부활에 동참한 사람들이다. 더 이상 죄의 몸에 속한 지체가 아니라, 살아나신 그리스도와 연합된 사람들이다. 복음의 가르침에 순종함으로써 죄의 굴레에서 자유롭게 되어, 영생이라는 하나님의 값없는 선물을 즐기는 하나님의 종이 되었다(6:1-23). 죽음은 가장 구속력이 강한 혼인조차 무효로 만든다. 십자가에서 죽으신 그리스도께 합류한 지체는 율법과 이혼하고 그리스도와 결혼한 셈이다(7:1-6). 율법이 죄스럽기 때문이 아니다. 율법은 거룩하지만, 죄가 그 죽음의 손아귀로 우리를 사로잡으려고 율법을 이용했기 때문이다. 그리스도만이 그 손아귀에서 우리를 구하실 수 있다(7:7-25).

그런데 하나님은 그리스도를 통해 율법이 해낼 수 없었던 일을 하셨다. 우리에게 자유를 선사하셨고, 우리를 율법이 약속은 했으나 이룰 수 없었던 그 생명의 상속자로 만드셨으며, 우리로 하여금 하나님의 자녀임을 알게 하는 그분의 영을 공유하는 자들이 되게 하셨다(8:1-17). 우리는 그분의 최후의 승리를 바라보며 그분과 함께 고난을 받는다. 우리는 모든 일이 그분의 손에 달려 있다는 것과, 우리가 그분의 선택받은 백성이라는 것, 아무것도 우리를 그분의 손에서 빼앗을 수 없다는 것을 안다(8:18-39).

하지만 다시 묻건대, 옛 '에클레시아', 곧 육신에 따른 이스라엘, 하나님이 모든 것을 주셨던 백성, 그분이 스스로를 계시하시되 나중에는 그리스도까지 선물로 주신 그 백성에 대해서는 무슨 말을 할 수 있을까?(9:1-11) 우리는 먼저 하나님이 자신의 약속을 깨뜨리지 않으셨다고 말해야 한다. 그분의 약속은 육신의 자녀(아브라함의 혈통을 이어받은 모든 자손)에게 주신 것이 아니라 약속의 자녀, 곧 하나님이 미리 택하신 자들에게 주신 것이기 때문이다(9:6-13). 역사적으로 볼 때, 하나님이 일부는 택하시고 또 일부는 그 마음을 완악하게 하시는 것이 분명하다(9:14-18). 그분은 우리의 창조주로서 그 뜻대로 행하실 자유를 가지고 계시며(9:19-24), 낯선 자들을 자기 백성이라 부르고 남은 자들만 남겨두고 자기 백성을 심판할 자유도 가지고 계신다(9:25-29). 문제는 하나님의 백성인 이스라엘이 하나님의 의를 구하지 않고 자신의 의를 구했다는 데 있다(9:30-10:3). 여기서 우리는 상호배타적인 두 대안 중 하나를 택해야 한다. 모세는 "율법으로 말미암는 의를 행하는 사람은 그 의로 살리라"라고 말한다. 그러나 그리스도는 율법의 마침이 되셔서 모든 믿는 사람의 의가 되셨다. 생명에 이르는 길은 예수를 주님이라 고백하고 그분의 부활을 마음으로 믿는 길밖에 없다.

그런데 믿음은 듣는 것을, 들음은 전파하는 것을, 전파하는 것은 보냄 받는 것을 전제한다. 하나님이 분명히 말씀을 보내셨으나, 이스라엘은 믿으려 하지 않았다(10:4-21). 그러면 하나님이 이스라엘을 버리셨다는 말인가? 그렇지 않다. 그분은 항상 남은 자들이 있게 하셨다. 그들은 "은혜로 택함을 받은" 자들로, 순전히 그분의 자비에 근거하여 택함을 받았다. 따라서 이는 이스라엘이 근거로 삼으려 했던 원칙을 뒤집는 것이다(11:1-6). 다른 한편, 하나님은 나머지 사람들을 완고하게 만드셨다(11:7-10). 그러면 하나님이 그들을 멸망시키기로 작정하신 것인가? 그렇지 않다. 그분은 이방인들을 구원하기로 작정하셨다. 아울러 유대인까지 은혜로 구원하려고 계획하셨다(11:11-12). 따라서 이렇게 정리할 수 있겠다. 하나님이 심으신 감람나무 한 그루는 모두 거룩하다. 그런데 본래 가지들이 잘려 나가고, 본성에 맞지 않게 야생 가지들이 접붙임을 받았다. 무슨 원칙에 근거해서? 믿음의 원칙에 근거해서다. 그것들이 잘린 것은 불신 때문이다. 당신이 이스라엘에 합류한 것은 오직 믿음 때문이다. 따라서 교만하게 자랑할 여지가 없다. 본래의 가지들을 잘라 내신 하나님은 접붙여진 가지도 잘라 내실 수 있다. 그러므로 하나님을 두려워하라. 야생 가지들을 접붙이신 하나님이 본래의 가지들을 다시 접붙이시는 것은 매우 쉬운 일이다(11:13-24). 그리고 사실 이것이 그분의 계획이다. 하나님의 선물과 부르심은 번복될 수 없다. 그분은 그것들을 철회하지 않으신다. 그런데 그분의 구원은 모두 자비에서 나오며, 자비는 자기 의를 완전히 배제한다. 그러므로 "하나님이 모든 사람을 순종하지 아니하는 가운데 가두어 두심은 모든 사람에게 긍휼을 베풀려 하심이로다"라고 말할 수 있다. 아, 그분의 지혜가 얼마나 크고 얼마나 헤아릴 수 없는 것인지 참으로 놀라울 따름이다!(11:25-35)

이 모든 논증에서 가장 핵심적인 단어가 '믿음'이란 점은 아무도 부인할 수 없을 것이다. 모든 것의 토대가 되는 본문은 "의인은 믿음으로 말미암아 살리라"라는 문장이다. 그리고 그 논점에 비추어 보면, 니그렌(Nygren) 주교의 재번역문―"믿음으로 의롭게 된 자는 살 것이다"―을 그대로 수용할 수 있을 것이다. 영생의 복은 믿음의 의를 가진 사람들의 몫이다. 우리는 믿음으로 의롭게 된다. 그리스도의 사역은 믿음으로 화목케 하시는 일이다. 아브라함은 믿음으로 의롭게 되었고, 우리가 아브라함의 참 자손이 되는 것도 오직 믿음에 의해서다. 우리는 믿음으로 구원을 받았다. 불신앙 때문에 유대인은 하나님의 언약에서 잘려 나갔고, 믿음으로 이방인이 그 언약 안에 자리를 잡았다. 우리는 이 논증의 핵심 대목마다 믿음이란 단어가 가장 중요하다고 거의 말할 수 있을 것이다. 거의 말할 수 있다는 뜻이지 완전히 그렇다는 뜻은 아니다. 그 이유는 한 대목의 논증 전체가 세례에 근거하는 것처럼 보이기 때문이다. 이에 대해서는 나중에 다룰 예정이다. 여기서는 이 논증의 압도적인 무게가 믿음에 실려 있다는 점, 즉 인간 편에서 보면 믿음이 하나님의 백성이 되는 필수 조건이라는 점을 부각하는 것으로 충분하다. 이 논증 전체를 한 마디로 요약하면, 요한의 표현을 따라, 믿는다는 것은 "그분의 이름 안에서 생명"을 얻는 것이라고 할 수 있다.

믿음에 대한 강조는 일부러 '율법의 행위'에 대한 강조를 겨냥하여 제시된다. 갈라디아서에서처럼, 존재의 두 영역 혹은 원리가 완전히 상호배타적인 관계로 기술된다. 한 영역은, 율법에 순종하여 구원을 얻으려 하나 사실은 죄가 지배하는 곳이고 율법이 죄의 도구로 전락한 결과 속박과 죽음이 초래되는 곳이다. 다른 영역은, 구원이 순전히 은혜의 선물로 믿음을 통해 주어지는 곳이고 성령이 지배하기에 자유와 생명이 초래되는 곳이다. 그리고 이 내용도 갈라디아서에 나오는데, 사도 바울은 이것이 처음부터 하나님의 구원의 길이었다는 점, 아브라함도 믿음으로 의롭게 되었다는 점, 율법은 우리를 구원하기 위해 주어진 것이 아니라 죄의 진상을 드러내 우리를 은혜로 안내하기 위해 주어진 것이라는 점 등을 논증한다.

그런데 이 논증에는 또 다른 요소도 있다. 이는 갈라디아서에서 명시적으로 다루지는 않지만 거듭해서 되돌아가는 하나의 의문으로, 바로 이스라엘과 맺으신 언약에 대한 하나님의 신실성의 문제다. 바울은 갈라디아서에서 '율법이냐 은혜냐' 하는 문제를 단도직입적으로 다루는데, 그 문제를 다루되, 이스라엘이라는 가시적 공동체가 하나님의 구속 계획에서 어떤 위치를 차지하는가 하는 의문과 연관시켜 다룬다. 이 점은 논증을 아주 복잡하게 만든다. 이 두 의문을 동일시할 수도 떼어놓을 수도 없기 때문이다.

하나님은 값없는 은혜로 사람을 의롭게 하시고, 사람 편에서 할 일은 믿는 것이다. 사도 바울에게 이 점은 논박이 불가능한 명확한 사실이다. 그런데 하나님은 어떻게 그렇게 하시는가? 그것은 하나님과 개인의 영혼 사이의 사적이고 은밀한 거래를 통해 이루어지는 게 아니라, 광활한 역사의 현장에서 공공연하게 이루어진다. 그분은 아브라함과 '그의 자손'과 더불어 언약을 맺으셨다. 그분은 이스라엘 민족을 불러 하나님의 백성, 거룩한 나라, 왕 같은 제사장으로 삼으셨다, 그분은 가시적인 표지들로 가시적 회중을 굳게 세우셨다. 바로 이 회중—이스라엘이라는 역사적 공동체—에게 '양자의 신분, 영광, 언약, 율법, 예배, 하나님의 약속'을 주신 것이고, 그리스도께서도 바로 이 공동체에 육신적으로 소속되셨다. 주님이 친히 말씀하신 것과 같다. "구원이 유대인에게서 남이라."

그런데 이 인용문은 곧바로 이어지는 구절을 생각나게 한다. "구원이 유대인에게서 남이라. 아버지께 참되게 예배하는 자들은 영과 진리로 예배할 때가 오나니 곧 이 때라"(요 4:23-24). 새로운 때가 도래한 것이다. 옛 이스라엘의 모태에서 새 이스라엘―그 영을 좇은 이스라엘―이 태어난 것이다. 그것은 완전히 새로운 것은 아니고, 사도 바울이 말하듯 "율법과 선지자들에게 증거를 받은 것"(롬 3:21)이다. 이제 우리에게 나타난 것은, 예수 그리스도를 믿음으로 말미암아 모든 믿는 자에게 차별 없이 미치는 하나님의 의라고 그는 말한다. 그리고 이 시대에는 모든 자랑거리가 배제된다고 말한다. **이제는 아무도 정당한 권리에 의해 하나님의 백성이 되었다고 주장할 수 없게 되었다.** 어느 인간도 하나님 앞에서 그런 권리를 갖고 있지 않기 때문이다. 의로움은 믿음으로 말미암는다. 신자가 하나님의 은혜로운 약속들에 완전히 의존함으로써만 의롭게 된다는 말이다. 다른 길은 없다.

따라서 유대인은 하나님 및 이방 세계와 관련하여 자신들의 입장을 오해한 셈이다. 그들은 하나님의 의가 무엇인지를 제대로 이해하지 못했다. 하나님이 아브라함 및 그 자손과 언약 관계를 맺으셨다는 전제는 옳았으나 그로부터 잘못된 결론을 이끌어냈다. 즉, 자신들은 그 언약을 지키면 하나님 앞에 당당하게 설 수 있지만 이방인은 그런 지위에서 제외된다고 생각한 것이다. 그래서 뜨거운 열심을 품고서 자신들의 몫을 다하려고, 하나님의 율법을 조목조목 순종하려고, 그렇게 해서 아들의 신분을 획득하려고, 갈수록 더 자세한 세칙을 만들어 준수했다. 바울은 그런 열심을 인정했으나 칭찬하진 않는다. 그는 그런 모습에 대해, 하나님의 의에 순복하지 않고 자기 자신의 의를 세우려 했다고 묘사한다. 하나님의 의―그분이 의로 간주하시는 유일한 것―는, 한 마디로 그분의 은혜를 신뢰하고 감사하는 마음으로 스스로를 내어 맡기는 그런 의로움이기 때문이다. 이는 사람이 스스로 선행을 해서 하나님의 총애를 획득하려고 애쓸 때 추구하는 그런 의로움과 정반대되는 것이다.

하나님은 실로 아브라함 및 그 자손과 언약 관계를 맺으셨다. 그러나 유대인은 그 언약의 본질과 언약의 전수 방법 둘 다를 오해했다. 먼저, 그 언약의 기초에 해당하는 하나님과 아브라함의 관계는 어떤 것이었는가? 그것은 하나님 편에서 베푸시는 은혜와 아브라함 편에서 보이는 신뢰가 서로 만나는 관계였다. 할례가 상징하고 보증한 관계가 바로 그런 관계였다. 둘째, 그 언약을 전수받는 일은 아브라함의 혈통이나 할례의 준수로 이루어지는 것이 아니었다. 그런 식으로라면, 최초의 언약의 조건이 그 전수 방법에 의해 침해되었을 것이다. 그럴 경우 사람들은 자신이 아브라함의 육신적 자손이고 언약의 외적 표지를 준수한다는 이유로 언약 백성의 일원임을 당당히 주장할 수 있었을 것이기 때문이다. 사실은 그렇지 않다. 그 유산은 '약속에 따라' 주어지는 것이다. 그것은, 최초의 언약과 마찬가지로, 하나님 편에서의 값없는 은혜와 인간 편에서의 순전한 신뢰에 의존한다.

이전 시대에는 그처럼 오해할 소지가 있었다. 그러나 이제는 하나님의 의(義)의 진정한 본질이 밝히 드러났고, 그 결과 하나님과 그 백성의 관계에 담긴 의미도 모두 밝혀졌으며, 무엇이든 인간적인 자격에 의존하는 일은 완전히 배제된다는 점도 확실해졌다. 십자가 앞에서는 아무도(유대인이든 이방인이든) 하나님 앞에서 자기 권리를 주장할 수 없다. 모든 사람이 똑같이 죄를 지었고, 모든 사람이 똑같이 믿음으로 의롭게 될 수 있는 기회를 부여받았다. 그리고 하나님은 자신과 자기 백성 사이의 관계를 성령의 선물—예수님도 친히 그 성령의 기름 부으심을 받으셨다—이라는 새로운 도장으로 인준하셨다. 새 도장이 현존하는 상황에서 거기에 옛 도장(할례)을 더한다는 것은 생각할 수 없는 일이다. 그렇게 하는 것은 하나님의 은혜 위에 인간의 권리를 다시 세우려는 시도와 마찬가지다. 몸에 멋진 표시를 해서 스스로를 과시하려는 것이다. 물론 새 언약에도 가시적인 표지들이 있다. 예수께서 친히 경험하시고 성령의 기름부으심의 계기가 되었던 세례와, 자기 피로 맺은 새 언약의 표지로 그분이 직접 제정하신 만찬이 있다. 가시적 공동체는 그 언약의 상대역에 해당한다. 하지만 이 언약 자체의 본질은 언제나 은혜와 믿음에 있다.

이런 사실들에 비추어 얼핏 복잡해 보이는 하나님이 이스라엘을 다루시는 방법을 이해해야 한다. 흔한 은유를 들자면, 하나님의 전술은 변해도 기본 전략은 동일하다고 할 수 있다. 자기 약속에 대해 일관성이 없고 불성실하다고 그분을 비난할 수도 있지만, 그분의 약속을 더 깊이 이해하면 그분의 모든 행위가 한 가지 불변하는 목적에서 나온다는 것을 알 수 있다. 그 목적은 곧 모든 사람에게 자비를 베푸시는 것이다. 본래 자비라는 것은 자비에 저항하는 장벽—즉, 자기 의—을 무너뜨릴 방법을 찾아야 한다. 은혜의 언약을 맺도록 부름받은 이스라엘이 그 언약을 하나님께 반하는 권리 주장의 근거로 삼았을 때, 하나님은 그들의 마음을 완고한 상태—자기 의를 주장하는 상태—로 내버려두셨다. 그러나 그분의 선물과 부르심은 번복될 수 없는 것이기에, 남은 자를 두셔서 은혜의 언약을 증언하는 증인이 되게 하셨다. 그 남은 자들도 물론 자기 공로에 의해서가 아니라 순전히 그분의 은혜로 선택받은 자들이다. 그리고 그분은 예언자들을 통해 미리 경고하신 것처럼, '하나님의 백성이 아니었던' 이방인들을 불러 믿지 않는 유대인의 자리를 차지하게 하셨다. 무엇을 근거로? 물론 은혜와 (사람 편에서는) 믿음만을 근거로 그렇게 하셨다. 오직 이것만이 어느 인간이든 하나님 백성의 자리에 설 수 있는 근거다. 유대인은 불신앙 때문에 잘린 반면에, 이방인은 믿음으로 자기 자리를 잡았다. 그리고 하나님의 의도는 이로써 믿지 않는 유대인이 믿음으로 인도되어 다시금 그 자비를 얻게 하시려는 것이다. 우리는 언약을 맺을 때뿐 아니라 언약 관계의 매 순간마다 이 살아 계신 하나님, 곧 자신의 값없고 한없고 주권적이고 과분한 그 은혜를 인간에게 베푸시는 분, 그 은혜를 받는 자들에게 하나님께 합당한 단 한 가지—하나님께만 소망을 두고, 하나님이 베푸신 그 사랑으로부터 흘러나오는 사랑을 통해 일하는 믿음—만을 요구하고 또 그것을 주시는 분을 대면하지 않으면 안 된다. 우리가 서 있는 이 은혜의 자리에 들어갈 수 있는 길은 믿음의 길뿐이다.

비판적 논평

교회의 구성 요소로서 말씀과 성례

우리는 애초에 제기한 질문—"우리가 그리스도의 몸에 영입되는 방법은 무엇인가?"—의 해답을 찾는 모든 과정에서 이 핵심적이고 중요한 성경의 가르침을 꼭 붙들어야 한다. 그런데 이 가르침은 금방 새로운 질문을 던지게 만든다. 우리가 하나님 앞에 설 수 있는 근거는 오직 믿음뿐이다. 하나님을 믿는 믿음이다. 그러면 하나님은 어떻게 그 모습을 우리에게 나타내셨는가? 우리를 하나님과 화목하게 하시며, 단 한 번에 주어진 유일한 중보자요 세계 역사의 중심에 서 계신 예수 그리스도 안에서다. 그러면 예수 그리스도는 자신이 성육신하신 지 19세기가 지난 후에 살고 있는 우리와 어떻게 함께하시는가? 예수는 어떤 방식으로 우리와 동시대인이 되어 우리로 하여금 자신을 믿게 하시는가? 육신을 입고 계실 동안 그분은 갈릴리와 유대에 사는 동시대인들의 시각, 청각, 촉각에 자신을 나타내시고, 그들에게 자기를 믿어 온전케 되라고 초대하셨다. 그런데 오늘날 우리에게는 어떻게 나타나시는가?

정통 개신교도는 이제까지 주저 없이 "그분은 복음의 말씀과 성례들 안에 현존하십니다"라고 응답했다. 복음의 말씀을 바르게 읽고 전파할 때와 그분이 주신 성례들을 바르게 집행할 때, 그리스도는 친히 그 구원의 능력으로 임재하시고, 믿음을 불러일으키시며, 죄인을 거룩한 하나님과 화목케 하시고, 모든 사람을 이끌어 자신의 몸 된 교회를 세우신다. 루터는 이렇게 말한다. "이 말씀(Word)이 전파되고, 믿어지고, 고백되고, 행해지는 곳을 보면, 그곳이 어디든 거기에 진정으로 거룩한 보편 교회(*ecclesia sancta catholica*)가 있음을 의심치 말라.···하나님의 말씀은 헛되이 돌아오는 법이 없기 때문이다."[2] 이와 비슷하게, 그 보편 교

---

2) *On the Council and the Churches*, Holman Ed., V, p. 271.

회는 그리스도의 규례에 따라 바르게 집행되고, 가르쳐지고, 믿어지고, 사용되는 성례들을 그 특징으로 삼는다고 말한다. 누가 말씀을 전하고 누가 성례를 집행하는지는 중요하지 않고, 교황의 권위가 필요한 것도 아니다. 말씀과 성례는 하나님의 것이지 사람의 것이 아니기 때문이다. 그것들을 통해 일하시는 분은 하나님이다. 칼뱅의 말도 이와 비슷하다. "하나님의 말씀이 성실하게 전파되고 들리는 곳, 그리스도의 관례에 따라 성례들이 집행되는 곳이면 어디든지, 하나님의 교회가 어느 정도 존재하고 있음을 조금도 의심하면 안 된다. '두세 사람이 내 이름으로 모인 곳에는 나도 그들 가운데 있다'는 약속이 반드시 이루어지기 때문이다"(「기독교 강요」, 4장 1절 9항).

아무도 이런 진술들이 단언하는 내용을 부인하진 않을 것이다. 하지만 이런 진술들이 온전한 진리를 전달하는지 묻고, "그리스도께서 오늘 우리와는 어떻게 함께하시는가?"라는 질문에 답할 때 그와 달리 고려할 사항은 없는지를 생각하는 것은 전혀 별개의 일이다. 종교개혁자들은 우리에게 대단히 역동적인 교회 개념을 주었다. 그들은 다음과 같은 진리를 굉장히 진지한 자세로 받아들였다. 즉, 교회는 그리스도의 몸이라는 것, 그분이 교회 안에서 그리고 교회를 통해서 역동적인 창조 사역을 하신다는 것, 살아 계신 주님이 진실로 자신의 교회 안에서 말씀과 성례들을 통해 임재하시면서 창조와 재창조의 사역, 회심과 화목의 사역, 뿌리째 뽑고 무너뜨리는 사역, 세우고 심는 사역을 하신다는 것 등이다. 이 개념이 지닌 한 가지 결함은, 이후의 개신교 역사가 밝히 보여 주듯, 그리스도 안에서 여러 세대를 하나로 묶는 교회의 연속성을 중시하지 않는다는 점이다. 이 개념은 보편 교회를 따로따로 발생한 사건들의 연속으로 본다. 즉, 복음의 말씀과 성례의 사건이 발생하는 그 때, 그 장소에 하나님의 창조적 능력으로 인해 교회가 존재한다고 생각하는 것이다. 내가 지금 논점을 부각하기 위해 다소 과장하고 있음을 안다. 그럼에도 불구하고, 이를테면 칼 바르트가 암스테르담 대회에서 발표한 교회에 관한 논문을 읽어 보면, 종교개혁자들의 역동적인 교회 개념이 상당히 극단적으로 해석되었다고 느끼지 않을 수 없다. 그는 중요한 대목을 시작할 때마다 "회중(*ecclesia*)은 하나의 사건(*Ereignis*)이다"라는 어구로 말문을 연다. 교회가 그 실존의 순간마다 살아 계신 주님과 직접적 관계를 맺고 있다는 것을 이보다 강력하게 표현할 수 없을 것이다. 그러나 그 그림 어디에도 교회의 역사적 연속성이나 다른 장소와 시기에 속한 회중들 사이의 유기적 관계가 들어설 자리는 없는 것 같다. 사실 교회는 연속성과 광범위성을 그 특징으로 삼는 역사적인 기관인데, 이 견해에서는 그런 특징이 중심에서 떨어져 나간 것 같다. 종말론적 특성이 역사적 성격을 완전히 밀어낸 것이다.

이 견해가 빠뜨린 요소를 지적하기 위해서는 성육신하신 그리스도로부터 시작해도 무방하고 오늘 우리가 접하는 교회로부터 시작해도 무방하다. 먼저 후자로부터 시작해 보자. 개신교의 견해는 말씀과 성례를 교회의 지속적 삶이라는 그 본래의 맥락에서 떼어놓는 잘못을 범하고 있지 않은가? 말씀과 성례는 결코 동떨어진 사건들이 아니다. (좀 투박하게 표현하자면) 하늘에서 뚝 떨어진 것이 아니라는 말이다. 그것들이 교회와 관련하여 창조적 역할을 한다는 것은 인정하지만, 처음부터(*de novo*) 혹은 무에서(*ex nihilo*) 교회를 창조하는 것은 아니다. 복음의 말씀이 선포되고 성례가 시행되는 것은 모두 기존의 교회나 모종의 친교 모임 안에서 일어나는 사건이다. 즉, 그런 집회를 전제하는 만큼 거기서 단절될 수 없다. 그것이 그리스도의 말씀이요 성례임을 의심해서는 안 된다. 하지만 동시에 그 사건들이 그 배경을 이루는 특정한 기독교 공동체의 말씀과 행위라는 사실을 간과해서도 안 된다. 이 점은, 말씀을 선포하거나 성례를 집행하는 이가 기존의 기독교 세계 안에서 그것을 행하든지 어떤 이방 문화에 파송된 그리스도의 첫 대사로서 행하든지, 똑같이 적용된다. 그가 몸담은 교회의 삶이 그의 말씀 선포 방식에 큰 영향을 미칠 것이라는 점은 아주 자명하다. 하지만 이게 전부는 아니다. 성례는 물론이고 기록된 성경에는, 계속 이어지는 기독교 역사의 변화무쌍한 모습과 왜곡된 현상에 강력히 저항하는 요소가 있다. 그런데 이런 것들마저 알몸으로 오는 것은 아니다. 그것들은 교회의 모습을 몸에 걸치고 나타난다. 그 교회의 모습이 그런 것을 가장 잘 해석해 준다는 뜻이다. 세상은 언제나, 의식적으로든 무의식적으로든, 교회가 하는 말을 그 교회의 모습에 비추어 판단한다. 그들은 인쇄된 편지를 그 살아 있는 편지에 비추어 해석할 것이다.

이어서 우리는 또 다른 출발점, 곧 신약 성경의 각도에서도 동일한 문제를 조명할 수 있다. 그리스도께서 자신의 제자들에게 말씀과 성례를 주신 것은 사실이다. 그러나 그것들을 알몸 상태로 주신 것은 아니다. 그분은 모든 시대에 걸쳐 자신의 핵심 메시지와 성례 준수의 필수 요건을 그대로 보존하기 위한 어떤 기록된 규약도 남기시지 않았다. 그런데도 주님이 주시지 않기로 정한 바로 그것을 발견하기 위해 사람들은 엄청난 학문적 노력을 쏟아 부었다. 그분이 남기신 것은 하나의 친교 모임(fellowship)이었고, 그 모임을 자신의 대변인으로 임명하셨다. "아버지께서 나를 보내신 것같이 나도 너희를 보내노라"(요 20:21)라고 말씀하셨다. 그들은 그분의 대변인, 그분의 전권대사가 되어야 했다. 그분은 그들에게 자신의 영을 주어 자신의 증인이 되게 하셨다. 또한 병과 마귀를 쫓아낼 수 있는 권세도 주셨다. 그들을 영접하는 것은 곧 그분을 영접하는 것이며, 그들을 배척하는 것은 곧 그분을 배척하는 것이었다. 지금 이런 말씀이 사도들에게만 적용되는 것이 어디까지고, 교회 전체에 적용되는 것이 어디까지인지가 문제가 아니다. 내가 말하려는 요점은, 예수께서 그 구원의 능력을 땅끝까지 확장하시기 위해 확실히 준비하신 장치가 무엇이냐고 묻는다면, 그것은 그분이 부르시고, 훈련하시고, 능력을 주시고, 파송하신 그 모임이라고 응답해야 한다는 것이다. 그리고 이 틀림없는 사실에 비추어 볼 때, 이어서 애초의 우리의 질문인 "예수께서는 오늘날 우리에게 어떻게 나타나시는가?"를 다시 묻는다면, 적어도 다음과 같은 응답이 당연히 중심적 위치를 차지해야 할 것이다. 즉, 그분은 자기 백성 가운데, 자신의 사도적 모임 가운데 현존하시다고 말이다. 성경이 신자들을 "하나님께 속한" 자라고 부르는데도, 바울이 고린도 교인들을 향해 "그리스도 예수 안에서 내가 복음으로써 너희를 낳았음이라"라고 썼다는 것은 참으로 의미심장한 점이다.

개신교의 두 가지 약점

이 응답이 지닌 여러 함의와 더불어, 이를 따로 떼어내어 교회의 본질을 이해하는 실마리로 삼는 바람에 생긴 문제에 관해서는 다음 강의에서 더 철저히 다룰 예정이다. 그 점을 다루기에 앞서, 우리가 주장하는 바, 개신교가 본래부터 갖고 있던 신학적 결함이 개신교 역사에서 실제로 어떤 결과를 낳았는지에 대해 몇 마디 하는 게 중요할 것 같다.

첫째, '믿음'이라는 단어의 내용을 지나치게 지적으로 만드는 결과를 낳았다. 이는 애초에 말씀과 성례의 이론적 배경을 교회의 지속적인 삶과 동떨어진 데서 찾다가 초래된 결과다. 교회는 말씀이 옳게 전파되고 성례가 바르게 집행되는 곳에 존재한다고 말하면서 시작하면, 우리는 즉시 "옳은 교리와 바른 집행이 무엇인가?"라는 질문에 응답해야 할 처지에 놓인다. 그런데도 바른 집행에 관한 질문은 사실상 개신교의 주요 토론석상에서 제외되곤 한다. 이는 말씀이 완전히 중심을 차지했고 성례는 그 말씀이 가시화된 것으로 간주되기 때문이다. 루터는 "말씀이 교회의 영구적이고 틀림없는 유일한 표지"라고 말한다. 이 입장에 따르면 교리적 정확성이 당연히 가장 중요한 문제가 된다. 그리고 그 가설에 의거하여, 교리에 대한 질문은 그 교리를 가르치는 교회의 특성과 상관없이 따로 논의하게 되어 있다. 따라서 교회는 교리에 대한 동의의 견지에서 규정되고, 이 교리적 동의는 서면상의 동의가 되어야 한다. 그래서 문서로 작성된 신학적 진술이 교회의 삶을 좌우하는 중심적 위치를 차지하는 것이다.

이렇게 말하고 나니 당장 덧붙여야 할 것이 생각난다. 교리의 타당한 역할에 대해 충분히 강조할 필요가 있음을 나도 안다는 점이다. 바른 교리는 언제나 교회의 삶에 필수적이다. 개신교를 벗어나면, 기독교 교리를 그리스도께서 자기 백성에게 주신 성령과 동떨어진 영에 대한 지적인 논쟁거리 정도로만 취급하는 경우를 상당히 많이 볼 수 있다. 위대한 종교개혁자들은 물론 신자가 바르게 정립된 교리를 훨씬 뛰어넘는 그 무엇으로 그리스도와 연합되었다는 사실을 가장 생생하게 깨달은 자들이었다. 이런 점을 충분히 인정하더라도, "우리는 어떻게 그리스도께 영입되는가?"라는 질문에 **오로지** "복음을 듣고 믿음으로써"라고만 응답하고 복음이 우리에게 오는 그 친교의 맥락을 도외시한다면, 믿음을 지나치게 지적으로만 생각한다고 볼 수밖에 없다. 그럴 경우 교리적인 동의, 곧 문자로 기록된 교리적 진술에 대한 동의가 갈수록 더 기독교의 연합을 위한 토대로 여겨질 것이다. 아울러 교회의 삶도 바른 교리를 가르치고 수용하는 데 초점을 두게 될 것이다.

그러나 신자가 그리스도 안에서 그분과 그리고 다른 신자와 하나가 되는 일은 지적인 동의보다 훨씬 깊은 차원의 것이다. 그것은 물론 명제적 형태로 표현 가능한 진리들에 대한 어느 정도의 지적인 동의를 포함하지만, 그 본질적 성격에 있어서는 전혀 지적인 동의가 아니다. 그 본질적 성격은 우리를 사랑—그리스도께서 우리를 사랑할 때 보여 주신 그 사랑—으로 묶어 주는 성령의 사역이다. 그리고 인간 편의 필수 조건은 그 사랑에 온 몸을 던지는 믿음, 그 사랑의 힘에 마음과 뜻과 목숨을 여는 믿음이다. 이런 통일성 안에서 지적으로 의견을 달리하는 일은 얼마든지 가능하다. 그런 이견이 고통스러운 것이라 할지라도 그것을 결코 묵과해서는 안 되고, 신자들이 자신이 이해하는 진리를 서로 나누고, 서로를 설득하며, 서로 배우는 일이 항상 계속되어야 한다. 하지만 성령께서 서로를 사랑으로 묶어 주실 때는 그런 차이를 감당할 수 있으며, 장차 그 날이 되면 알려진 바와 같이 우리가 알게 되리라는 확신 때문에 더욱 견딜 만하다. 그리스도 안에서 신자가 하나 되는 것을 교리적 동의 정도로 생각하는 일은 그 본질을 심히 왜곡하는 처사다. 그런 식으로 왜곡하면, 그리스도인의 모임이 편향적인 교리에 기초한 당파로 나뉘어 서로 경쟁하다 결국 완전히 갈라서게 된다. 이런 슬픈 이야기는 너무나 잘 알려져 있다. 종교개혁의 후예로 자부하는 우리는, 종교개혁 이후 기독교 세계가 갈기갈기 찢긴 것이 부분적으로 이 신학적 결함에 기인한 게 아닌지 참회하는 마음으로 반성해 볼 필요가 있다.

이 점은 이제 둘째 문제로 이어진다. 바로 종교개혁자의 교회론이 지닌 결함 때문에 생기는 왜곡된 상(像)이다. 나는 교회를 가시적 연합체로 보던 개념이 사실상 사라졌음을 지적하고 싶다. 물론 우리는 위대한 종교개혁자들의 저술에, 교회를 우리 모두의 어머니로, 죄 사함의 장(場)으로, 그 밖에는 구원이 없는 집으로 묘사하는 훌륭한 대목들이 나온다는 사실을 기억해야 한다. 그러나 오늘날 에큐메니컬 대화의 맥락에서 보면, 개신교 신학자들이 다투어 그런 대목들을 지적하는 것으로 충분하지 않다. 그 대신 개신교 역사를 얼룩지게 만든 그 끝없는 분열의 뿌리를 참회하는 태도와 현실적 자세로 열심히 찾는 일이 필요하다. 어떻게 해서 개신교 신자의 절대 다수가 예수의 교회가 수백 개의 종파로 찢어지는 것을 보고도 아무런 부끄러움도 느끼지 못하고, 오히려 때로는 그것을 자랑하고 신약 성경이 그것을 지지한다고까지 주장하기에 이르렀는가? 사람들이 사태를 직시하지 못하도록 눈을 멀게 한 그 문제의 신학적 뿌리는 무엇인가? 이런 질문들에 답하려고 애쓰지 않는다면 에큐메니컬 대화에 참여할 자격이 없다.

루터는 로마 교회의 거대한 영적·정치적 권세에 직면하여, 그리스도께 영입되는 것을 그 권세에 대한 복종과 동일시한 신학을 뒤집어엎어야 했고, 교회는 그리스도의 말씀과 성례에 임하시는 살아 계신 그리스도에 의해 언제나 재창조된다는 진리를 주창해야 했다. 그 엄청난 싸움을 하느라 그는 과격하고 편향적인 진술을 많이 할 수밖에 없었으며, 그의 저술에는 한 몸과 한 성령에 관한 신약의 가르침에 완전히 위배되는 문장들도 흔히 발견되고, 가시적 공동체로서 교회의 통일성을 주장할 여지도 아예 남겨 놓지 않는다. "영적인 통일과 물질적인 통일이 매우 동일하다는 것을 어떻게 알 수 있으며, 그렇게 되어야 한다는 것을 누구의 이성으로 파악할 수 있는가?" 하고 그는 묻는다. 그리고 조금 지난 후에, "기독교의 성찬을 다른 공동체들처럼 물질적이고 외적인 것으로 만드는 자들은 모두 유대인"이라고 말한다. 그는 '두 교회'를 절대적으로 구별하면서, 하나는 "자연적이고 본질적이고 진정한 내적인 기독교 세계"이고 다른 하나는 "인간이 만든 외적이고 유형적인 기독교 세계"라고 한다.[3] 비록 둘을 완전히 떼어놓아서는 안 되고, 후자에도 언제나 진정한 그리스도인들이 일부 있다는 것은 시인하지만 말이다.

이 구별은 종교적 파문에 관한 그의 교리에 지극히 실제적인 영향을 미친다.[4] 그는 교회의 출교가 당사자의 외적인 기독교 세계와의 관계만 건드릴 뿐 그리스도와의 내적인 교통은 없앨 수 없다고 가르치고, 한 사람을 사탄에게 넘겨주는 것은 교회가 아니라 자신의 죄와 불신 때문에 스스로를 넘겨주는 죄인이라고 주장한다. 이 가르침은 물론 루터와 그 추종자들에게 교황의 파문에 반항할 수 있는 토대를 마련해 주었고, 약자들로 하여금 확신을 품고 본인을 낳고 양육해 준 교회의 가시적 교제에서 분리될 수 있는 토대를 제공했다. 그럼에도 이것이 신약 성경의 가르침과 다르다는 것은 아주 분명하다.

바울이 고린도전서[5]에서 죄를 범한 형제의 출교에 관해 다룬 부분(5:9-13)을 보면, 그것을 단순히 죄인이 스스로를 단절시키는 문제라고 말하지도 그런 의미를 함축하지도 않는다. 그는 대단히 준엄하고 의도적인 조치를 취하도록 요구한다. 또 바울 자신도 그 조치에 철저하게 동참한다. 게다가 이런 행위를 그리스도와의 영적인 관계는 그대로 둔 채 외적인 교인 자격만 박탈하는 것으로 간주하지도 않는다. 그것은 가장 끔찍한 영적인 의미를 담고 있는 것으로, 사실 사

---

3) Martin Luther, *The Papacy at Rome*, Holman Ed., I, pp. 350, 352, 355. "로마 교황권에 관하여", 「루터선집8」(컨콜디아사).
4) 같은 책, II, pp. 37-54.
5) 고전 5:9-13.

탄에게 그를 넘겨주는 것이나 다름없다. 우리가 어떻게 이해하든 간에, 바울과 그 개종자들이 교인이 된다는 것에 굉장한 영적 의미를 부여하는 교회 개념을 갖고 있었다는 사실을 있는 그대로 직면해야 한다. 그 교제권에 속하는 것은 곧 그리스도 안에 있는 것이었고, 거기서 쫓겨나는 것은 사탄에게 넘겨지는 것이었다. 나는 이 대목과 파문에 관한 루터의 설교를 도무지 서로 조화시킬 수 없다. 이 대목은 다음과 같은 교회 교인의 개념을 완전히 배제하는 것 같다. 즉, 그리스도의 지체가 되는 것은 신자가 홀로 결정할 수 있는 사적인 사안이지만 교인이 된다는 것은 순전히 외적인 것이므로, 교인 자격을 박탈당해도 궁극적으로 영적 피해를 입지 않을 수 있다는 생각 말이다. 이와 달리 이 대목은, 신약의 나머지 부분과 마찬가지로, 다음과 같이 가정한다. 세상에 하나님의 백성이 실재한다. 그것은 세상에 실존하는 영적인 사회요 그리스도의 몸이며, 그곳은 하나님의 빛이 실제로 비치고 하나님의 생명이 약동하는 곳이므로, 당신이 그 장소의 안과 밖 어디에 있는가 하는 문제는 그야말로 궁극적 운명을 좌우할 만큼 중대한 사안이라는 것이다.

여기서 관건이 되는 것은, 어느 정도까지 루터가 당시의 엄청난 압력에 못 이겨 어쩔 수 없이 그런 극단적 표현을 한 것으로 이해해야 하는가, 혹은 어느 정도까지 그의 교회론 자체에 결함이 있는 것으로 봐야 하는가 하는 문제다. 분명 루터는 오류에 대항해 복음의 진리를 수호하기 위해 그 설교를 한 것이며, 복음을 위해 로마 교회에 절대로 굴복해서는 안 될 처지에 있었다. 그러나 그가 로마에 대항해 싸울 때 사용한 교리적 무기는 교회의 본질에 관한 총체적 진술로 보기에는 미흡하다. 교회와 관련된 궁극적인 문제, 모든 체계적 교회론이 접하는 당혹스런 문제는, 교회가 거룩한 동시에 죄스럽다는 점이다. 사도 바울 이래 이 문제를 분명히 밝히기 위해 루터만큼 노력한 인물은 없다. 교회에 관한 대다수의 저술이 주로 실패작으로 끝난 까닭은 루터의 선언—믿음으로 의롭게 된다는 것이 교회를 세우거나 무너뜨리는 신조라는 말—에 담긴 진리를 제대로 파악하지 못했기 때문이다. 그런데 루터는, 이 중대한 지점에서, 거룩하면서도 죄스럽다는 참된 성경적 변증법을 외적인 것과 내적인 것, 가시적인 것과 비가시적인 것의 잘못된 비성경적 변증법으로 대체하는 바람에, 종교개혁의 이슈를 크게 헷갈리게 하는 데 기여하고 말았다. 이렇게 말한다고 해서 루터가 달리 행동하는 게 가능했었다는 뜻은 아니다. 내게 그런 판단을 내릴 만한 역사적 지식이 없는 만큼 그렇게 주장하는 것은 주제넘은 짓일 것이다. 내가 지적하고자 하는 바는, 루터 이후의 개신교 역사가 밝히 보여 주듯, 이 가르침이 교회에 아주 해로운 영향을 미쳤다는 점이다. 교회를 가시적 통일체로 보는 개념을 거의 파괴했기 때문이다. 이 점을 솔직히 시인하는 것이 바람직한 태도라고 생각한다.

그리스도와 상관없는 세상은 신에 관한 다양한 관념을 갖고 있으며, 그 관념에 따라 각각 무리를 짓는다. 그런 관념들이 신적인 존재의 실재를 어느 정도 반영할 수도 있다. 하지만 하나님이 그리스도 안에서 세상에 주신 것은 그와 다르다. 그것은 신성을 지닌 한 인간이자 인류 역사에 나타난 하나님의 실재적 임재이며, 하나님에 관한 새로운 관념이 아니라 하나님이 사람이 되셔서 사람들을 자신과의 교제로 부르시는 말씀이다. 그분은 스스로 인간이라는 옷을 입으신 만큼 그것을 다시 벗어 버리지 않으셨다. 사람의 아들로서 그분은 하나님의 오른편에 앉아 계시고, 자신의 영을 이 땅에 있는 자신의 몸 된 교회에 주셨다. 그분 안에서 실로 하늘과 땅이 만난다. 그분은 사도들을 자신의 대변인으로 파송하시고 그들과 항상 함께하겠다고 약속하신다. 그들이야말로 그분이 다시 오실 때까지 역사에서 펼쳐질 그분의 구속 사역의 연속선, 신적인 인간의 연장선상에 있는 첫 열매들이다. 이 '신과 인간의 친교'는 세계 역사에 뚜렷이 자리잡은 하나의 가시적 공동체다. 물론 그 생명은 보이지 않게 감춰져 있고 세계 역사 너머에 있지만 말이다. 그리스도께서 세상 끝날까지 그 공동체와 함께하겠다고 약속하셨으므로, 그 공동체를 구성하는 것은 바로 그분의 임재라 할 수 있다.

종교개혁 당시 로마 교회는 교회의 구성 요소를 사도 교회와의 제도적 연속성에서만 찾았는데, 그에 대항하여 루터는 교회를 구성하는 것이 살아 계신 그리스도의 임재라고 주장하고, 살아 계신 그리스도의 구원 사역은 말씀의 전파와 성례의 집행을 통해 일어난다고 역설했다. 이는 올바른 주장이었다. 그러나 교회를 그리스도의 말씀 사역과 성례 사역에 의해 위로부터 계속적으로(어쩌면 '반복적으로'가 더 정확한 표현일 것이다) 창조되는 그 무엇으로만 **단순히** 규정했을 때, 그것이 왜곡되고 말았다. 말씀과 성례를 한 편에 교회를 다른 편에 두고 볼 때, 이 둘은 후자가 **단순히** 전자의 창조물에 불과한 그런 관계가 아니다. 말씀을 전파하고 성례를 집행하는 일은 교회에 하는 것일 뿐 아니라, 교회 안에서, 교회에 의해 행해지는 것이다. 교회의 머리이신 그리스도께서도 교회를 통해 그리고 교회를 위해 말씀과 성례 안에서 역사하신다. 그리스도와 교회의 신비로운 관계를 글로 표현하는 것은 거의 불가능하지만, 말씀과 성례가 그리스도의 구원의 도구로서 교회와 대조된다거나 교회는 단순히 그것들에 의해 창조된다는 식으로 단순히 묘사하면 안 된다는 것만은 분명하다.

이처럼 양자의 관계를 지나치게 단순화한 결과, 교회의 가시적 연합은 별로 중요하지 않은 것으로 간주되었다. 역사적 연속성을 지닌 이 친교 모임을 더 이상 하나님의 구원 목적을 전하는 도구로 보지 않기 때문이다. 루터는 "교회의 본질, 삶, 본성은 유형적 모임이 아니라, 동일한 믿음 안에서 마음을 합하는 데 있다"고 그리고 "영적인 연합만으로도 교회를 만들기에 충분하다"고 말한다.[6] 유감스럽게도 이런 말은 가시적 친교 모임을 강조하는 성경의 가르침과 다르다. 순전히 영적인 것은 순전히 사적인 것이 될 소지가 많다. 우리는 육체가 없는 영이 아니므로 시각, 청각, 촉각의 경험을 통해서만 영적인 교제를 나눌 수 있다. 이런 것이 없으면 금방 자신 안에 갇힌 죄수가 되고 만다. 신약 성경이 말하는 한 몸은 한 성령과 상충되는 것이 아니라 그것을 함의한다. 이 둘을 서로 대

---

6) 같은 책, I, p. 349.

립시키면 진정한 교회론의 정립은 불가능하다. 그런데도 루터가 거듭해서 그런 잘못을 범한 것을 우리는 도무지 간과할 수 없다.

교회의 권위에 관한 의문

루터교회의 교회론에 관한 명쾌하고 설득력 있는 책에서, 쉬링크(Schlink) 교수는 고전적 루터교회의 입장을 확고히 유지하는 가운데 이 문제를 해결하려고 애쓴다.[7] "교회는 복음 전파와 성례 집행이라는 사건(*Ereignis*)에 의해 구성되므로, 복음과 성례를 통해 그리고 그 가운데 역사하시는 그리스도에 의해 구성된다고 할 수 있다." "신자들의 회중은 복음과 성례가 없이는 존재할 수 없다. 복음과 성례가 없으면 그것은 무의 상태로 해체되어 다시 일어설 수 없을 것이다." 이어서 이렇게 주장한다. "바로 이 점 때문에 교회에 대한 개념이 잘못된 존재론과 구별되는 것이고, 그것이 어떤 연속성도 없는 개별적 행위들의 계승으로 분해되는 것을 막아 준다. 교회의 연속성은 복음의 정체성이 늘 새롭게 전파되는 데 있으므로, 이로 인해 가시적 형태를 띤다." 그런데 이는 교회를 일반적 의미에서 연속성을 지닌 사회로 보지 않는 입장이다. 교리의 정체성과 사회적 유기체의 연속성은 서로 별개의 것이 되고 만다. 이 문제는 그가 아우구스부르크 신앙 고백(Augsburg Confession)의 제14조를 언급할 때 첨예하게 드러난다. 그것은 교회에서 **합당한 소명을 받지 않고는** 누구도 공적인 가르침을 베풀거나 성례를 집행해서는 안 된다는 내용이다. 이 조항은 모든 교회 공동체가, 어떤 교회론을 갖고 있든 상관없이, 실제로 수용하고 있는 진리를 표명한다. 즉, 교회가 말씀 전파와 성례 집행에 대해 특정한 권위를 갖고 있다는 진리다. 이 점은 교회가 목사에게 이런 기능을 수행하도록 공인할 때 분명해진다. 하지만 이는 교회가 말씀과 성례에 의해 계속해서 창조되는 사건에 **불과하다는** 것을 의미하는 게 아

---

7) Robert N. Flew ed., *The Nature of the Church* (New York: Harper and Brothers, 1952).

니다. 그러면 "말씀과 성례 사역의 권위를 줄지 안 줄지 결정할 수 있는 권위가 누구에게 있는가?"라는 질문에 답해야 한다. 이는 보편 교회 내에서 권위가 질서 있게 대대로 전수되는 문제와 관련이 있으며, 따라서 하나의 가시적 사회로서 교회의 연속성과도 연관된다고 할 수 있다.

여기서 문제의 핵심은 물론 '합당한'이라는 단어의 해석이다. 쉬링크 교수는 "합당한 소명을 받지 않고는"이라는 말은 "그리스도에 의해 설립된 그 직분에 대한 소명이 없이는"이란 의미이고, 목사 직분의 계승은 안수의 계승에 달려 있지 않고 복음의 정체성과 그리스도께서 제정하신 성례들에 달려 있다고 주장한다. 그러나 이렇게 주장한다고 해서 '합당한'이란 단어와 관련된 질문이나 "어떤 사람이 이 직분으로 실제 부름받았다는 것을 어떻게 알 수 있는가?"라는 질문을 피할 수 있는 것은 아니다. 사실, 살아 있는 교회가 결정할 수밖에 없다. 아무도 육신을 입고 역사 속에서 사는 데 따른 책임을 회피할 수 없다. 개신교는 참 교리의 연속성과 역사적 유기체의 연속성을 서로 대립시켜 왔는데, 이런 관행으로는 인간의 모든 사회 집단을 지배하는 조건에서 벗어날 수 없다. 우리 모두 알듯이, 새로운 기독교 종파들은 소위 역사적인 교회들의 특징을 더 개발하려고 애쓰며, 특히 특정한 사회적 존재로서 그들 나름의 역사적 연속성을 아주 높이 평가하는 경향이 있다. 반면에 개신교는 모든 시대와 모든 장소에 걸친 하나님의 한 백성이라는 교회의 통일성과 연속성을 심각할 정도로 평가 절하하는 행위를 일삼아 왔다. 그러나 교회의 그러한 특성이야말로 모든 사람을 편협하고 보잘것없는 사적인 영적 체험에서 끌어내어, 자신을 잉태해서 새로운 탄생을 성사시킨 그 위대한 친교 모임 가운데 둠으로써 끝날까지 양육을 받고 견딜 수 있도록 하는 것이며, 십자가의 두 팔만큼 넓은 사랑의 팔로 그들을 감싸주는 것이다. 물론 종교개혁자들의 의도와 무관하게 이런 결과가 초래되었지만, 이것이 우발적인 원인이나 외적인 요인에 의한 결과가 아니라 그들의 교회론에 내포된 결함 때문이라는 점은 시인해야 한다. 교회는 **단순히** 복음 전파와 성례 집행이라는 사건으로 구성되는 것이 아니다. 교회의 참된 본질은 그것이 연속성을 지닌 역사적 사회, 곧 예수 그리스도에 의해 단 한 번 구성되고 파송된 사회라는 데 있다.

3
그리스도의 몸

앞 강의에서 우리는 교회에 대한 신약 성경의 가르침을, 그 가운데서도 특히 바울의 가르침을 간략히 살펴보았다. 내용인즉, 우리가 그리스도를 통해 하나님과 맺는 관계는 하나님 편에서의 값없는 은혜와 사람 편에서의 믿음으로 형성된다는 것이다. 또 우리는 사도 베드로와 바울이, 일부에서 주장한 믿음에 할례를 더해야 한다는 입장에 어떤 논리로 대처했는지도 보았다. 이로부터 정립된 사도들의 위대한 신조―그리스도 안에 있는 우리의 의는 오직 믿음으로 말미암는 것이며, 그리스도 안에 있는 사람은 오직 믿음으로 산다는 것―는 복음의 핵심에 속하기에 결코 양보할 수 없다는 점도 상기했다. 이어서 그리스도께서 오늘 신자들과 어떻게 함께하시는지를 물은 다음, 그분은 말씀의 바른 선포와 성례의 바른 시행 가운데 함께하신다는 개신교 특유의 응답을 고찰했다. 그런데 이 응답이 그 내용에 있어서는 옳지만 비판받을 점도 있음을 지적했다. 그 이유는, 그리스도께서 함께하시는 방식을 진술할 때 교회의 연속성을 제대로 인정하지 않기 때문이었다. 이제 애초에 제기한 질문에 대한 응답들 가운데, 무엇보다도 성례를 통해 우리가 그리스도의 몸에 영입된다고 주장하는 견해에 대해 살펴보고자 한다.

성경적 기초

성경은 이 점을 의도적으로 논증하기보다 전제만 하기 때문에, 사실 이 견해를 지지하는 성경적 기초를 놓는 것이 쉽지는 않다. 따라서 특정 이슈에 대한 의도적 논증을 검토하는 대신에 논증과 이야기 배후에 있는 기본 전제에 주목하는 것이 필요하다. 나 역시 자세한 정의를 내리고 아주 논리적인 방식으로 논의를 전개하기보다 이 문제와 관련된 성경의 증거를 어느 정도 시사하는 방식을 택하고자 한다.

예수와 그 사도들

이미 여러 차례 언급한 것처럼, 성육신하신 그리스도의 지상 사역의 핵심은 일단의 사도들을 선택하고, 훈련하고, 파송하는 일이었다는 사실[1]과 함께 시작하자. 그분이 뒤따라오는 인류에게 하나님의 계시를 제공하되 결코 오류가 없는 구두 진술의 형태나 무오한 행동 규약의 형태로 남기시려 했다면, 마호메트가 했던 것처럼 문서에 담아 유산으로 남기셨을 것이다. 사실 그 후에 등장한 사상들을 보면, 그분이 마땅히 그리 하셨어야 한다는 점을 전제로 삼는 경우가 많다. 그러나 그분은 바로 그 길을 피하셨다. 그 대신 열두 명을 택하셨는데, 그것은 그들로 하여금 자신과 함께 있게 하고 또 그들을 파송하시기 위함이었다. 그들은 그분과 함께 있으면서 하나님의 진리에 대한 공식적인 교육 과정을 밟은 게 아니라 그분의 영과 친밀해지는 훈련을 받았다. 신적인 계시가 하나님의 모든 경륜을 사람들에게 완전히 전달하는 것을 뜻한다면, 우리는 그분의 권위를 힘입어, 그분이 그것을 주시지 않았다고 단언할 수 있다. 그분이 실제로 하신 일은

---

[1] 이 단락에 대해서는 다음 책을 보라. Stig Hanson, *The Unity of the Church in the New Testament* (Stockholm: Almqvist and Wiksells, 1946).

자기 자신을 그들에게 계시하고 그것을 통해 아버지를 계시하는 일이었다. 그들은 육신을 입은 예수와 함께 살며 성령이 충만한 그분을 보고 듣고 만짐으로써, 자신도 그 동일한 성령이 거하는 장소가 되고(요 14:17), 그리스도의 부활의 생명에 동참하고(요 14:19), 그분이 누구인지를 알고(요 14:20), 또한 모든 것을 알게 되는(요 14:26; 16:13) 과정을 밟았다. 아울러 그분은 그들을 파송할 때 가르치는 권세와 악한 세력을 제압하는 권세를 주시면서 완전한 의미에서 자기 자신을 대표하도록 하셨다. 그분 자신이 아버지를 대표하신 것처럼, 그들도 세상에 대해 그분을 대표하게 되어 있었다. "아버지께서 나를 세상에 보내신 것같이 나도 그들을 세상에 보내었고"(요 17:18). "너희를 영접하는 자는 나를 영접하는 것이요, 나를 영접하는 자는 나를 보내신 이를 영접하는 것이니라"(마 10:40). 그리고 그들은 그분의 사도인 만큼 영적인 세계에서 그분의 권세를 갖고 있다. 그들은, 그분이 행하신 것처럼 질병과 모든 악한 세력을 제어할 수 있는 권세를 갖고 있으며, 실제로 그들이 주저 없이 그 권세를 행사하는 모습을 사도행전에서 볼 수 있다.

예수와 그 사도들 사이에 존재하는 연합의 정신ㅡ'서로 하나'라는 의식에 가까운ㅡ과 이 말씀을 통해 그분을 믿게 될 모든 사람과 예수의 연합의 정신은, 주님이 고난당하시던 날 밤에 올리신 기도에 완전히 표현되어 있다. 그분은 이렇게 기도하신다. "내게 주신 영광을 내가 그들에게 주었사오니 이는 우리가 하나가 된 것같이 그들도 하나가 되게 하려 함이니이다. 곧 내가 그들 안에 있고 아버지께서 내 안에 계시어 그들로 온전함을 이루어 하나가 되게 하려 함은 아버지께서 나를 보내신 것과 또 나를 사랑하심같이 그들도 사랑하신 것을 세상으로 알게 하려 함이로소이다"(요 17:22-23). 그리스도와 그분의 백성이 서로 하나라는 생각은, 당시 유대 지도자들에게 일종의 스캔들로 비쳤던 그분의 죄 사함의 권세가 교회에도 주어져야 한다는 사상과 맥을 같이한다. "너희가 누구의 죄든지 사하면 사하여질 것이요 누구의 죄든지 그대로 두면 그대로 있으리라"

(요 20:23). 이런 구절들에 비추어볼 때, 예수께서는 자신이 친히 택한 백성, 자신이 파송한 백성이 자신을 대표하고 그들을 통해 자신의 능력이 온전히 드러나기를 기대하셨음에 틀림없다.

하나님의 백성

둘째, 복음서에 나오는 이런 측면은 성경 전체의 계시, 곧 하나님이 땅의 모든 족속 가운데 한 족속, 특정한 민족을 불러 자신의 구원 계획을 성취하시려 했다는 것과 완전히 맥을 같이한다. 성경 이야기 전체를 하나로 묶는 끈은 어떤 관념의 역사가 아니라 한 백성의 역사라는 사실을 강조할 필요가 있다. 좀더 선명하게 표현하자면, 성경에는 하나님의 백성을 하나님에 관한 어떤 신념을 수용하고 실천하기로 합의하는 자들의 자발적 협회로 간주하는 곳이 한 군데도 없다. 그들은 순전히 하나님이 은혜를 베푸셔서 자신의 권능으로 조성하신 백성으로, 인간의 이해와 수용을 훨씬 앞지르는 존재다. 이스라엘이 가혹한 속박에 묶여 믿음도 희망도 없는 노예 상태에 있을 때, 하나님이 그 권능의 팔을 뻗어 그들을 구속하시고, 그 감옥에서 끌어내시고, 그들을 위해 마련하신 약속의 땅에 그들을 심으셨다. 시내 산에서 그들은 그분과 대면하고 그 구속 사건의 의미를 깨닫고 받아들이라는 초청을 받는다. "내가 애굽 사람에게 어떻게 행하였음과 내가 어떻게 독수리 날개로 너희를 업어 내게로 인도하였음을 너희가 보았느니라. 세계가 다 내게 속하였나니 너희가 내 말을 잘 듣고 내 언약을 지키면 너희는 모든 민족 중에서 내 소유가 되겠고 너희가 내게 대하여 제사장 나라가 되며 거룩한 백성이 되리라. 너는 이 말을 이스라엘 자손에게 전할지니라"(출 19:4-6). 그러자 모든 백성이 다함께 "여호와께서 명령하신 대로 우리가 다 행하리이다"라고 응답했다.

그 민족에게 요구된 것은 믿음과 순종이었다. 하지만 이는 이미 하나님이 행하신 일에 뒤따라오는 것이고 그에 대한 응답일 뿐이다. 그들이 스스로 하나님의 백성이 된 게 아니다. 이는 그들이 신실하고 순종적이기는커녕 목이 곧은 불신의 민족임을 보여 주는 이야기로부터 분명히 알 수 있다. 하나님이 정하신 구원의 길은 개인들로 하여금 진리를 파악하게 해서(신비로운 연합을 통해서든, 지적인 탐구를 통해서든, 어떤 규약이나 책을 통해 보편적이고 무오한 계시를 주는 것을 통해서든) 그들을 구하시는 것이 아니다. 그 길은 한 백성을 불러 그들과 함께하시고 그들을 파송하시는 방법을 사용한다. 예언자들이 이스라엘 속에 있는 우상숭배와 불의와 악행을 비난한 것은 이스라엘이 하나님의 백성이었기 때문이고, 그분이 권능의 손길로 맺으신 그 언약에 묶여 있는 민족이었기 때문이다. 신약 성경의 서신서들을 보면 그리스도인들이 이 하나님의 백성으로 지칭되는 것을 알 수 있다. 그들은 그분의 왕 같은 제사장이고, 그분의 거룩한 나라다. 복음을 믿은 이방인들은 이스라엘이라는 감람나무에 접붙임을 받은 가지로 묘사되어 있고, 이스라엘은 이방인이 믿기 전부터 존재해 왔으며, 비록 불신으로 인해 끊어질지라도, 계속 존재할 것이라고 묘사되어 있다. 이런 면에서 복음서의 이야기와 성경 전체의 이야기는 맥을 같이한다. 한 백성의 이야기를 중심으로 삼는다는 점에서 그러하다.

인간과 사회

여기서 집단 내에서 개인이 맺는 유대 관계에 대한 성경의 가르침을 살펴보는 일도 적실한 것 같다. 이 점에서도 신약 성경이 구약 성경에 바탕을 두고 있기 때문이다. 물론 구약 성경이 개인이 하나님 앞에서 감당해야 할 궁극적인 책임을 점차 뚜렷이 부각하고, 신약 성경이 예수의 가르침을 통해 각 개인이 하나님께 소중한 존재라는 사실을 깨닫게 하는 것도 대단히 중요한 사실이다. 그러나 하나님이 만물을 창조하셨다는 성경의 가르침을 살펴보면, 개인이 맺는 유대 관계도 그분의 작품임을 알 수 있다. 우리가 고백하듯, 하나님은 보이는 것과 보이지 않는 것을 모두 포함한 만물의 창조주이시고, 그분이 사람을 몸과 영혼의 통일체로 만드셨으며, 또 남자와 여자를 만들어 한 몸이 되게 하셨다고 믿는다면, 사람을 하나님과 홀로 있는 존재로 여기고 그 삶의 배경을 이루는 모든 자연적·심리적·경제적·생물적 유대 관계를 개인의 중요성보다 열등한 것으로 여기는 견해로 결코 후퇴할 수 없다. 인간 존재가 지닌 이 두 측면의 상호 관계를 설명하는 일은 광대하고도 힘겨운 작업인 만큼 여기서 그것을 시도할 생각은 없다. 하지만 한 가지 분명한 점은, (성경의 가르침에 따르면) 개인을 그가 몸담은 다양한 유대 관계의 산물 정도로 취급하면 안 되는 것과 마찬가지로, 그런 유대 관계들을 수많은 개별적 결정의 산물 정도로 취급하면 안 된다는 것이다.

이 점의 중요성은, 곧 다루게 될 몸에 관한 바울의 가르침을 보면 아주 분명해진다. 이와 관련해 또 하나 중요한 사실은, 복음서들과 사도행전을 보면, 그리스도께서 치유의 기적을 행하실 때 대체로 본인의 믿음을 요구하시는 게 사실이지만, 가족과 친구의 믿음 등 한 집단의 믿음도 개인의 믿음만큼 혹은 그 이상으로 중요시된다는 점이다. 한 중풍병자는 네 명의 친구들의 믿음으로 인해, 백부장의 종은 그 주인의 믿음의 기도로 인해, 수로보니게 여인의 딸은 그 어머니의 믿음으로 인해 각각 치유를 받았다. 바울은 빌립보 감옥의 간수에게 "주 예수를 믿으라, 그리하면 너와 네 집이 구원을 받으리라"라고 일러주었는데, 바로 그 날 밤 정말로 온 집안이 세례를 받았다. 또 믿지 않는 배우자는 믿는 배우자로 말미암아 거룩해지고 그 자녀들도 마찬가지라는 바울의 가르침도 성경 전체의 태도와 맥을 같이한다. 그러니까 하나님이 사람을 대하실 때 본인의 개인적 책임뿐 아니라, 가족, 집안, 민족과 같은 자연적 유대 관계에 비추어 다루신다는 점을 당연시한다.

인간과 자연

이는 교회론의 배경을 이루는 성경 사상의 또 다른 특징으로 이어진다. 성경적인 구원은 창조 질서 전체를 대상으로 한다. 가시적인 세계는 모두 하나님의 창조이므로 본질적으로 선하다. 인간의 타락이 어떤 신비로운 방식으로 자연까지 타락시키긴 했으나, 자연 그 자체는 악하지 않다. 아울러 인간의 영적인 삶의 배경을 이루는 중립적인 것도 아니다. 자연은 나름대로 하나님을 영화롭게 하는 역할을 수행한다. 그리고 자연의 회복은 현재 모든 피조물이 신음하며 고통 가운데 갈망하는 그 마지막 완성의 일부다. 특히 사람의 신체적 틀은 불멸의 영혼을 감싸는 일시적인 옷으로 취급되지 않는다. 사람은 살아 있는 전인적 존재로 취급되며, 그의 영원한 미래는 영혼의 불멸성이 아니라 몸의 부활에 있다고 묘사된다. 만물의 최종적 완성은 창조 세계 전체의 회복, 사람의 몸의 회복, 하나님을 기쁘게 섬기는 잃어버린 인간성의 회복 등을 포함한다.

낯익은 이런 성경의 가르침을 언급하는 이유는, 창조 세계 및 종말에 관한 교리가 교회 및 은혜의 방편에 관한 교리에도 그대로 적용되기 때문이다. 교회는 현 시대에 장차 도래할 시대의 첫 열매를 미리 맛보는 영역이지, 살아 있는 씨앗을 감싸는 죽은 껍질처럼 죽은 외피와 표지들에 둘러싸인 순전히 영적인 실재가 아니다. 이와 반대로, 교회는 성경 전체의 관점에 걸맞게, 가시적 표지들을 특징으로 한 가시적 친교 모임의 형태를 띤 구원의 영역이어야 한다. 그럴 경우 그곳은 하나님이 구원의 능력을 전달하려고 물질적 수단을 사용하시고, 피조물은 하나님의 영광을 위해 그분과의 조화로운 관계를 회복하고, 사람은 창조 세계와의 참된 관계를 회복하는 등 실로 다가올 시대를 미리 맛보는 영역이 될 것이다.

이런 진술은 물론 복음적 성례들의 본질에 관한 많은 의문을 제기하는데, 이를 풀려면 인간 정신과 (인간이 감각적 경험으로 아는) 창조 세계의 관계에 대해 포괄적으로 다루지 않으면 안 된다. 여기서 이 복잡한 문제를 다룰 능력이 내게는 없다. 단, 한 가지 분명한 점은 하나님이 이 둘을 함께 묶어 놓으셨고 사람을 몸과 영혼의 통일체로 만드셨기 때문에, 양자를 떼어놓으려는 시도는 모두 파탄에 빠질 수밖에 없다는 사실이다.[2)] 한편으로, 성경은 하나님을 마음을 감찰하시는 분으로 그리면서, 겉으로만 그분의 계명에 순종하거나 그분을 예배하는 것으로는 충분치 않다는 점을 거듭 상기시킨다. 하지만 다른 한편으로는, 외적인 형태를 완전히 벗어 버린 순전히 영적인 종교를 계발하려는 시도도 모두 성경의 가르침과 동떨어진 입장이다. 예수께서 니고데모에게 새로운 출생의 필요성을 말씀하실 때, 영으로 거듭나는 것만 언급하신 게 아니라 물과 영으로 거듭나는 것을 언급하셨다. 이 문장이 지닌 순전한 유물론은 우리가 흔히 품고 있는 관념에 상당히 거슬린다. 즉, 인간이 영(Spirit)이신 하나님과 교제하도록 부름받은 영적 존재라고 할 때, 그것은 우리가 생각하는 의미와 크게 다르다는 뜻이다. 그러나 내가 보기에, 그것은 성경 전체가 보여 주는 인간의 본질 및 세상에서의 위치와 완전히 흐름을 같이한다. 하나님과의 교제로 들어가는 방법은 물로 세례를 받는 길밖에 없고, 하나님의 아들도 친히 그 낮은 문을 통과해서 지상 사역을 시작하셔야 했다는 것이 바로 성경의 가르침이다.

복음적 성례

이는 교회의 구성 요소의 하나인 성례의 위치에 대한 논의로 이어진다. 복음서는 예수께서 요한의 세례를 받으셨다는 이야기로 시작한다. 성령으로 세례를 주도록 보냄받은 그분이 먼저 물로 세례를 받으신 것이다. 즉, 그분은 스스로 광야에 나가 요한에게 나아가는 참회하는 남녀의 무리 가운데 겸손히 자리를 잡으셨다. 그리고 그 세례를 통해 성령의 기름부으심과 아들됨의 확신을 받게 된다. 그 행위로 인해 세례 자체가 변혁된다. 예수는 세례를 받으심으로 고난받는 종의 십자가를 스스로 짊어지셨고, 요단 강에서의 세례는 그분이 장차 갈보리에서 성취하실 세례, 온 세상을 위한 그 세례를 미리 보여 주는 것이었기 때문

---

2) 최근 발전한 정신 신체 의학은 인간을 하나의 통일체로 보는 성경적 견해를 회복하는 것처럼 보여 상당한 흥미를 불러일으킨다.

이다. 하지만 세례는 변혁되었을 뿐 폐기된 것이 아니다. 그 반대로, 복음 선포는 "회개하고 세례를 받으라"(참고. 행 2:38)는 요청으로 끝나며, 오순절 이래 계속되어 온 사도적 교회의 복음 전파와 행습은 부활하신 그리스도께서 그들에게 주신 위임령과 완전히 맥을 같이한다. "그러므로 너희는 가서 모든 민족을 제자로 삼아 아버지와 아들과 성령의 이름으로 세례를 베풀고 내가 너희에게 분부한 모든 것을 가르쳐 지키게 하라"(마 28:19-20). 신약 성경이 시종일관 가르치는 바는, 새 언약 관계에 들어가 그 모든 특권과 책임을 부여받는 길은 믿음과 세례뿐이라는 것이다.

우리가 이 두 단어를 함께 묶으면 당장 어려움에 봉착한다. 믿음과 세례는 어떤 관계에 있을까? 믿음이 정말 있다면 굳이 세례를 받을 필요가 있을까? 거꾸로, 믿음이 없다면 세례가 무슨 소용인가? 세례는 하나의 쓸모 있는 표지와 보증에 불과한가? 아니면, 하나님이 이 의식을 새 언약의 축복을 받는 경계로 삼으신 것이 사실인가? 내가 알고 있는 한, 신약 성경의 저자들에게는 이런 어려움이 전혀 없었다. 세례를 통해 그리스도의 몸의 지체가 되고 성령 안에 참여하는 자가 된다는 것이 당연시되기 때문이다. 사도 바울은 갈라디아서와 로마서에서 엄청난 논쟁을 벌일 때, 즉 믿음만이 우리를 의롭게 한다는 진리를 수호할 때, 세례를 통해 우리가 그리스도의 몸에 영입된다는 사실을 조금도 거리낌 없이 설파한다. 갈라디아 교인들에게는 이렇게 쓴다. "너희가 다 믿음으로 말미암아 그리스도 예수 안에서 하나님의 아들이 되었으니 누구든지 그리스도와 합하기 위하여 세례를 받은 자는 그리스도로 옷 입었느니라. 너희는…다 그리스도 예수 안에서 하나이니라"(갈 3:26-28). 로마서에서 바울은 이신칭의 교리를 공격하는 입장, 즉 그 교리는 도덕적 분투를 불필요하게 만든다는 비난에 대해 그들의 세례를 상기시킴으로써 대응한다. "무릇 그리스도 예수와 합하여 세례를 받은 우리는 그의 죽으심과 합하여 세례를 받은 줄 알지 못하느냐. 그러므로 우리가 그의 죽으심과 합하여 세례를 받음으로 그와 함께 장사되었나니 이는 아버지의 영광으로 말미암아 그리스도를 죽은 자 가운데서 살리심과 같이 우리로 또한 새 생명 가운데서 행하게 하려 함이라"(롬 6:3-4). 에베소 교인들에게는, 신자가 언제나 유념해야 할 위대한 핵심 진리―주도 한 분이시요 믿음도 하나요…하나님도 한 분이시니 곧 만유의 아버지시라―들 가운데 하나로서 "세례도 하나"임을 언급한다. 골로새 교인들은 그들이 세례로 그리스도와 함께 묻혔고 또 그분을 죽은 사람 가운데서 일으키신 하나님의 능력을 믿는 믿음으로 그리스도 안에서 그리스도와 함께 일으키심을 받았음(골 2:12)을 상기해야 했다. 바울은 믿음에 대해 온갖 주장―우리의 칭의의 근거로서, 우리의 아들됨의 근거로서, 우리가 성령을 받는 근거로서, 우리가 "그리스도 안에서" 사는 근거로서―을 다 펼침에도 불구하고, 그와 똑같이 너무나 분명하게, 세례를 통해 우리가 그리스도의 지체로 영입된다고 선포한다. 그리스도인이 그리스도의 몸으로 영입된다고 할 때 그 몸은 어디까지나 가시적인 몸이므로, 그 속에 들어가는 것도 세례를 통해 가시적으로 표현된다.

이와 마찬가지로 교회의 삶의 중심에도 다함께 떡을 떼는 가시적인 표지가 있다. 세례가 예수의 지상 사역의 출발을 표시했듯이, 성만찬의 제정은 그 사역의 완성을 표시했다. 그것은 그분이 육신을 입고 제자들과 함께 계시는 동안 행해진 마지막 행위였다. 이 세상 통치자와의 최후의 결전이 다가왔다. 제자들의 믿음은 무너지고 있었다. 불과 몇 시간만 지나면 모든 깨달음과 모든 순종이 파탄의 홍수에 휩쓸려갈 것이다. 그들이 모두 그분을 버릴 것이고, 만인을 위한 마지막 순종의 제물을 바치기 위해 혈혈단신으로 나가셔야 할 것이며, 마침내 그 모두를 위해 최후의 싸움에서 승리하실 것이다. 바로 그 순간, 모든 믿음이 무너져 내릴 때, 그분은 (도박하듯) 모든 것을 한 행위에 거셨다. 그분은 떡과 포도주를 들고 그들에게 "이것은 너희를 위해 주는 내 몸이고, 이것은 너희를 위해 흘리는 내 피다. 이를 행하여 나를 기념하라"(고전 11:24-25)고 말씀하신 다음 밖으로 나가 홀로 고난을 받고 돌아가셨다. 그리고 첫째 주일, 예수는 승리를 거두셨으나 제자들은 패배하고 만신창이가 되어 있던 그 때, 그분이 부활의 능력으로 그들에게 모습을 드러내신 것도 바로 떡을 떼는 행위를 통해 이루어졌다. 땅의 모든 지표가 파탄의 홍수에 잠겨 있고 부활의 소문이 한갓 뜬소문처럼 들릴 때, 그들을 다시 불러 모으고 그들에게 이제까지 발생한 사건의 의미를 분명히 밝혀준 것은 바로 "이를 행하라"는 한 마디였다. 그때 이후로 그들이 그분의 몸과 피에 실제로 참여하는 자가 되고, 그분의 죽음에 동참함으로써 부활의 삶에도 영입되어 그 몸의 지체가 된 것도, 그분의 명령대로 주님의 식탁에서 떡을 떼고 잔을 나누는 이 교제 안에서 이루어졌다.

바울과 그리스도의 몸

이는 자연스럽게 교회를 그리스도의 몸으로 묘사하는 바울의 가르침으로 이어진다.[3] 이 주제에 관한 방대한 자료를 다 섭렵할 수 없기에, 여기서는 우리의 논제와 관련된 몇 가지 점에만 주목하고자 한다. 사도 바울에게 그리스도인의 삶은 그리스도 안에서 사는 삶이고, 이는 신자 안에 있는 그리스도의 삶이라고 묘사될 수도 있다. 그것은 현재 하나님의 오른편에 앉아 계신 그리스도의 삶에 동참하는 것이다. 이런 삶이 가능한 것은 먼저 우리가 그분의 죽음에 동참했기 때문이다. 그리스도인은 그리스도와 함께 죽었고 그 생명은 그리스도와 함께 하나님 안에 감춰져 있다(골 3:3). 그는 그리스도와 함께 십자가에 못 박혔고, 이제 그리스도께서 그 사람 안에 살고 계신다(갈 2:20). 그는 그리스도의 할례를 받아 육신의 몸을 벗어 버렸으며(골 2:11), 옛 사람은 벗어 버리고 자기를 창조하신 분의 형상을 따라 지식까지 새로워진 새 사람을 입었다(골 3:9-10). 그리스도인은 그리스도의 몸으로 말미암아 율법에 대해 죽었고, 이제는 죽은 자 가운데서 살

---

[3] 이 단락에서는, 그 주제에 관한 사도 바울의 가르침에 대한 다음 학자들의 눈부신 연구에 빚을 지고 있다. J. A. T. Robinson, *The Body*(Chicago: Henry Regnery Co., 1952), 그리고 Cerfaux, *Le Christ dans la Theologie de Saint Paul*.

아나신 그분과 하나가 되었다(롬 7:4). 여기에 사용된 '하나가 되다'라는 말은 문맥상 남편과 아내가 한 몸을 이룬다는 은유를 가리킨다.

이 마지막 인용문에서 중요한 어구는 "그리스도의 몸으로 말미암아"이다. 이는 십자가에서 단 한 번에 이루어진 그리스도의 육신의 몸의 죽음과 그분의 부활하신 몸의 지체가 됨으로써 이루어진 신자와 그리스도와의 연합 **둘 다를** 가리킨다. 그리스도인은 그리스도의 몸의 지체가 됨으로써, 육신의 몸을 벗어 버리는 그분의 행위에 동참하고 그분의 부활의 생명에도 동참하게 되었다. 전자는 그분이 죄와 죽음의 모든 권세를 이기시고 승리하신 것을 일컫고, 후자는 성령께서 지체들의 죽을 몸까지 소생시키시는 성령 충만한 몸의 생명을 가리킨다.

바울의 언어를 이해하려면, 그가 '몸'(body)이란 단어를 어떤 의미로 사용하는지 깊이 탐구해야 한다. 한 가지 분명한 것은 그가 몸과 영을 상반된 의미로 사용하지 않는다는 점이다. 반복해서 등장하는 진정한 대립 관계는 영과 육신(flesh)의 관계다. 몸이라는 용어는 둘 중 어느 것과도 밀접하게 사용될 수 있다. 육신의 몸(a body of the flesh)도 있고 영적인 몸(a spiritual body)도 존재한다. 육신의 몸은 그리스도께서 성육신하실 때 입고 오신 것이자 십자가에서 우리의 대속을 위해 드리신 것이다. 영적인 몸(혹은 신령한 몸, 고전 15:44)은 그분이 죽은 자 가운데서 살아나셔서 영원히 살 때 입는 몸인 동시에 그분이 자신을 믿는 자들에게 주시는 생명을 담고 있는 것이다(마지막 아담은 생명을 주는 영이 되었다. 고전 15:45). 그리스도께서 우리의 생명이라는 말과 우리가 그리스도의 몸의 지체라는 말은 (바울의 경우) 똑같은 의미를 지닌다. 따라서 이 두 용어(영과 몸)는 한꺼번에 등장하곤 한다. "몸이 하나요 성령도 한 분이시니 이와 같이 너희가 부르심의 한 소망 안에서 부르심을 받았느니라"(엡 4:4). "우리가…다 한 성령으로 세례를 받아 한 몸이 되었고 또 다 한 성령을 마시게 하셨느니라"(고전 12:13; 엡 2:16-18).

그러면 이 '몸'이란 용어는 어느 정도까지 은유적으로, 또 어느 정도까지 그 이상의 의미로 사용되는가? 사도 바울은 자신이 말하는 것이 자연적 몸이 **아니**

라 영적인 몸이라는 점을 분명히 밝힌다. 이 점에 대해서는 나중에 다시 다룰 것이다. 그런데 '영적인 몸'이란 정확히 무엇인가? 먼저, 그것은 흔히 어떤 공동의 목적을 위해 조직된 집단을 일컬을 때 사용하는 은유적 표현—집합적인 몸(법인)—은 아니다. 이런 의미는 '그리스도의'라는 핵심 단어로 인해 배제된다. 그리스도께서 우리를 위해 행하신 사역에 대한 바울의 이해를 감안할 때 그렇다는 말이다. 그는 음행의 문제를 다루면서 고린도 교인들에게 "너희 몸이 그리스도의 지체인 줄을 알지 못하느냐. 내가 그리스도의 지체를 가지고 창녀의 지체를 만들겠느냐"(고전 6:15)라고 말했다. 성관계가 남자와 여자를 한 몸으로 만든다는 성경의 가르침에 비추어볼 때, 이보다 더 강력하게 신자와 그리스도의 관계를 신체적으로 한 몸인 것처럼 표현할 수 없을 것이다. 거의 그렇다는 뜻이지 확실히 그렇다는 뜻은 아니다. 이 둘의 관계가 육신을 좇은 것이 아니라 성령을 좇은 것이기 때문이다. 주님과 합하는 사람은 그분과 한 몸이 아니라 한 영이 되는 것이다(고전 6:17). 그렇다고 그 연합이 신체적인 것이 아니라는 뜻은 아니다. 바울은 우리의 몸이 그리스도의 지체이므로 창녀와 합하면 안 된다고 말한다. 우리의 몸이 그리스도의 지체라고 말하는 것은, 오늘날 일반적인 의미로 "우리가 기독교 사회의 일원"이라고 말하는 차원을 훨씬 뛰어넘는다. 거기에 담긴 의미는 그리스도께서 신자들의 생명이라는 바울의 가르침에 비춰봐야만 이해할 수 있다.

우리는 바울이 고린도 교회의 당파들에 대해 무어라 말하는지 검토함으로써 바울이 사용하는 언어의 강도를 더 시험할 수도 있다. 그는 고린도 교인들이 스스로를 (자기 이름까지 포함하여) 각 파당의 지도자들의 이름으로 부른다는 소식에 너무나 분노하고 경악하여 대단히 격렬한 말을 연달아 퍼붓는다. "그리스도께서 어찌 나뉘었느냐? 바울이 너희를 위하여 십자가에 못 박혔으며 바울의 이름으로 너희가 세례를 받았느냐?"(고전 1:13) 이런 수사학적 질문은, 교회의 통일성을 해치는 것이면 무엇이든 바울이 이해한 복음의 핵심에 지극히 어긋나는 것임을 보여 준다. 세례를 받는다는 것은 그리스도와 연합하여 세례를 받는 것이며 그분의 지체가 되는 것이다. 더 정확히 말하면, 그분의 죽음과 연합하여 세례를 받고 그분과 함께 십자가에 달려 죽음으로써 그분의 부활하신 몸의 지체가 되는 것이다. 그리스도는 한 분밖에 없고 그분의 몸도 하나뿐이다. 그분의 지체들이 서로 나뉘는 것은 그리스도를 나누는 것이다. 그리스도인들이 스스로를 그리스도의 이름 이외의 이름으로 부른다는 것은, 바울이나 다른 인간 지도자가 그들을 위해 십자가에 달렸다고 얼토당토않게 주장하는 일종의 신성모독이다. 인간 지도자의 이름으로 모이는 그리스도인의 회합은 육에서 난 것이지 영으로 난 것이 아니다. 그런 모임은 육신적인 것이고, 거기에 속한 자들은 그리스도의 지체로서가 아니라 인간으로서 행하는 자들이다. 영적인 삶은 그리스도의 한 몸 안에 사는 삶이다. '몸'이란 단어의 현대적 의미로 보면, 여러 개의 '그리스도의 몸'이 있을 수 있다. 그러나 그리스도의 몸은 하나밖에 없으며, 그리스도인의 삶은 그 몸 안에 사는 삶이다.

이 편지에 나오는, 바울이 성만찬을 다루는 대목(10장과 11장)도 이 점을 분명히 한다. 공동체의 하나됨을 가시적으로 보여 주는 하나의 떡과 하나의 잔에 모두 동참하는 것이 바로 성만찬, 곧 그리스도의 몸과 피에 참여하는 것이다. 이는 그들을 한 몸, 그분의 몸으로 만들어 준다. 그러므로 "주의 잔과 귀신의 잔을 겸하여 마실 수 없다." 그리고 성만찬에서의 분열은 심판을 초래할 수밖에 없다. 분열의 죄를 짓는 자들은 주님의 몸과 피를 범하는 죄를 짓는 것이며, 그분의 몸을 다시 찢어 놓는 셈이다. "주의 몸을 분별하지 못하고"(자신이 그리스도 안에서 한 지체임을 부정하는 방식으로) 먹고 마시기 때문에, 이미 그리스도의 지체가 된 그들의 몸은 질병과 죽음의 세력 아래 떨어지게 된다.

이어지는 세 장(12장-14장)에서는 그리스도의 몸에 참여하는 공동 생활을 성령의 다양한 은사와 관련하여 다룬다. 여기서 분명히 밝히는 바는, 한 성령과 상관있는 것은 한 몸으로, 거기에 붙은 많은 지체가 각기 다양한 기능을 가졌으나 그것들은 모두 한 몸을 이룬다는 점이다. 여기서 줄곧 언급되는 것은 어떤 이상적이고 비가시적인 실체도 아니고, 범세계적인 신자들의 사회도 아니다. 흔히 이런 식으로 설명하지만 전혀 그렇지 않다. 이 대목이 가리키는 것은 고린도에 사는 그리스도인 형제자매들의 일상이다. 여기에 묘사된 것은 구체적인 회중의 삶, 사도 바울이 앞선 장들에서 다룬 그 모든 중대한 죄를 짓던 회중의 삶이다. 바로 그 회중을 향해 "너희는 그리스도의 몸이요"(12:27)라고 쓴다. 그들로 하여금 성령 안에 참여하게 한 그 세례가 또한 그들로 그 몸의 지체가 되게 했다. 이 장의 말투를 전반적으로 볼 때, 그들을 분리시킨다거나 어느 지체를 다른 지체보다 낮게 여기는 것이 불가능함을 알 수 있다. "우리가 유대인이나 헬라인이나 종이나 자유인이나 다 한 성령으로 세례를 받아 한 몸이 되었고 또 다 한 성령을 마시게 하셨느니라"(12:13).

바울의 가르침을 이렇게 요약할 수 있다. 그리스도인의 삶은 곧 그리스도의 몸 안에 사는 삶이고, 그것은 믿음과 세례와 성만찬을 통해 자신을 그분의 죽음과 부활과 동일시하는 삶이다. 우리가 지체를 이루는 그리스도의 몸은 자연적 몸이 아니다. 하지만 동시에, 세상에서 영위되는 교회의 가시적인 삶과 동떨어진 이상적인 몸도 아니다. 그것은 영적인 몸이요, 생명을 주는 영이 된 마지막 아담, 곧 그리스도의 몸이다. 이 생명을 주는 영적인 능력이 현재 우리의 죽을 몸을 소생시키는 등 우리 가운데서 역사한다. 따라서 우리가 최종 완성의 날, 곧 몸이 부활하여 그 죽을 것이 생명에 삼킴을 받을 때를 기다리는 동안, 겉사람은 낡아 가지만 속사람은 나날이 새로워진다. 아니, 우리 몸은 이미 그리스도의 지체가 되었고, 그분의 몸은 교회의 일상 생활 가운데 지체들이 복음 전파, 예언, 가르침, 기적, 치유 등을 통해 서로 섬기며 상호의존적인 관계를 맺는 가운데 이미 작동한다. 이 공동 생활의 가시적 중심은 그 지체들이 그분의 몸과 피에, 곧 성만찬에 참여하는 것이다. 이와 반대로 그리스도인들이 그리스도가 아닌 다른 곳에서 공동 생활의 중심을 찾고, 당파를 만들어 서로 분열되는 것은 한 마디로 어불성설이며, 그런 상황에서는 성만찬이 그들을 심판하는 도구로 변할 것이다. 그런 상황에서 집행되는 성만찬은 몸을 세우는 것이 아니라 파괴할 것이다.

경험에 기초한 논증

이제까지 성경적 증거를 요약해 보았지만, 이것이 완전하다거나 조금도 틀림이 없다고 주장할 생각은 없다. 하지만 그 배후에 방대한 자료가 있다는 점은 주지시키고 싶다. 적어도 다음 몇 가지 점은 신약 성경에 분명히 나온다고 생각한다. 육신의 몸을 입고 계시는 동안 주님이 세상에서 자신을 대표할 친교 모임을 선택하고 훈련하고 파송하는 일에 주력하셨다는 점, 이는 한 백성의 이야기를 중심으로 전개되는 성경 기록의 전반적 패턴과 맥을 같이하며 하나님이 사람들을 다루실 때 개인으로뿐만 아니라 집단으로도 다루신다는 성경의 가르침과도 일치한다는 점, 또한 자연 세계에 대한 성경적 관점과 사람을 정신-신체적 통일체로 보는 성경적 견해에 근거한다는 점, 복음 이야기에서 세례와 성만찬에 중심적 위치를 부여하는 것도 이 가르침과 맥을 같이한다는 점, 바울이 사용하는 '그리스도의 몸'이란 어구는 그리스도 안에서의 지체 개념을 내포하되 본질적으로 분열되지 않은 가시적 친교 모임의 일원이 되는 것을 의미한다는 점 등이다. 이제 교회의 긴 역사를 훑어보며 이런 성경적 주장들을 강조해 온 예를 찾아보도록 하자.

그리스도인의 삶의 규범으로서 질서와 연속성

무엇보다 먼저 지적할 것은, 교회 역사가 증거하는 교회 존립의 필수 조건은 영속적인 구조를 지닌 가시적이고 조직적인 몸이어야 한다는 점이다. 이 점을 예증하기 위해 굳이 많은 보기를 들 필요는 없을 것이다. 우리는 모두 역사상 일어났던 많은 개혁 운동을 알 것이다. 처음에는 참신한 영성에 이끌려 교회의 경직된 구조에 반기를 들고 그것을 깨뜨리며 성령의 이름으로 외적인 형식과 제도로부터의 해방을 주창한다. 그러고는 얼마 지나지 않아 그들 나름의 형식을 만들고, 사고 구조, 언어 구조, 조직상의 구조를 개발한다. 이런 현상을 만물의 보편적 성향—황금기는 철기 시대로 전락하고, 영적인 것은 곧 몸이 없는 것이며, 가시적 구조는 죄스러운 것이라고 보는 성향—의 본보기로 생각한다면, 이는 분명 인간 본성과 역사에 대한 지극히 비성경적인 견해다. 오히려 우리가 인식해야 할 점은, 기독교는 본질상 몸이 없는 영성이 아니고 가시적 친교 모임 안에서의 삶, 모든 것을 바치라는 총체적 요구를 하는 삶이며, 그 목적을 이루려면 구성원 간에 가장 밀접하고 끈끈한 유대 관계가 필요하다는 것이다.

더욱이 기독교의 핵심은 우리를 묶어 주는 그 친교가 모든 사람과 모든 세대를 포괄한다는 점에 있기에, 교회임을 자처하는 모든 그리스도인의 모임은, 전통에 반기를 들고 일어난 모임이더라도, 전통적인 구조상의 특징과 계승 구조를 반드시 개발하게끔 되어 있다. 개혁 운동이 일어날 때 반박의 대상이었던 요소들이 한 세대가 지난 후에는 교회의 일상 생활에 다시 그 모습을 드러낸다. 그 운동을 지지하는 분명한 신학이 있지만, 신학자들이 흔히 교회의 일상 생활을 중요시하지 않고 연구 대상에서 누락시킨다는 데 문제가 있다.

그래서 교회가 자신을 그리스도와의 교제로부터 축출할 수 있음을 원칙적으로 부정했던 루터가, 나중에는 교황권의 사용을 말씀과 성례와 함께 교회의 본질적 표지에 포함시킨 것이다. 목사직의 계승이 참 교회의 표지라는 주장을 절대적으로 부정했던 칼뱅과 녹스의 추종자들이 나중에는 장로들의 영속적 계승을 주창하기에 이르렀다. 그리고 교권적 권위도 없이 안수를 베풀었던 존 웨슬리의 추종자들은 오늘날 감리교인이 그와 똑같은 행위를 한다면 기독교 진영의 어떤 집단보다 강한 반감을 표시할 것이다. 이런 것들은 인간 본성의 변덕스런 모습이 아니라, 오히려 하나님이 인간의 체질과 교회의 체질에 심어 놓으신 불변성을 보여 주는 표지다. 그것들은 교회가 본질상 가시적이고 영속적인 구조를 가질 수밖에 없음을 입증해 준다.

신약 성경은 사도들의 가르침과 교제, 떡을 떼는 것과 기도로 교회의 구조를 단순하게 표현한다. 그것을 아무리 왜곡하고 서툴게 모방한다 해도, 교권적 관료제가 오늘날 교회의 가장 큰 골칫거리지만 그 관료제가 교회 질서가 기독교의 본질에 속한다는 점을 부정하려 한다 해도, 이 모두는 한 가지 사실을 증언한다. 즉 그리스도 안에 있다는 것은 가시적 사회에 영입되는 것을 뜻하며, 이 사회는 (원칙적으로) 그리스도의 초림에서 재림 때까지 그리스도의 한 몸에 모든 사람과 모든 세대를 묶는, 분열되지 않은 연속적 공동체라는 점이다.

구조와 믿음, 구조와 경험의 관계

둘째로, 교회 역사는 이 구조를 다른 것으로 대치할 경우 반드시 아주 중요한 무언가를 잃어버린다는 교훈을 주지 않는가? 이 주장을 정당화하는 데 필요한 방대한 역사적 지식과 지혜가 내게 없다는 점을 알기 때문에, 여기서는 지극히 주저하며 이 말을 할 수밖에 없다. 내가 확신하는 바는, 과거에 복음의 진리를 수호하기 위해 교회의 연속적 구조를 깨뜨리는 것이 불가피한 경우—인간의 죄가 창출한 상황—도 있었다는 것이다. 그리고 앞으로도 그럴 수 있다고 생각한다. 교회가 타락해서 왜곡된 메시지를 전하는 지경이 되면, 하나님이 나서셔서 자신의 말씀을 전할 예언자들을 일으키시고, 성령의 참 열매가 드러나는 집단들을 세우신다. 이 개혁 운동이 옛 구조 속에 융합될 수 있으면 그 구조 전체를 새롭게 만들 수 있다. 반면에 분열이 생겨 개혁자의 특정 교리나 그 집단의 영적 경험을 바탕으로 새로운 구조를 만들 경우에는, 교회의 본질에 속한 중요한 그 무엇을 잃게 된다. 그 새로운 구조는, 아무리 위대한 인물이라도 제한된 지성을 갖고 있는 것처럼, 한계를 지닐 수밖에 없다. 따라서 보편 교회에 속하는 풍성함과 온전함을 결여할 수밖에 없다. 이미 살펴본 것처럼, 그 한계로 인해 당장 나름의 구조를 개발하는 일에 착수하기 마련이다. 하지만 이 구조는 파생적인 것이지 근원적인 것은 아니다. 근원에 해당하는 것은 어떤 교리나 경험일 것이다. 달리 말하면, 그 구조와 믿음의 관계, 그 구조와 경험의 관계는 신약 성경에 나온 관계와 근본적으로 다를 것이라는 뜻이다.

그런데 주님은 어떤 교리 체계를 만들어 놓고 그 교리를 믿는 자들을 불러 모임을 조성하신 게 아니다. 그분은 인격적인 교제와 교리를 함께 주셨기 때문에, 제자들에게는 두 가지 측면에서 계속 새롭게 자랄 여지가 있었다. 그분이 사람들을 참여시키신 그 신적인 사회는 바른 신학을 가르치는 신학교 이상의 공동체였다. 그 사회는 그분을 믿는 자들이 나누는 인격적 교제의 장이었고, 그들은 서서히 비틀거리며 배워야 할 것이 많았다. 그럼에도 그들은 주님 안에 거하고 있었기 때문에 세상에서 그분의 대사가 되고 또 그분의 교회에서 주춧돌이 되라는 사명을 받을 수 있었다. 그분은 그들에게 어떤 공인된 신조도 주시지 않았다. 그 공동체에 소속 여부는 어떤 공식적인 신학에 대한 찬성에 의해 좌우되는 게 아니었다. 그분은 자신의 죽음과 부활이라는 두 가지 성례로 그 공동체의 경계를 정하셨다. 그리고 일단 그 경계 안에 들어가면 성령의 완전한 자유를 누리게 되고, 성령께서 그들을 모든 진리 가운데로 인도하실 것이다. 어떤 면에서 이 경계는 무척 엄격해 보인다. 그리고 이 엄격성이 성례들의 본질이다. 하지만 엄격한 어법이 언론의 자유를 가능케 하는 것처럼, 바로 이 엄격성이 자유를 가능케 한다. 다음과 같은 사실을 시인해야 한다. 그리스도인들이 더 순수한 믿음이나 더 풍성한 경험의 이름으로 기존 구조를 타파해야겠다고 확신하고 질서보다 믿음이나 경험을 우위에 두었을 때, 그들의 자녀와 손자 세대는 특정한 신조나 경험에 근거한 새로운 구조를 물려받되 그 개혁자들이 당연시했던 영적·지적 자유에 못 미치는 자유를 유산으로 받는다는 사실이다. 신약 성경에는 믿음과 질서가 함께 주어져 있다. 죄로 인해 둘 중 하나를 택해야 할 상황이 발생하면, 믿음에 이론적 우위를 두게 되고 결국에는 어떤 부분적 신조에 바탕을 둔 새 질서가 성립되는데, 이 새 질서는 옛 질서에 비해 덜 보편적이기 때문에 덜 자유로운 성격을 갖게 된다. 이것이 양쪽 모두에 적용된다는 점은 굳이 언급할 필요가 없을 것이다. 즉, 질서에 우위를 두더라도 그와 똑같이 비참한 결과를 초래한다는 말이다.

복음적 성례의 중심적 위치

교회 역사에 있어서 우리가 주장하는 이 성경적 입장을 부각시키는 셋째 요소는, 개신교 역사 곳곳에서 성례가 약해지고 있다는 것이다. 우리는 많은 교회가 성례들을 순전히 상징적인 것으로, 그저 보존해야 할 오랜 관습 정도로 여기고, 교회의 생명이 달린 기관(organ)으로 중시하지 않는다는 것을 알고 있다. 교회가 세례를 일종의 뜻깊은 가족 행사나 거룩한 의식 정도로 다룬 나머지, 그리스도와 함께 죽고 그분 안에서 거듭난다는 성경의 가르침은 모두 물 속에 용해되고 만다. 또 어떤 사람이 세례를 받았는지 안 받았는지도 중요하게 취급하지 않는다. 성만찬 역시 기껏해야 설교할 때 드는 예화 정도에 불과하고, 교회에 없어서는 안 될 것으로 여기지 않으며, 있으나 없으나 별반 차이가 없는 일종의 의식 정도로 간주할 뿐이다. 내가 이런 내용을 언급하는 이유는, 이런 지경에 빠지면 교회가 신약 성경이 가르치는 모습에서 완전히 멀어진다는 점을 상기시키기 위함이다. 자신이 이 두 가지 성례를 주신 그리스도보다 더 합리적이거나 영적이라고 생각하면, 하나님이 주신 본성을 침해하고 본래 자신에게 주어진 것 이상의 짐을 짊어지게 된다. 우리의 종교가 아주 영적이어서 이런 가시적인 표지들을 통하지 않고도 그 의미를 통찰할 수 있으므로 그 표지들을 없애도 무방하다고 생각한다면, 하나님께 대한 인간의 진실한 반응이 지닌 그 단순하고도 신비로운 특성을 인식하지 못하게 된다. 인간의 한계를 뛰어넘으려다 보면 인간 이하의 존재가 되는 법이다. 하나님이 그리스도 안에서 우리를 위해 행하신 일, 따라서 우리가 의존해야 할 그 일은, 자세한 진술문으로 표현하거나 의식적인 종교 체험으로 전유할 수 있는 수준을 넘어선다. 그리스도 안에 사는 삶이란 그분이 주신 그 가시적이고 구체적인 표지에 자신을 내어 맡기는 삶이라 할 수 있다. 그분은 자신의 교회를 파송하셨고, 교회에 자신의 영을 주셨으며, 교회에 자신의 임재를 나타내는 가시적이고 구체적인 수단을 제공하셨다. 가장 지혜로운 자라도 결국에는 어린아이가 되어 그분이 주신 것을 받아들여야 하며, 자신이 파악한 성례의 의미는 아주 부분적인 것임을 알고 언제나 더 깊이 알고자 애써야 한다.

인격적 관계의 진정한 맥락

이는 넷째 요소와 관련이 있다. 흔히 로마 가톨릭을 공격할 때 펴는 논리는, 하나님이 그리스도 안에서 우리와 맺으시는 관계는 하나님 편의 은혜와 우리 편의 믿음으로만 형성되는 순전히 인격적인 관계이므로 비인격적이고 제도적인 개념들이 교회에 관한 사상에서 결정적 역할을 하면 안 된다는 것이다. 이런 관점에 따르면, 성례와 제도적인 교회 생활은 그리스도인의 삶의 중심에서 밀려난다. 일부 견해는 교회를 하나님과 사람의 영혼, 사람과 사람 간의 진정한 인격적 관계가 개발되는 장(場) 혹은 일종의 틀에 불과한 것으로 본다. 따라서 그것은 인격적 관계를 위한 수단에 불과하며 그 목적에 비추어 고치거나 버리거나 대치해도 무방하다. 이런 견해를 가진 이들은 성례를 교회의 본질적 요소로 주장하는 입장을 용납 못하고, 나와 그리스도의 관계가 내가 속한 교회의 역사적 연속성이나 불연속성에 의해 영향을 받을 수밖에 없다는 주장을 도무지 믿지 못한다. 이 인격적 관계의 의미에 대한 탐구는 실로 우리 시대가 이룩한 위대한 업적의 하나이고, 기독교 신앙을 이해하는 데도 지대한 도움을 주었다. 그런데 동시에 모든 인격적 관계는 비인격적 맥락 안에서 그리고 비인격적 요인들의 조건 아래서 주어졌다는 것도 주장해야 하지 않을까? 사실 가장 깊고 풍성하고 만족스런 인격적 관계가 비인격적 요인들이 극대화된 곳, 인격적 측면이 신체적·생물학적·경제적 요인들과 강하게 결속된 곳에서 맺어진다는 점은 참으로 의미심장하지 않은가? 결혼 관계와 가정이 바로 그런 곳이다. 그리고 인격적인 요소를 따로 떼어내어 법적인 요소 및 제도적인 요소와 대립시키는 것은 그 본질을 침해하는 일이라고 주장해야 하지 않을까? 인간 본성으로 보건대, 인격적 관계를 적절한 비인격적 맥락으로부터 떼어놓으려는 것은 쓸데없는 일이라고 말해야 하지 않을까? 그러므로 그리스도께서 자신을 주시되 자신의 몸 된 교회를 주시면서 그 가시적인 경계와 연속적인 구조까지 제공하셔서 그분과의 교제가 그것을 통해 이루어지게 하신 것은 인간의 본성에 확실히 부합한다.

비판적 논평

이제 결론을 내리자. 우리가 그리스도의 몸에 영입되는 것이 믿음으로 말미암는다는 주장이 성경적 교회론의 핵심인 것처럼, 그러한 영입이 고린도, 로마, 세계 곳곳에 있는 그리스도의 몸, 곧 그 가시적 교회에 합류되는 세례를 통해 이루어진다는 것도 그에 못지않게 핵심 진리에 속한다고 결론지을 수 있다. 아울러 그 몸에 참여하는 것은 분열되지 않은 한 모임 안에서 같은 떡과 같은 잔을 나눔으로써 유지된다고 할 수 있다. 달리 말하면, 교회는 모래알 같은 개개인이 줄줄이 말씀과 성례를 통해 하나님의 초자연적 은혜에 반응하는 모임이 아니다. 그것은 사람들 가운데서 그리스도의 삶이 몸의 형태로 지속되는 것으로, 새로운 지체가 더해짐에 따라 성장하긴 하지만, 그 몸은 본질상 연속적이고 분할될 수 없다. 그리스도는 한 분밖에 안 계시므로, 모든 면에서 머리 되신 그분에 이르기까지 자라는 그리스도의 몸도 하나밖에 없다. 또 사도들과 예언자들의 기초 위에 세워져 그리스도 예수를 주춧돌로 삼는, 주님 안에서 거룩한 성전으로 자라가는 그 성전도 하나뿐이다. 교회의 하나됨은 단순히 이념적이거나 영적인 것에 불과하지 않고, 가시적이고 사회적이며 유기적이다. 그 통일성은 한 식탁에서 나누는 교제를 통해 구현되고, 드러나고, 확인된다. 그 친교가 깨지면 성만찬은 심판의 도구로 전락한다. 교회의 분열은 단단한 실체의 표면에 금이 가는 정도에 불과한 게 아니라, 그 실체의 중심까지 파고드는 치명적인 것이다.

연속성은 교회에 필수적인가?

하나됨이 낳는 자연스런 결과는 권위 전수의 연속성이다. 이 점에서 균열이 생겨도 교회의 중심이 영향을 받는다. 나는 지금 그리스도인의 경험이나 가르침의 연속성을 거론하는 게 아니다. 물론 그것도 교회의 삶에 아주 중요하다. 그러나 내가 거론하는 바는 그보다 더 경계가 뚜렷하다. 몸이 하나됨을 유지하는 한, 그 권위는 질서 정연하게 대대로 전수될 것이다. 교회의 분열이 있을 때 거기에 균열이 생기고 목사직 계승은 두 줄기가 될 것이며, 둘째 줄기는 분열이 발생한 시점으로부터 시작될 것이다. 그러면 그런 균열이 생길 때 일어난 사건을 어떻게 해석해야 할까? 우리가 주장하듯, 교회의 본질이 곧 분열되지 않은 연속적인 친교에 있는 것이라면, 그런 연속성을 잃어버린 몸은 스스로를 교회라 부를 권리를 상실했다고 결론을 내려야 마땅하지 않을까? 그럴 경우 성례를 시행하더라도 그것이 은혜의 도구가 아니라 심판의 도구로 전락할 것이기 때문에 아무 소용이 없다. 그런 몸들은 한 마디로 병들어 죽어야 마땅한 것처럼 보인다. 사실 그렇게 되는 경우가 있음을 유념할 필요가 있다. 그런 분열로 인해 분리된 몸이 그 속에 생명이 없이 썩어 버린 본보기가 여럿 있지만, 모두가 그렇게 되는 것은 아니다. 영적인 장님이 아니고서야 아무도 부인할 수 없는 사실이 있다. 그것은, 사도들 이래 목사직 계승에 균열이 생긴 공동체일지라도 그 계보에 속한 공동체들 못지않게 복음 전파와 죄인의 회심과 성도의 성화에 기여했을 때는, 하나님이 그들의 복음 전파, 성례, 사역을 풍성하게 축복하셨다는 사실이다. 어떤 식으로든 이 엄연한 사실을 완전히 인정하지 않으려는 신학은 자기 얼굴에 침을 뱉는 격이다. 바울과 바나바의 보고를 듣던 예루살렘 교회와 같이, 우리도 이 시점에서는 하나님이 행하신 일에 주목하며 침묵을 지켜야 마땅하다.

우리는 또 약간이나마 일관성을 유지하려고 언약과 상관없는 자비 개념을 들어서, 가시적 교회 밖에도 은혜의 역사가 있다고 인정하는 동시에 가시적 연속성이 있는 곳에만 교회가 존재한다는 확신도 그대로 유지할 수는 없다. 이런 시도는 막다른 골목으로 치닫게 할 뿐이다. 하나님이 구속의 은혜를 교회 안팎에 무차별적으로 내리실 수 있고 또 실제로 그렇게 하신다면, 교회는 구원의 경륜에 필수적인 요소가 아닐 것이다. 교회의 질서와 성례, 복음 전파와 여러 사역은 그리스도를 통한 하나님의 구원 사역에 반드시 필요한 것들이 아니라 기껏해야 하나님이 무시하시는 자의적인 구조물 정도에 불과할 것이다. 물론 그리스도인이라면 누구도 이런 견해를 받아들이지 않겠지만, 흔히 '하나님은 성례에 매이시지 않으나, 우리는 매임을 받는다'(Deus non alligatur sacramentis sed nos)는 개념을 과도하게 사용하면서까지 경직된 교회론을 살리려 하면서 이런 시도가 그런 터무니없는 입장에 가깝다는 것은 눈치 채지 못할 때가 많다. 신약 성경의 교회는, 그리스도께서 자기 지체들 가운데 살아 계신 실재적이고 가시적이고 인간적인 공동체이며, 그리스도의 지체들이 그분에 이르기까지 자라가는 공동체다. 그분을 찾고자 한다면 교회에서 찾아야지 다른 곳에서 찾으면 안 된다. 교회와 대립 관계에 있는 이 세상은 악한 자의 손에 놓여 있기 때문이다. 이렇게 생각해 볼 때, 가시적 연속성을 상실한 공동체에도 교회가 존재한다는 점을 부인할 수 없다.

이 주장이 옳다면, 연속성이 유지된 곳에만 교회가 존재한다는 결론을 내릴 수밖에 없도록 몰고 간 그 논리의 맹점은 무엇인가? 해답은 물론 바울이 로마서에서 설명하는 진리, 즉 교회와 회당의 관계와 관련해 제기된 동일한 질문에 대한 바울의 응답에서 찾을 수 있다. 내용인즉, 하나님의 백성이 하나님의 신적인 삶에 참여하는 등 특별한 지위를 갖게 된 것은 오로지 은혜와 믿음으로 말미암아 가능한 것이다. 교회는 오직 그분의 순전하고 과분한 자비, 죽은 자를 일으키고 죄인을 의롭게 하며 없는 것을 있는 것처럼 부르시는 그 하나님의 자비 덕분에 존재할 뿐이다. 우리가 검토하는 입장의 근본적인 맹점은, 언약의 본질이 바로 순전한 자비에 있다는 사실을 망각하는 데 있다. 하나님은 자기 백성으로 부름받은 자들이 불신앙과 죄로 그 소명을 부인할 때라도 그분이 원하시는 자에게 자비를 베푸시고 '백성이 아닌 자들'을 자기 백성이라 부르실 수 있는 주권적 자유를 지니신 분임을 망각하는 것이다.

교회 안에 있는 죄

그런데 교회도 죄를 짓는가? 이 질문은 가톨릭의 입장을 비판할 때 핵심 사안이 되기 때문에, 가장 먼저 이 질문을 던질 필요가 있다. 그들에 따르면, 교회, 그리스도의 몸, 성육신의 연장은 모든 사람에게 죄로부터 구원하시는 하나님의 구속 도구다. 교회는 지옥의 문이 대항해 이기지 못할 것이라는 하나님의 약속을 갖고 있다. 따라서 교회는 그 자체로는 죄를 짓지 않으며, 반대로 은혜의 방편으로서 그 지체들의 죄를 깨끗이 씻어 주고 그들을 거룩하게 훈련시킨다. 이것이 가톨릭의 전형적인 가르침이다. 이 입장이 옳다면, 어떤 경우라도 교회의 친교로부터 분리되는 것이 정당화될 수 없으며, 거기서 단절된 몸은 하나님의 축복을 바랄 수 없다. 그리고 우리가 값없는 은혜를 믿는 믿음으로 말미암아 개인적으로 하나님 앞에 설 수 있다고 말할지 모르지만, 사실은 이런 식으로 교회의 삶을 묘사하는 것이 적절치 않다는 결론에 도달하게 된다. 그런데 이 입장은 과연 옳은가?

먼저 서로 동의하는 부분부터 다루어 보자. 교회는 사람들이 부활하신 그리스도의 생명에 실제로 영입되는 것이다. 그분의 생명이 그들 속에, 그들의 생명이 그분 안에 있는 것이다. 그것은 예수의 생명이 사람들에게 실제로 전이되는 것이다. 내가 '실제로'라는 단어를 반복하는 이유는 그것이 단순히 귀속되거나 약속된 게 아님을 강조하기 위해서다. 따라서 교회는 그리스도의 몸으로 거론된다. 그러나 교회가 '성육신의 연장'으로는 거론되지 **않는다는** 점을 강조하는 게 중요하다. 이 문구는 육신(*sarx*)과 몸(*soma*)을 혼동해서 생긴 것이다. 그리스도의 부활의 몸은 육신적인(fleshly) 것이 아니라 영적인(spiritual) 것이다. 그분은 우리를 육신이 아니라 성령을 좇는 그분의 몸에 영입하러 오셨다. 그래서 제자들에게 자신이 떠나는 것이 유익하다고 말씀하신 것이다. 그분이 육신을 입은 상태에서 자신을 내어 주시기 전에는 성령이 오실 수 없다(요 16:7. 참고. 요 7:39). 그분은 우리를 구속하시기 위해 "죄 있는 육신의 모양"(롬 8:3)을 벗어 버리셔야 했고, 땅 속에 떨어져 죽으셔야 했으며, 자신을 제물로 바치셔야 했다. 우리가 그분에게 영입될 수 있는 것은, 그분이 이 사역을 성공적으로 수행하시고 결국 승리하셔서 하나님께 올라간 다음 성령을 보내셨기 때문이다. 우리가 그분의 부활의 생명에 영입된 것은 무엇보다 그분의 죽음에 영입된 것이며, 이 심오한 역설은 교회의 삶의 모든 영역을 지배한다. 교회는 죽어감으로써만 살아가는 몸이다. 교회의 생명이 자연적 생명—이는 '육신을 좇는' 생명으로, 죽음은 곧 이 생명의 부정이다—과 동일시되는 순간, 그것은 "살았다 하는 이름은 가졌으나" 실상은 죽은 것이다(계 3:1). 교회가 이 땅에서 '육신의 형태로' 살고 있으나, 그리스도 안에 있는 그 생명은 '육신을 좇는' 것이 아니다.

따라서 교회는 이 땅에서 일종의 전쟁 상태에 있다고 할 수 있다. 육신을 따르는 삶과 영을 따르는 삶이 그 안에서 서로 싸운다. 육신의 소욕은 성령을 거스르고 성령의 소욕은 육신을 거스른다. 우리는 이 싸움이 개인의 삶 속에 일어난다는 것을 잘 안다. 하지만 어떤 신자도 개인에 불과한 존재는 아니며, 이와 똑같은 싸움이 교회의 삶에서도 일어난다는 것을 부인한다면 아주 잘못된 일이다. 가톨릭 신학자들이 대체로 갖고 있는 견해는, 교회는 그리스도의 몸이므로 죄를 지을 수 없다는 것이다. 반대로 죄를 지을 수 있다고 시인할 경우 참으로 난처한 입장에 빠지게 되므로 이를 피하기 위해 온갖 주장이 제기되었다. 교회의 "경험적 모습"은 "종종 그 진정한 본질과 다르게 나타날 수 있다"[마스칼(Mascall)]는 것이다. 교회의 지체들은 죄를 짓지만, 교회 자체는 죄로부터 자유로우며, 그들의 죄를 다룰 수단—참회의 성례—을 갖고 있다고 주장하기도 한다.

그러나 이런 주장들은 사실 문제를 회피하는 것이다. 정직한 사람이라면, 가시적 제도로서의 교회가 과거에 오만, 탐욕, 나태, 비난받아 마땅한 무분별한 죄를 지었음을 결코 부인할 수 없을 것이다. 뿐만 아니라 교회와 그 지체들을 뚜렷이 구별한다고 문제를 극복할 수 있는 것도 아니다. '개별적 그리스도인'은 어디까지나 그리스도의 지체로서 존재할 뿐이므로, 그리스도의 지체들은 죄를 지을 수 있으나 그분의 몸은 지을 수 없다고 말하는 것은 무의미한 일이다. 끝으로, 신약 성경 자체가 교회도 **분명히** 죄를 짓는다는 점을 의심의 여지없이 밝히고 있다. 사도 바울은 동일한 남녀로 구성된 공동체를 향해 "여러분은 그리스도의 몸"이라고 말하는 동시에 "여러분은 아직 육신적인 사람"이라고 말한다. 살아 계신 교회의 주인께서 한 교회를 향해 "내가 네 행위를 아노니 네가 살았다 하는 이름은 가졌으나 죽은 자로다"(계 3:1)라고 말씀하신다. 그 주인은 친히 그 촛대를 옮길 수도 있는 분이다.

물론 그리스도의 몸인 교회가 죄를 지을 수 있다는 것을 합리적으로 설명할 길은 없다. 그렇다고 너무나 명백하게 입증된 사실을 부인하는 것은 화만 초래할 뿐이다. 교회 안에 있는 악이나 우리 안에 있는 악을 설명할 수는 없다. 십자가의 승리를 거두신 그리스도께 그 권세를 찬탈당한 이 세상의 군주가 어째서 아직도 우리를 지배하는지 그 까닭을 이해할 수 없다. 그래도 이처럼 당혹스런 문제를 감당할 수 있는 것은, 그 문제를 종말론적 소망에 비추어볼 때다. 거꾸로 말하면, 그런 소망을 없애버리면 교회가 짓는 죄를 부인하는 잘못에 빠진다. 이 점은 우리 논제의 중심을 차지하는 것으로, 나중에 더 다루어야 한다. 여기서는 그리스도 안에 있는 새 사람의 삶은 이미 주어진 실재인 **동시에** 그리스도의 재림 때 완성될 실재라고 말하는 것으로 충분하리라. 이 '중간기'에 우리는 성령으로 그분 안에서 하나가 된 것이다. 이 성령은 약속의 영, 보증의 영이요, 장차 완성될 하나님의 승리의 맛보기다. 육신을 따르는 삶은 하나님으로부터 분리된 삶으로, 자기 스스로 풍성한 삶을 누리려고 애쓰는 데 그 특징이 있다. 반면에 성령을 따르는 삶의 특징은 언제나 하나님을 의지하고 소망 가운데 그분을 바라보는 데 있다. 이 삶은 하나님이 승리하실 날을 갈망하며 거기에 모든 신뢰를 둔다. 육신의 조건 아래서는 하나님의 승리가 패배로 알려져 있다. 육신의 모양을 갖고 있는 한, 교회는 십자가의 표지 아래 있을 수밖에 없다. 육신의 모양을 가진 교회가, 현 시대의 조건 아래서, **자기 안에서** 하나님의 승리가 완성되었다고 주장하면서도 죄를 이길 능력이 없을 때, 바로 '육신에 속한', 즉 육신적인 것이 되고 만다. 육신 가운데 영위되는 참된 교회 생활의 특징은 바로 십자가에 있고, 죽음을 통해 생명에 이르는 것이며, "항상 예수의 죽음을 몸에 짊어짐은 예수의 생명이 또한 우리 몸에 나타나게 하려는"(고후 4:10) 삶이다. 다른 한편, 교회가 사도 시대 이후 계속 이어져 온 세상의 제도와 동일한 모습을 지닐 때, 성령이 아니라 육신에 매인 셈이다. 사실 '성육신의 연장'이란 것은 존재하지 않는다. 그리스도의 성육신은 육신을 입은 자기 자신을 '단 한 번'에 제물로 바치기 위한 것이었기 때문이다. 그 제사의 열매, 한 알의 밀이 땅에 떨어져 죽음으로 맺힌 그 열매야말로 그리스도께서 다시 오실 때까지 한 성령 안에서 그분의 몸의 지체가 된 모든 이에게 주어지는, 그분의 부활의 생명의 연장이다.

하나님의 자비와 교회의 소망

가톨릭의 교회론이 빠지기 쉬운 기본적인 오류는 [윌리엄 니콜스(William Nicholls)가 매우 명료하게 입증한 것처럼][4) 종말론적 측면을 역사적 측면에 종속시키는 것이다. 물론 성경과 신조에 묶여 있는 신학 가운데 그리스도의 재림에 대한 믿음을 공식적으로 부정하는 신학은 없을 것이다. 문제는 신약 성경의 '분위기'라고 부를 수 있는 것, 즉 믿음과 사랑이 뗄 수 없을 만큼 소망과 하나로 묶인 그 분위기를 잃어버리는 데 있다. 그래서 교회는, 실제적인 목적을 위해, 하나님의 충만한 은

---

4) William Nicholls, *Ecumenism and Catholicity*.

혜를 스스로 지닌 것으로 취급된다. 말하자면, 하나님이 자신의 은혜를 교회에 예치해 두고 교회가 '그 은혜를' 베풀도록 하셨다고 보는 것이다. 가톨릭 교회가 사계 재일(Ember days: 네 계절을 하나님께 봉헌하여 농작물에 대한 축복을 구하고, 이때 서품을 받는 성직자들을 위해 특별히 기도하기 위해 제정한 전례 시기-편집자 주)에 부르는 찬송이 이 관념을 잘 표현하고 있다.

> 그런즉 시대가 바뀌고 해가 바뀔 때마다
> 그분의 은혜가 전해져 왔고
> 교회의 주인은 가고 없으나
> 거룩한 교회는 아직도 있다네.

여기서 교회는 순전히 역사적인 제도, 부재중인 주인의 수탁자가 된 것 같다. 이 교리에도 어느 정도 진리가 있음을 부인하고 싶지는 않다. 주님은 우리에게 위탁하신 것을 자신이 오실 때까지 충실히 지키기를 기대하신다. 그분의 은혜를 맡은 청지기로서, 우리는 그분이 다시 오시는 날에 자신의 청지기직을 어떻게 수행했는지 답변해야 할 것이다. 그러나 교회가 **스스로** 하나님의 충만한 은혜를 소유한다는 것은 사실이 아니다. "우리는 성령을 힘입어서, 믿음으로 의롭다고 하심을 받을 소망을 간절히 기다리고 있습니다"(갈 5:5, 새번역)라는 사도 바울의 말과 같은 신약의 여러 대목은 이와 전혀 다른 '분위기'를 상기시킨다. 교회는 믿음으로 성령 안에서 살며, 이 단어 하나하나에는 철두철미하게 소망의 긴장감이 서려 있다. 성령은, 한편으로는 우리에게 하나님의 은혜를 확신시켜 주는 맛보기이지만, 다른 한편으로는 우리가 은혜로부터 얼마나 멀어져 있는지를 알기에 그것을 갈망하게 만든다. 믿음은 바라는 것들의 실체요, 보이지 않는 것들의 증거다. 그것은 없는 것으로부터 나와서 있는 것과 있을 것을 붙잡는다. 할례당에 대한 반론을 펴는 바울의 뜨거운 열정, 할례받는 자들은 그리스도로부터 단절될 것이라는 경고, 할례를 받으려는 것은 '육신을 자랑하려는' 것이라는 투박한 주장, 율법의 행위를 믿음과 소망과 대립시켜 후자를 거듭 주장하는 태도 등은 여기서 숙고하는 이슈와 관련이 있다. 성경적인 의미에서 육신의 특징은 하나님과 상관없이 자기만의 그 무엇을 소유하려는 욕망이다. 교회가 그 속에 충만한 은혜를 갖고 있다고 주장할 때는 이미 성령을 버리고 육신을 취한 셈이다. 진정한 그리스도의 몸은 믿음 안에서 살고, 자기 속에는 선한 것이 전혀 없고 자신은 아무것도 아니라는 사실을 알고, 오직 하나님만 선하시다고 고백하고 모든 영광과 지혜를 그분께 돌리려고 간절히 원하며, 열린 마음으로 살아가는, 실로 영적인 몸이다.

사실 교회는 죄를 지었다. 그리고 (옛 시대와 같이 새 시대에도) 하나님은 자신의 교회를 징계하고 바로잡으시며, 백성이 아니었던 자들을 백성이라 부르시고, 돌들을 일으켜 아브라함의 자손들로 삼을 수 있는 그런 자유를 여전히 갖고 계신다. 그분은 인간이 신실치 못할 때에도 자신의 언약을 신실히 지키시는데, 그 모든 언약의 목적은 (바울이 분명히 밝히듯) 모든 사람에게 자비를 베푸시기 위함이다. 그러므로 언약 밖에 있는 자들은 오직 언약과 상관없이 주시는 값없는 하나님의 자비에 의존해야 하는 반면에, 언약 안에 있는 자들에게는 그분의 자비를 얻을 **권리가** 있다는 식으로 하나님께 주장할 여지가 전혀 없어진다. 우리는 이미 로마서 9-11장에 나오는 바울의 복잡한 논리가 바로 이 사실에 기인한다고 지적한 바 있다. 언약과 언약 백성이 엄연히 존재하고, 하나님은 자기 언약에 충실하신 분이다. 하지만 그 언약의 본질은 순전한 자비요 은혜다. 그 언약을 근거로, 인간이 하나님과 자신의 관계를 은혜 수여자와 죄인의 관계가 아닌 다른 어떤 관계라고 주제넘게 주장한다면, 그 언약을 크게 왜곡하는 것이다. 그리고 바로 이런 일이 벌어졌기 때문에 하나님은 그 주권적 자유를 행사하여 그런 주장을 타파하시고, '백성이 아니었던 자들'을 백성이라 부르시고, 본래의 가지들을 잘라 내고 야생 가지를 접붙이시며, 그들을 자신의 생명으로 가득 채우시는 것이다. 하나님의 나라에는 은혜의 법 이외에 다른 법이 없다. 그렇기 때문에 하나님 나라의 아들들은 쫓겨난 반면, 동과 서에서 온 그들이 아브라함과 이삭과 함께 앉은 것이다. 그 나라의 아들들이라도 잔치의 주인이 초대할 모든 이와 기꺼이 함께 앉아, 세리와 죄인들과 똑같은 방식으로 그분의 자비를 받으려 하지 않는다면, 잔치석상에서 자리를 얻을 수 없기 때문이다.

교회는 처음 시작될 때부터 자기 본질을 거스르는 방식으로 살고 행하여 우리에게 어두운 죄의 신비를 직면하게 했다. 본질적으로 하나인 교회가 나눠진다. 본질적으로 거룩한 교회가 불결해진다. 본질적으로 사도적인 교회가 자신의 선교 사명을 망각한다. 만일 어떤 교회론이 교회 안에 있는 이 어두운 죄의 신비를, 그것을 있는 그대로 다루는 심오한 하나님의 은혜의 교리와 조화시키지 않는다면, 즉 죄로 인해 자기 본질을 부정하는 그 공동체가 어떻게 해서 하나님의 용납을 받아 그분의 은혜의 방편으로 사용되는지를 설명하지 못한다면, 그것은 진정한 교회론이 될 수 없다. 나는 통일성과 연속성이 교회의 본질이므로, 그것이 부차적이거나 없어도 될 요소로 취급되어서는 안 된다는 점을 입증하려 했다. 그런데 교회가 거룩해야 한다는 점도 그에 못지않게 교회의 본질에 속한다. 아울러 사도적 신앙을 보유하고 세상을 향해 사도적 선교 사역을 수행하는, 사도적 교회가 되는 것도 교회의 본질적인 측면이다. 이 가운데 어떤 요소라도 부인하는 교회는 자기 본질을 부인하는 셈이다. 따라서 교회는 오직 하나님의 은혜와 자비로 말미암아 교회로 존재할 수 있다. 거룩함과 사도성도, 하나 됨과 마찬가지로, 교회의 본질에 속한다. 그런데 가톨릭이 주장하는 교회론은 다음과 같은 의미를 함축하는 것 같다. 교회가 다른 면에서 본질에 속한 것을 잃는다 해도 하나님께 교회로 용납될 수 있으나, 분열되지 않은 교회와의 연속성을 잃는 경우에는 가톨릭 교회의 지체로서 그 특성을 완전히 포기하는 셈이다. 교회가 타락에 빠지고, 세상과 불경스런 동맹을 맺으며, 당파로 갈리고, 거짓 가르침으로 가득 차 있고, 선교의 열정이 전혀 없다 해도, 하나님의 자비는 이 모든 결함을 덮을 만큼 크고, 따라서 그런 것들로 인해 교회는 자격을 잃어버리지 않는다. 반면에 교회가 성령의 모든 열매로 충만하더라도, 사도적 계보를 결여한다면 전혀 교회의 일부가 아니고, 하나님이 아무리 큰 자비를 베푸셔도 그것을 교회로 만들 수 없다.

상당히 투박하게 논점을 전개해서 어쩌면 불공평하게 들릴지도 모르겠다. 많은 가톨릭교도는 (그들이 규정짓는) 교회의 가시적 통일체 바깥에 있는 기독교 공동체의 세례 교인들도 어떤 의미에서 교회의 지체들이고, 그런 공동체들도 어떤 의미에서 교회라는 것을 인정하고 싶어 한다. 심지어는 교회의 등급을 나누어, 어떤 공동체는 중앙에 위치해 '교회다움'을 충만히 갖고 있고, 다른 공동체는 여러 지점에 위치하고 있으며, 저 지평선 멀리 겨우 보일 정도의 위치에 퀘이커교도, 구세군, 플리머스 형제단이 있다고 주장한다. 그런데 나로서는 이런 생각들을 신약 성경의 사상에 끼워 맞출 수 없다. 그렇다고 내가 교회의 형태는 중요하지 않다는 식으로 상대주의를 옹호하는 것은 아니다. 나는 이미 다음과 같은 신념들—교회의 형태가 대단히 중요하다는 것, 교회의 통일성과 연속성이 교회의 본질에 속한다는 것, 질서를 믿음에 종속시키는 입장은 신약 성경의 가르침에 부합하지 않는다는 것—을 지지하는 근거를 충분히 보여 줬다고 생각한다. 교회의 바람직한 모습과 관련해서는 주님이 분명한 지침을 주셨다고 확신한다. 하지만 '우리가 누구인가' 하는 것과 관련해서는, 하나님이 자비를 베푸시기 위해 우리 모두를 죄 아래 있는 자라고 결론을 내리셨다고 말할 수밖에 없다. 달리 말하면, 우리는 여기서 로마서와 갈라디아서의, 율법과 은혜의 논의에 나오는 근본적인 역설과 똑같은 역설을 다룬다고 생각한다. 교회의 연속성이 하나님의 뜻이라는 가톨릭의 주장은 옳지만, 그 뜻을 행하는 것이 그분의 은혜 가운데 우리가 설 수 있는 조건이라는 주장은 잘못된 것이다. 개인도 그렇거니와 교회의 경우에도 의롭게 될 수 있는 길은 단 하나밖에 없다. 그것은 "하나님이여 나 같은 죄인에게 자비를 베푸소서"라고 간구하는 것이다.

4
성령의 공동체

가톨릭과 정통 개신교가 아무리 달라도 기독교의 이미 주어진, 따라서 바꿀 수 없는 한 가지를 굉장히 강조한다는 면에서는 의견을 같이한다. 가톨릭은 주어진 구조에, 개신교는 주어진 메시지에 각각 일차적인 강조점을 두지만, 양쪽 모두 하나님이 그리스도 안에서 이루신 구원 사역의 독특성, 충분성, 궁극성을 인정하고 그것을 수호하려 한다는 것을 서로 알게 되었다. 현대 에큐메니컬 운동에서 이 두 흐름을 대표하는 이들은 갈수록 이 사실을 더 많이 인식하며, 양자 간의 많은 차이점에도 불구하고 둘 다 이 동일한 진리에 충실하려고 애쓴다는 것을 알게 되었다. 그런데 이 외에 또 하나의 흐름을 인식할 필요가 있다. 여러 측면에서 이 둘과 만나지만, 나름대로 독특한 성격을 지닌 제3의 흐름이다. 이를 인식하는 것이 중요한 이유는, 이 흐름이 현재 에큐메니컬 운동의 안쪽보다는 바깥쪽으로 더 많이 흐르고, 이제까지 그 운동을 출발점으로 삼는 신학적 토론에 제대로 참여하지 않기 때문이다.

먼저 일종의 예비 작업으로 이 흐름의 특징을 간략히 소개하면 이렇다. 첫째, 이 흐름의 중심에는 그리스도인의 삶은 오늘날 성령의 능력과 임재를 체험하는 데 있다는 확신이 있다. 둘째, 교리의 정통성이나 사도직의 완벽한 계승 중 어느 것도 이 흐름을 대신할 수 없다. 셋째, 정통 가톨릭과 개신교는 이제까지 복음의 불변적 요소들을 지나치게 강조함으로써 종종 형태는 있으나 생명이 없는 교회를 낳았다. 넷째, 우리가 "교회는 어디에 있는가?"라는 질문에 답하려면 "성령이 능력으로 임하시는 곳이 어디인가?"라고 물어야 한다. 이 흐름에 속한 이들은 정통 개신교도와 가톨릭교도에게 다음과 같은 [마가렛 펠(Margaret Fell)에게 던진] 조지 폭스(George Fox)의 말로 도전한다. "성경을 탄생시킨 성령께 오지 않고 성경과 무슨 관계를 맺을 수 있겠는가? 당신들은, 그리스도께서 이렇게 말씀하셨고, 사도들은 저렇게 말했다고 할 것이다. 그러나 '내가 예수도 알고 바울도 알거니와 너희는 누구냐?'—앞서 던진 더 냉혹한 질문을 상기시키는 말—라고 말하면 당신들은 무슨 말을 할 수 있겠나?"

나는 기독교 전통에 속하는 이 흐름에 단 하나의 이름을 붙이기는 어렵다는 것을 시인했다. 글쎄, 그렇다면 이 흐름을 따로 분리시켜 다뤄서는 안 된다는 논리가 성립될지도 모른다. 그러나 이 흐름이, 한편으로 가톨릭과 개신교 전통과 겹치지만, 다른 한편으로 어느 지점에서는 가톨릭과 의견을 같이해서 개신교와 대립되나 다른 지점에서는 거꾸로 개신교와 의견이 같아 가톨릭과 대립한다는 면에서 아주 독특하다. 후자를 분명하게 보여 주는 것은 가시적인 질서와 구조를 무시한다는 점이다. 전자를 보여 주는 것은 성령 안에서의 새로운 삶은 신자의 존재론적 변화를 내포하는 그 무엇, 곧 이미 받은 것이요 실제로 체험하는 실재라고 믿는 강한 신념을 들 수 있다. 이 흐름을 묘사할 만한 더 나은 이름이 없기 때문에 나는 오순절 운동으로 부르자고 제안한다.

성경적 기초

지금 검토하려는 이 입장을 뒷받침해 주는 성경적 증거는 너무 많아서 그 가운데 아주 두드러진 몇 개만 살펴보고자 한다. 먼저 앞서 살펴본, 최초의 이방인 개종자를 영접하는 장면과 그에 대한 베드로의 반추에서부터 시작해 보자. 여러분도 알다시피, 베드로가 고넬료의 집에서 한참 설교를 하는 중에, "성령이 말씀 듣는 모든 사람에게 내려오시니 베드로와 함께 온 할례 받은 신자들이 이방인들에게도 성령 부어 주심으로 말미암아 놀라니 이는 방언을 말하며 하나님 높임을 들음이러라. 이에 베드로가 이르되 '이 사람들이 우리와 같이 성령을 받았으니 누가 능히 물로 세례 베풂을 금하리요'"(행 10:44-47). 나중에 베드로는 형제들 앞에서 이 사건에 대해 언급할 기회가 두 번 있었다. 자신의 행동을 변호해야 할 상황에 처하자 아주 명료하게 응답했다. "내가 주의 말씀에 요한은 물로 세례를 베풀었으나 너희는 성령으로 세례를 받으리라 하신 것이 생각났노라. 그런즉 하나님이 우리가 주 예수 그리스도를 믿을 때에 주신 것과 같은 선물을 그들에게도 주셨으니 내가 누구이기에 하나님을 능히 막겠느냐 하더라. 그들이 이 말을 듣고 잠잠하여 하나님께 영광을 돌려 이르되 '그러면 하나님께서 이방인에게도 생명 얻는 회개를 주셨도다' 하니라"(행 11:16-18). 이보다 더 분명할 수는 없을 것이다. 성령의 선물은 하나님이 이 이방인들을 자기 백성으로 영접하셨음을 보여 주는, 가시적이고 금방 알아볼 수 있는 틀림없는 표지였다. 그 사실 앞에서 아주 방대하고 근본적인 신학적 신념들도 자리를 양보하지 않으면 안 되었다. 성령이 신조에서는 마지막 조항일지 몰라도 신약 성경에서는 최초로 경험하는 실재다. 교리적으로 접근할 때는 창조, 성육신, 속죄 등을 다룬 다음에 성령을 논하는 것이 상례다. 하지만 신약 성경에서는 성령이 하나의 실재로, 하나님의 임재를 가리키는 인식 가능한 증인으로(예를 들어, 행 15:8) 등장한다. 따라서 선험적인 추론에 근거한 모든 논증보다 앞서는 우선권을 갖고 있다.

성령과 관련하여 '증인'이란 단어가 반복해서 사용되는 것이 바로 이 점을 상기시킨다. 즉, 성령의 임재는 하나님의 마음이 우리를 향해 있음을 명백히 알려 준다. 사도들이 공의회 앞에 잡혀가서 그들의 권위를 보이라는 심문을 받자 "우리는 이 일에 증인이요 하나님이 자기에게 순종하는 사람들에게 주신 성령도 그러하니라"(행 5:32)라고 응답한다. "너희가 믿을 때에 성령을 받았느냐?"라는 질문은 분명한 응답을 요하는 것이며(행 19:1-7; 참고. 8:14-17), "누구든지 그리스도의 영이 없으면 그리스도의 사람이 아니다"(롬 8:9). 바울은 갈라디아 교인들과 율법과 믿음에 관해 논쟁할 때 이렇게 묻는다. "내가 너희에게서 다만 이것을 알려 하노니 너희가 성령을 받은 것이 율법의 행위로냐 혹은 듣고 믿음으로냐 또는 믿음으로 들음에서냐? 너희가 이같이 어리석으냐 성령으로 시작하였다가 이제는 육체로 마치겠느냐?"(갈 3:2-3) 모든 것이 혼란스러운 상황에서 사도 바울이 자기 논리의 확고한 출발점을 찾고자 했을 때, 모두가 금방 알아볼 수 있는 한 가지 사실을 발견한다. 그것은 바로, 성령을 받는 것이 그리스도인의 삶의 출발점이라는 사실이었다. 여기서 다시 한 번 성령이 논증의 끝이 아니라 출발점인 것을 보게 된다. 이와 마찬가지로 요한도 "우리에게 주신 성령으로 말미암아 그가[그리스도께서] 우리 안에 거하시는 줄을 우리가 아느니라"(요일 3:24)라고 했고, 또 "그의 성령을 우리에게 주시므로 우리가 그 안에 거하고 그가 우리 안에 거하시는 줄을 아느니라"(요일 4:13)라고 말했다. 성령은 곧 교회의 생명이다. 교회에 거짓말하는 이들은 성령께 거짓말하는 것이다(행 5:3). 성령은 교회 공의회의 결정에도 관계한다(행 15:28). 교회는, 가장 정확한 의미에서, 성령에 동참하는 모임, 곧 '코이노니아'라고 할 수 있다.

베드로가 형제들 앞에서 가이사랴에서의 자신의 행동을 변호할 때, 그들에게 오순절 날 일어났던 사건을 상기시킨다. "성령이 그들에게 임하시기를 처음 우리에게 하신 것과 같이 하는지라"(행 11:15). 바로 그날 교회의 삶이 시작될 모든 준비가 갖추어졌다고 말할 수 있을 것이다. 그리스도의 속죄 사역은 이미 완성되었다. 말씀과 행위로 아버지를 계시하시는 일도 완수되었다. 그분의 교회를 이룰 핵심 멤버들도 선택되었다. 앞서 우리가 사용한 용어로 말하자면, 메시지와 구조, 믿음과 질서가 모두 완비되었다고 할 수 있다. 그런데도 그들은 기다려야 했다. 모든 것이 완비되었으나, 동시에 아무것도 완비된 것이 없었다. 성령이 오셔서 그 새로운 인류에게 숨을 불어넣으실 때까지는. 그때가 되어야 비로소 그분에게서 능력을 받고, 나가서 구원의 메시지를 선포하며, 그리스도의 이름으로 죄 사함에 이르는 세례를 줄 수 있었다. 진정한 의미에서 교회를 구성하는 것은 바로 성령의 임재다.

성령과 교회의 불가분의 관계를 가리키는 대목은 엄청나게 많아서 최대한 요약해서 언급하는 수밖에 없다. 성령은 우리를 구속의 날까지 보증해 주시는 날인이며(엡 1:13; 4:30; 고후 1:22), 우리에게 새 시대의 맛보기와 담보와 첫 열매와 같은 존재다. 따라서 우리가 새 시대에 몸담게 된 것과 그 시대의 능력이 우리 가운데 역사하게 된 것은 바로 우리가 성령을 받았기 때문이다(예를 들어, 행 2:17-21, 33; 롬 8:11, 23; 히 6:4-5; 참고 갈 5:5). 그러므로 성령은 예수의 주되심을 증언하시는 '증인'이요, 신자에 대해 그리고 세상에 대해 증언하시는 증인이다(행 5:32; 15:3; 요 15:26; 16:13-14; 요일 5:7; 히 2:4; 고전 12:3). 그분은 양자의 영(롬 8:15)이라 불리는데, 그것은 우리가 성령으로만 하나님의 자녀가 될 수 있고 그분을 아버지라 부를 수 있기 때문이다. 그분은 우리를 당신의 자녀로 새로 태어나게 하시는, 즉 초자연적 탄생을 가져오시는 일꾼이므로, 우리는 육신을 좇아 태어나 율법을 신뢰하는 이들과 대조되는 성령을 좇아 태어난 자들이다(갈 4:29; 참고 3:5-6). 따라서 우리는 그분 안에서 아버지께 나아갈 수 있다(엡 2:18). 우리 속에 있는 이 성령의 새 생명은 모든 선한 열매를 맺는다(갈 5:22-23). 원래 나무는 그 열매를 보고 알 수 있는 법이다(마 7:16-20). 이 새 생명은 결국 우리의 죽을 몸 안에 역사하는 죽음까지 이길 것이다. 이 생명은 겉으로 낡아가는 우리 몸 안에서 지금도 역사한다(롬 8:11; 고후 5:1-5).

그리스도인의 설교에 능력을 덧입히시는 분도 성령인데, 사실 단순한 말로는 아무것도 이룰 수 없는 법이다(고전 2:4; 살전 1:5; 롬 15:19). 또한 성령은 교회의 일상적인 활동을 인도하시고(행 6:3), 선교 사역을 지도하시며(행 8:29; 10:19-20; 16:6-8), 공동 생활에 필요한 여러 은사를 주시고(고전 12:4-30; 빌 1:19), 교회를 모든 진리 가운데로 인도하신다(요 16:13). 교회의 예배와 교제를 주관하시는 분도 성령이다(고전 14장). 그리고 성령은 친히 그분을 알아볼 수 있는 영적인 안목도 주신다. 하나님의 깊은 것들을 통찰하시는 분도 성령이며, 우리가 받은 성령이 바로 하나님의 영이므로 그분은 우리에게도 그에 관한 지식을 주신다. 그분은 우리로 하여금 하나님이 주신 것을 인식하도록 하신다. 이 지식을 자연인은 이해할 수 없는데, 성령의 것들은 영적으로만 판단할 수 있고 성령이 내주하시는 사람들에게만 해석해 줄 수 있기 때문이다(고전 2:10-16). 요컨대, 그리스도 안에 있는 것은 곧 그분의 기름부으심에 참여하는 것이고, 말씀이 육신이 되게 하신 그 성령을 소유하는 것이며(눅 1:35), 성육신하신 말씀은 자신의 사명을 완수하기 위해 그 성령의 부으심을 받았다(눅 3:21-22; 행 10:38). 그것은 "거룩한 자에게서 기름부음"을 받는 것이다(요일 2:20). 그리고 이 기름부음은 의심이나 논란의 여지가 없다. 우리가 그분 안에 있고 그분이 우리 안에 계신다는 확신을 뒷받침해 주는 명백한 사실이다. "우리에게 주신 성령으로 말미암아 그가 우리 안에 거하시는 줄을 우리가 아느니라"(요일 3:24).

오늘날 신학자들은 '체험'이란 단어를 두려워한다. 그럴 만한 타당한 이유도 있고 타당치 않은 이유도 있지만, 이처럼 신약의 증거를 대략 살펴보더라도 신약의 저자들은 그런 두려움이 전혀 없었음을 알게 된다. 그들은 우리가 '종교적 체험'이라 부를 만한 사건들을 주저 없이 하나님의 권능의 역사로 돌렸고, 신학 논쟁을 벌일 때도 오랜 전통을 지닌 신념들보다 그 체험에 더 우선권을 부여했다. 그들은 성령의 선물을 틀림없이 알아볼 수 있는 사건으로 여겼으며, 교회를 구성하는 가장 결정적인 요소로 간주했다. 살아 계신 성령께서는 우리를 그리스도의 몸에 영입시키시고, 그분이 계신 곳에는 하나님의 생명과 능력이 있다. 성령의 오심은 과거 하나님의 백성을 구별시켰던 할례라는 표지를 대치했다. 할례는 이제 육신의 일로 보이는 데 반해(빌 3:3; 갈 6:12), 새로운 인(印)은 성령의 선물, 곧 전혀 새로운 신적인 생명의 선물로서 그리스도와 함께 죽은 자들 안에 있는 부활하신 그리스도의 생명이며, 손으로 한 할례가 아니라 하나님의 참 백성임을 표시해 주는 마음의 할례다(빌 3장; 고후 1:22; 엡 1:13; 4:30; 골 2:11-12; 참고 행 7:51). 성령은 하나님의 백성을 표시하는 인이고, 하나님의 자녀됨을 가리키는 표지며, 그들의 상속을 보증하는 담보다.

신약의 교회론이 성령 체험에 결정적 위치를 부여한다는 사실은 도무지 반박할 여지가 없다. 물론 신약의 이야기가 전개되면서 강조점이 바뀌는 것은 사실이다. 가령, 사도 바울은 고린도 교인들이 성령의 열매 가운데 더 눈에 띄는 것들을 지나치게 사모하는 모습을 보고, 그런 태도를 고치고 더 평범하고 영구적인 열매를 사랑하도록 지도하는 것을 자기 과업으로 삼았다. 그렇다고 해서 이것이 성령의 임재 체험에 주어진 결정적 위치를 무너뜨리는 것은 아니다. 아마 요한이 한 다음 말보다 더 확정적인 언사는 없을 것이다. "우리에게 주신 성령으로 말미암아 그가 우리 안에 거하시는 줄을 우리가 아느니라"(요일 3:24). 석유를 시굴하는 사람이 처음 석유를 발견하면 그것이 폭발적으로 분출하는 바람에 진압하기까지 여러 날 동안 화염에 휩싸일 때가 많다고 한다. 석유는 파이프와 정유 공장을 거쳐 여러 목적지로 배달되기에 나중에는 그런 모습을 볼 기회가 없으며, 그 처음의 불꽃으로 되돌아가려는 마음은 유치한 생각에 불과할 것이다. 그러나 처음의 모습은 적어도 석유가 거기에 있다는 사실을 입증해 준다. 석유의 존재를 입증하지 못하면, 세상에 있는 모든 파이프와 정유 공장은 전혀 쓸모가 없게 된다. 좀 투박한 예화이긴 하지만, 이는 내가 말하고자 하는 논점을 충분히 전달하는 것 같다. 논점인즉, 오순절파 그리스도인이 신자로 자처하는 사람을 만날 때 맨 먼저 "당신은 성령을 받았소? 그게 없으면 당신의 정통 교리와 역사적 연속성이 모두 아무 소용이 없을 거요"라고 다그치듯 말하는 것은 신약에 충분한 근거를 둔 태도다. 사도 바울의 투박한 말을 다시 인용하면, "누구든지 그리스도의 영이 없으면 그리스도의 사람이 아니다"(롬 8:9).

이 진리를 완전히 인정해야 그리스도의 주되심도 제대로 인정할 수 있다고 주장해야 한다. 교회론에서 그리스도께서 단 한 번에 이루신 일에만 결정적 위치를 부여한다면(이것도 물론 필수적이다), 그분의 주되심을 제대로 인정하지 않는 셈이다. 그와 더불어 그분을 오늘날 성령을 통해 구원 사역을 계속하시는 살아 계신 주님으로 인정하지 않으면 안 된다. 살아 계신 성령이 친히 그리스도의 것들을 취하셔서 보여 주시지 않으면, 우리는 그것들을 알 수 없다. 그분이 우리를 승천하신 그리스도와 하나 되게 하시지 않으면, 우리는 하나가 될 수 없다. 그리고 그분은 주권을 가진 자유로운 영이시므로 사람이 세운 벽에 가둘 수 없다. "바람이 임의로 불매 네가 그 소리는 들어도 어디서 와서 어디로 가는지 알지 못하나니 성령으로 난 사람도 다 그러하니라"(요 3:8). 아마 모든 성직자가 이 말을 니고데모만큼 불편하게 느끼겠지만, 그렇다고 성경에서 그것을 제거할 수는 없는 노릇이다. 한 마디 덧붙이자면, 그렇다고 성령을 교회로부터 떼어내고는, '성령은 불고 싶은 대로 불어라. 우리가 원하는 곳에 교회가 땅을 딛고 서 있기만 하면 그만이다'라는 식으로 말한다고 그 말이 지닌 위력을 비켜갈 수는 없을 것이다. 사실 신약 성경에서는 그리스도의 영을 그리스도의 몸에서 분리시킬 근거를 찾을 수 없다. 가령, 어떤 그리스도인 공동체가 그 가운데 성령의 임재하심을 보여 주는 분명한 표지가 있다고 해서 교회다운 특성이 있는지의 문제—성찬 교류의 문제와 같은 것—를 직면하지 않아도 된다고 생각한다면, 이는 신약의 가르침과 양립될 수 없다. 그렇다고 성찬 교류의 문제를 쉽게 해결할 수 있다는 말은 아니다. 이 문제는 가시적 재연합의 문제와 분리될 수 없다. 분리된다면 왜곡될 수밖에 없기 때문이다. 하지만 그리스도의 영의 임재를 인정할 때 그리스도의 몸의 존재를 굳이 인정하지 않아도 된다고 추정한다면, 이는 신약의 교회론에서 완전히 이탈하는 것이 아닌지 아주 심각히 고려해 봐야 한다.

가톨릭과 개신교 논쟁의 불완전성

메시지, 구조, 성령

이제까지의 논의로 보면, 에큐메니컬 운동을 채색한 가톨릭-개신교 논쟁은 비판받을 필요가 있고 오순절 운동에 의해 보완되어야 한다는 것이 내 입장임을 알 수 있을 것이다. 사실 나는 그 논쟁이 삼각 구도를 갖고 있어야 한다고 생각한다. 이런 시각에서 보면 개신교-가톨릭의 딜레마는 분명히 잘못된 것이다. 그 딜레마를 가장 단순하게 표현하자면, 교회 내에서 삶과 메시지를 분리시켜 놓고 어느 것이 더 근본적인지 고민하는 것과 같다. 그런데 이런 분리 자체가 죄로 인한 결과다. 주님께는 그런 분리를 찾을 수 없다. 그분은 메시지 그 자체다. 그분은 육신을 입으신 말씀이다. 그분 안에서 말씀과 행위, 메시지와 존재는 서로 하나다. 사도들을 세상에 보내실 때, 그분은 "아버지께서 나를 보내신 것같이 나도 너희를 보내노라"(요 20:21)라고 말씀하셨다. 그들은 그분의 구속 사역을 계속 연장하는 역할을 맡았으며, 그분께 속한 치유와 용서의 권세를 갖고 세상을 대상으로 사역하는, 가장 심오한 의미에서 그분의 대표자들(히브리어로 shaliah)이 되어야 했다. 가톨릭의 핵심적 신념은 교회가 세상에서 그리스도의 구속 사역의 연장이라는 것이다. 그런데 그리스도께서는 사도들에게 "너희가 내 증인이 되리라"고도 말씀하셨다. 이는 개신교가 믿는 영구적인 진리다. 교회가 비록 그리스도의 구속 사역의 연장이라 해도, 그 존재와 메시지가 서로 동일한 것은 아니다. 교회가 스스로를 가리켜 "이것이 메시아의 몸이다"라고 말하는 것으로 충분하지 않다. 교회는 자기 너머에 있는, 교회와 세상의 유일한 재판관이요 구원자이신 그분을 가리켜야 한다. 하지만 교회는 그리스도의 증인에 불과한 것은 아니라 그리스도의 몸이기도 하다. 교회는 하나님의 구속 사역을 전하는 보고자에 불과한 것이 아니라, 그 자체가 하나님의 구속의 은혜를 나르는 수레와 같고, 그 자체가 자신이 전하는 구속 이야기의 일부다.

이 두 요소 가운데 어느 하나가 다른 것을 완전히 압도할 경우 문제가 생긴다는 것을 이미 살펴보았다. 한편에서는 교회를 단순히 사도적 증언을 나르는 수레로 규정하면서, 진정한 증언이 있는 곳에 교회가 존재한다고 한다. 그 결과, 정통 루터교회처럼, 교회를 자세하게 정립된 교리에 대한 동의로 규정짓는 지경에까지 이른다. 다른 한편에서는 교회를 단순히 사도직의 연장으로 규정하면서, 사도직 계승이 있는 곳에 교회가 존재한다고 한다. 그 결과, 교회는 부재중인 주님의 수탁자로서, 법적으로 유효한 수단에 의해 스스로를 영속화하는 법인과 같은 존재가 되어 버린다. 이 두 경우 모두 교회는 순전히 자연적인 표준과 범주로 파악할 수 있는 존재가 되고 만다. 물론 상황에 따라 의견을 달리할 수는 있어도, 원칙적으로 교리적 진술과 연속성의 문제는 일반적인 증거의 법칙에 의해 법정에서 해결될 수 있는 사안이다. 문제는, "교회는 어디에 있는가?"라는 질문이 (이런 전제 아래) 성령의 임재나 부재를 고려하지 않고, 또 성령의 은사인 영들을 분별하는 능력에 의존하지 않고 응답될 수 있는가 하는 것이다. 아볼로의 제자들에게 "너희가 믿을 때에 성령을 받았느냐?"(행 19:2)고 물었을 때, 사도 바울은 그들에게서 명백한 응답을 받았다. 오늘날 바울의 후예들은 그런 질문보다 "너희는 우리가 가르친 그대로 믿었느냐?"라고 묻든가 "너희가 우리에게 안수를 받았느냐?"라고 묻는 걸 선호하고, (만족스런 응답을 받으면) 그들 자신은 성령을 받았는지 모를지라도 이미 성령을 받은 것이라고 그들을 안심시킨다. 이 두 태도 사이에는 엄청난 차이가 있다.

그러므로 우리는 가톨릭 입장과 개신교 입장의 긴장 속에서만 온전한 교회의 정체성을 발견하려고 애쓰면 안 된다. 이 양자가 모두 잊고 있는 또 하나의 항목이 있다. 부활하신 주님이 교회에 사도적 사명을 주시며 자신의 사역을 계속 이어가도록 능력을 부여하셨을 때, 그 중심에는 성령을 주시는 일이 자리잡고 있었다. "예수께서 또 이르시되 '너희에게 평강이 있을지어다. 아버지께서 나를 보내신 것 같이 나도 너희를 보내노라.' 이 말씀을 하시고 그들을 향하사

숨을 내쉬며 이르시되 '성령을 받으라. 너희가 누구의 죄든지 사하면 사하여질 것이요 누구의 죄든지 그대로 두면 그대로 있으리라' 하시니라"(요 20:21-23). 그들이 그분의 사명을 짊어질 수 있는 것은 오로지 성령의 부으심을 받았기 때문이다. 이와 마찬가지로, 그분의 증인이 되라는 명령도 성령의 선물과 뗄 수 없는 관계에 있다. "오직 성령이 너희에게 임하시면 너희가 권능을 받고…내 증인이 되리라"(행 1:8). 이미 살펴본 것처럼, 성령 자신이 바로 제1의 증인이시므로, 제자들로 하여금 그리스도를 증언하도록 그들에게 권위를 주는 것은 오직 그들 가운데 계시는 성령의 임재다.

성령의 자유와 주권

교회에 관한 모든 사상은 메시지와 존재가 하나로 통일된 실체, 즉 '육신을 입은 말씀'이신 그리스도를 출발점으로 삼아야 한다. 이는 교회의 존재에 관한 한 언제나 결정적인 요소에 해당한다. 교회의 경우도 메시지와 존재가 늘 하나가 되어야 바람직하다. 하지만 죄가 이 둘을 갈라 놓기 때문에, 교회는 어느 하나만이 아니라 둘 다를 붙들지 않으면 안 된다. 교회는 가톨릭의 주장이나 개신교의 주장 중 어느 하나라도 양보해서는 안 된다. 그러나 꼭 해야 할 중요한 말이 하나 더 있다. 이것은 정말 없어서는 안 될 결정적인 요소다. 교회는 메시지를 충실히 전한 덕택에 혹은 사도들과 호흡을 같이하며 친교를 나눈 덕택에 생명을 유지하는 공동체가 아니라, 하나님의 영의 살아 있는 능력으로 살아가는 공동체이기 때문이다. 말씀이 동정녀 마리아의 육신을 취하신 것은 성령에 의해 된 일이다. 그리스도께서 이제 새로운 몸을 가지시게 된 것도 성령에 의해서다. 오직 성령만이 우리를 그 몸에 접붙이실 수 있기 때문이다. 그러므로 우리가 그리스도와의 교제 가운데 거하거나 그분의 은혜를 증언하는 일도 이 성령의 살아 있는 능력으로만 가능한 것이다. 성령이 없이 행한 모든 일은 교회의 모양은 있으나 그 생명이 없는 모조품, 곧 텅 빈 강정과 같다. 이런 일이 얼마든지 생길 수 있음을 알아야 한다. 어떤 공동체가 겉으로는 교회의 모습을 모두 갖추고 바른 교회론을 전파하나, 실은 죽은 교회일 수 있다는 말이다. 다른 한편, 성령은 좀 미흡한 공동체에, 즉 어떤 면에서 교회의 참 질서와 가르침을 완전히 갖추지 않은 공동체에 자신의 생명을 주실 수 있고 또 실제로 그렇게 하시는 것을 볼 수 있다. 이런 일이 생길 때, 즉 성령의 임재를 보여 주는 뚜렷한 표지를 접하게 될 때는, 사도들이 했던 것처럼 그 사실을 그대로 받아들여야 한다. "잠잠하여 하나님께 영광을 돌려야" 마땅하다(행 11:18; 참고 15:12). 반대로, 그 사실을 회피하거나, '언약과 상관없는 자비'를 거론하거나, 성령의 임재는 인정하지만 공식적으로는 교회로 인정할 수 없다는 식의 반응을 보여서는 안 된다. 이는 마치 우리가 만든 교회 규칙이 하나님의 규칙보다 더 엄격한 것처럼 여기는 태도다. 하나님이 "그들이나 우리나 차별하지 아니하신"(행 15:9)다면 우리도 그래야 마땅하다. 하나님이 인치신 사람들을 배척한다면, 그것은 그분을 모욕하는 행위다.

이런 주장이 혁명적인 의미가 담긴 위험한 발언이라는 것을 안다. 그런데도 이 말을 하는 이유는 성경이 그것을 요구하기 때문이다. 이 책 뒷부분에 가서, 이 측면을 교회의 전반적인 삶에서 떼어놓을 경우 어떤 왜곡이 발생하는지에 대해 다룰 것이다. 여기서는 이 가르침이 기존의 사고 방식을 뒤엎을 만큼 위험한 혁명적 요소를 **담고 있다는** 사실을 지적하고 싶다. 책임 있는 자리에 앉은 이들이 으레 그렇듯, 성직자들도 굳이 영적인 분별력을 사용하느라 끙끙거리지 않고 쉽게 사용할 수 있는 어떤 판단 기준을 갖고 싶어 하고, 우리의 실수를 막아 주거나 실수를 저질러도 개인적인 책임을 모면하게 해주는 선명한 규칙을 갖고 싶어 하는 것이 보통이며, 이는 타락한 인간 본성의 일부다. 우리는 명확한 원칙이 없으면 왠지 마음이 불편하다. 우리는 미지의 땅을 두려워하고, 성령의 권위를 운운하면서 동시에 사방에서 귀에 거슬리는 소리를 외치는 온갖 광신자들을 크게 우려한다. 목회자의 무거운 짐을 져 본 적이 없는 자들만 이 같은 성직자의 조심스런 태도에 비웃음을 던질 것이다. 하지만 다른 한편, 다음과 같은 점들도 인정해야 한다. 즉, 신약 성경은 "영들을 분별하라"고 요구하며, 신약 성경에 나오는 성령은 자유롭고 주권적인 분이라 우리의 전통적 범주들을 재고하도록 요구하는 방향으로 일하실 수 있는 동시에 자신의 존재를 인식할 수 있도록 교회에 필요한 은사들을 주시는 분(고전 12:10)이며, (예배와 특별한 프로젝트를 수행할 때처럼) 교회의 일상적인 삶에도 성령이 함께하시고 그 삶을 다스리시며 우리는 그분을 인식하고 인정해야 마땅하고(고전 12:4-11), 하나님은 그리스도 안에서 우리에게 자녀가 누리는 자유(갈 4:21-5:1), 곧 문자가 아니라 성령의 지배를 받는 자유를 주셨다는 점(고후 3:4-6) 등이다.

이런 점들을 인정한다면, 교회는 영을 분별하는 문제를 지극히 심각하게 다루어야 할 것이다. 하지만 이 문제는 여기서 논의하기에 불가능할 만큼 큰 주제다. 여기에는 성령과 이성 및 양심의 관계, 성령과 교회 및 그 통일성의 관계, 성령과 성경의 관계 등이 포함되어 있고, 성령과 성경의 관계를 보려면 성경 저자들의 영감과 관련된 의문들과 성령의 지도를 오늘 우리에게 중개하는 성경의 역할을 고민해야 한다. 내가 보기에, 이 문제와 관련해 성경이 제시하는 절대적인 원칙은 단 하나뿐인 것 같다. "예수 그리스도께서 육체로 오신 것을 시인하는 영마다 하나님께 속한 것이요 예수를 시인하지 아니하는 영마다 하나님께 속한 것이 아니니"(요일 4:2-3). 물론 이 원칙을 지키면서도 오류에 빠질 소지는 얼마든 있다. 이는 교회의 역사가 입증한다. 하지만 내가 확신하기로는, 영을 분별하는 일은 성령 안에서 살 때에만 가능하다. 사실 주님이요 하나님이신 성령은 한 분뿐이며, 그분은 자신을 진정으로 찾는 사람들에게 스스로를 계시하실 수 있기 때문이다. 그리스도인들이 온갖 상반된 뜻과 정서를 가지고 모일 때, 그들을 가르치고 깨닫게 하며 압도하는 성령의 능력을 한 번이라도 맛본 적이 있는 이들은 이 점을 인정한다. 우리가 '성령 안에서 영을 분별하는' 이 원리와 무관하게 오류와 분열을 피할 수 있는 다른 안전책과 판단 기준 혹은 삶의 규칙을 강구할 때, 또 진리를 추구하는 데 따르는 위험을 줄곧 감수하지 않으면서 오류를 피하려고 교회 질서에 안주하려 할 때, 하나됨의 대가로 값비싼 사랑을 줄곧 지불하지 않으면서 분열을 피하려고 할 때는, 성령이 아니라 육신에 따라 몸을 세우려고 애쓰는 셈이다. 우리는 교회가 성령 안에 있는 상호 교통이요, 성령은 어떤 부호나 추상명사가 아니라 살아 계신 주님이라는 진리를 있는 그대로 진지하게 받아야 마땅하다.

성령과 우리의 구원

성령과 그리스도의 사역

이 강의를 시작하면서, 나는 가톨릭과 개신교는 이미 주어져 있기에 변경할 수 없는 것에 굉장한 강조점을 두는 데 반해 오순절파는 현재의 체험을 통해 알고 인식할 수 있는 것을 강조한다는 점을 주지시켰다. 따라서 이 유형이 범하는 오류는 주로 자신들이 증언하는 특정한 진리는 따로 떼어내는 한편, 단 한 번에 이미 주어진 진리는 무시하는 데서 일어난다. 가장 극단적인 형태는 일종의 비역사적인 신비주의로 빠져, 마음속에서 일어나는 성령의 사역을 육체와 성경과 성례를 통한 그리스도의 사역과 사실상 무관한 것으로 취급하는 데까지 나아갔다. 앞서 사도들은 당시에 성령을 받았다고 주장하나 "예수 그리스도께서 육체로 오심을" 부인하는 자들을 경고했다고 언급했는데, 오늘날 이런 주장을 하는 자들도 그들의 후예라고 할 수 있다. 사실상 (예전에는 육체에 따라 그리스도를 알았지만 이제는 더 이상 그렇지 않다는) 바울의 가르침이, 자칫하면 성육신과 그에 따른 결과를 뒤로 제쳐놓은 채 소위 '성령의 종교'를 지향하는 것처럼 오해될 소지가 있었다. 그러나 신약 성경은 한결같이 하나님이 주신 성령의 선물은 본디오 빌라도 때에 그리스도 안에서 단 한 번에 완수된 하나님의 구속 사역과 말씀 및 성례의 양겹줄로 단단히 묶여 있다고 가르친다. 남녀를 막론하고 누구에게든, 하나님이 행하신 일을 듣고 믿는 일과 세례를 통해 그분이 보내신 가시적 공동체에 영입되는 일 외에 성령의 교통에 동참하는 길은 없다. 우리는 한 성령으로 세례를 받아 한 몸이 되었고, 이와 똑같이 믿음에 관해 들음으로써 성령을 받았다. 한편으로는 복음 전파와 세례 둘 다 성령에 의해 실효성을 갖게 되었고, 다른 한편으로 이 양자는 기름부음 받은 분의 완성된 사역이 신자에게 전달되고 그에 따라 신자도 그 동일한 기름부음에 참여하게 되는 유일한 통로다.

나는 지금 해석과 관련된 여러 문제를 건너뛰고 있다. 세례를 받기도 전에 성령의 선물을 받았던 고넬료 집안의 경우와 세례는 받았으나 성령을 받지 못했던 사마리아 개종자들에 대한 해석 말이다. 이런 사례들은 성령의 사역이 어떤 절대적이고 기계적인 획일성에 따라 시행되지 않는다는 점을 보여 준다. 그러나 이런 사례는 신약 성경이 압도적으로 지지하는 진리, 곧 성령의 선물은 복음의 메시지를 듣고 믿는 일과 세례를 받아 그분의 죽음과 부활에 동참하는 일 등 양겹줄로 그리스도의 완성된 사역에 묶여 있다는 진리를 결코 약화시키지 않는다. 말씀과 성례에 중심적 위치를 부여하지 않음으로써 이 끈을 끊으려 한다면, 그것은 신약의 종교에서 이탈하는 행위가 될 것이다.

이 시점에서 이 끈들은 자의적이고 불가해한 것이 아니라, 예수 그리스도를 통한 구속의 복음의 고유한 요소임을 언급하는 것이 필요하다. 여기서 우리는 앞 강의에서 언급했던 성경적 사상의 한 측면을 다시 접한다. 성경에 따르면, 하나님은 온 인류의 구속과 온 창조 세계의 구속에 관심을 가지신다. 그분의 목표는 물질 세계와 인간 공동체에서 개별적 영혼들을 하나하나 추출하여 자신과 순전히 새로운 영적 관계를 맺게 하시는 것이 아니다. 이런 사상은 하나님, 인간, 세계에 관한 성경적 견해와 조화를 이룰 수 없다. 그분이 관심을 갖는 구속은 사회적인 동시에 우주적인 성격을 지니며, 그 모든 과정은 참된 인간 관계를 재창조하고 인간과 나머지 창조 질서와의 참된 관계를 재창조하는 것과 관련이 있다. 따라서 그 중심은 역사의 한 시점, 한 지점에서 일어난 어떤 행위일 수밖에 없다. 그리고 구속의 전달 방식은 인간 공동체를 통하는 방법밖에 없다. 즉,

그 안에서 사람들이 거듭나서 새로운 관계를 맺고 또 그들을 통해 타인이 그 관계 속으로 들어오는 것이다. 아울러 성례전적 상징들을 통해 사람의 마음이 회복됨으로써 창조 세계를 바르게 사용하고 그것을 귀하게 여기게 된다. 구속의 작동 원리는 하나님이 각 사람의 영혼에 직접 접근하시는 방식이 아니라(이럴 경우에는 인간이 홀로 존재하기에 여전히 치유되지 않은 상태로 남게 된다), 이웃과 창조 세계를 통한 간접적인 접근, 즉 자신의 반응을 통해 이웃과 연결되고 창조 세계와 연계되는 그런 접근 방식을 사용한다. 하나님이 우리의 구원을 위해 사용하시는 수단은 매 단계마다, 그분이 세계와 그 일부인 우리를 창조하실 때 주신 자연 그리고 장차 모든 것이 그리스도 안에서 통일되는 그 종말과 조화를 이룬다.

성령과 선택의 문제

선택의 교리는 성경적 교회론의 토대인 동시에 심히 왜곡되기 쉬운 교리이므로, 이와 같은 성경적 구원관의 본질과 범위를 배경으로 삼아 접근해야 한다. 만약 우리가, 대다수의 인도 사상이 그렇듯, 실재는 영적인 것이고 나머지는 모두 환상에 불과하다고 보는 인간관과 세계관 그리고 구원은 궁극적으로 개별적 영혼과 하나님 사이의 관계라고 생각하는 구원관으로부터 출발한다면, 하나님의 선택은 무책임한 권력자의 전형적 모습인 일종의 자의적인 편애로 비치게 된다. 이는 우리 주 예수 그리스도의 아버지께 합당치 않다. 반면에, 구원을 집합적이고 우주적인 것으로 이해하면서 하나님의 구원 수단이 그 목적과 부합해야 한다는 것을 이해하고 나면, 하나님이 선택의 원리에 따라 우리를 다루실 수밖에 없음을 분명히 알 수 있다. 한 인종이 선택을 받은 것은 그들로 하여금 하나님과 다른 이들 사이에 구원의 매개자가 되게 하기 위함이다. 즉, 그 인종을 구속된 새 인류의 핵으로 삼기 위해서였다. 사도들이 선택된 것은 그들로 가서 열매를 맺게 하기 위함이다. 그들이 그리스도의 구원의 복음을 전할 대상은 장차 그들과 함께 사도적 친교를 나누게 될 사람들이다. 물론 이것이 이루어지는 단계마다 사람의 생각으로는 도무지 알 수 없는 신비로운 요소가 있는 게 사실이다. 왜 어떤 사람은 택함을 받았고 또 어떤 사람은 받지 못했는지, 왜 동일한 말씀이 전파되었는데도 이곳에는 "말로만 이른 것이 아니라 또한 능력과 성령과 큰 확신으로"(살전 1:5) 전해졌고, 저곳에는 중생의 능력을 수반하지 못했는지를 아무도 설명할 수 없다. 하지만 어떤 사람이 **왜** 선택되었는지는 모른다 할지라도, 무엇을 **위해** 선택되었는지는 확실히 알 수 있다. 그가 선택된 목적은 참 포도나무의 가지로서 열매를 맺게 하기 위함이며(요 15:16), 그의 증언을 통해 다른 이들도 구원을 얻게 하기 위함이다. 그가 택함을 받은 것은, 하나님의 구원 목적이 다른 이들에게도 미쳐 그들도 하나님과 화해를 이룬 사람들 안에서 그리고 그 사람들을 통해 하나님과 화해를 이루게 하려는 것이다. 그리고 선택의 궁극적 신비는 여전히 남아 있지만, 선택의 원리가 하나님의 구원 목적의 본질과 맥을 같이하는 유일한 원리임을 알 수 있다.

그리고 이 선택 교리의 선교적 특성을 망각할 경우, 즉 우리가 선택받은 것은 보냄받기 위함이라는 사실을 잊을 경우, 신자가 '선택'에서 앞으로 나아가 그 목적—땅끝까지 가서 하나님의 대사요 증인이 되는 것—을 탐구하기보다 뒤로 물러나 하나님의 비밀스런 경륜에서 그 이유를 탐구하는 데 관심이 더 있는 경우, 또 선택의 목적이 세상의 구원이 아니라 자신의 구원만을 위한 것이라고 생각하는 경우에는, 하나님의 백성으로서 위탁받은 것을 저버리는 셈이다. 다른 한편, 하나님이 **세상을** 그토록 사랑하셨기에 독생자를 주셨음을 깨달으면 진리를 제대로 파악한 셈이다. 즉, 세상을 구속하시려는 그분의 목적이 실현되려면, 하나님이 각 개인의 영혼에 따로따로 접근하셔서 (매개체 없이) 직접 구원하시는 방법이 아니라 사람이 사람을 사랑하여 그들을 한 가시적 공동체로 엮어 주는 방법을 매개로 삼아야 함을 아는 것이다. 그럴 경우 이 일이 선택의 방법을 통해서만 이루어질 수 있음을 알게 된다. 한 민족을 선택해서 이웃에게 은혜를 전하는 통로로 삼되 모든 사람이 구속받은 하나의 공동체로 엮일 때까지 그렇게 하는 일이 꼭 필요하다는 말이다.

교회의 본질을 논의하려면 당연히 선택 교리를 다루지 않을 수 없고, 이는 성령의 공동체로서의 교회를 논하는 맥락에서 다뤄야 한다. 칼뱅은 「기독교 강요」에서, 그리스도의 죽음, 부활, 승천을 통한 속죄 사역의 완성을 논한 다음, 곧이어 우리가 그리스도 및 그분의 모든 축복을 누리는 것은 성령의 비밀스런 역사 때문이라고 말하고(3권 1:1), 이어서 성령의 사역으로서 중생에 관해 그리고 성령의 주요 열매의 하나로서 믿음에 관해 길게 설명한다. 이것이 진정 올바른 성경적 순서다. 말씀과 성례가 그리스도를 우리에게 매개할 수 있는 능력을 갖게 되는 것, 우리가 그분을 영접하도록 믿음을 갖게 되는 것은 모두 성령의 사역 덕분이다. 그리고 이어서 우리는 이 성령의 선물을 하나님이 자신의 비밀스런 경륜에 따라 선택하는 자들에게 주시는 순전한 은혜라고 고백하게 된다. 이것은 모두 "은혜로 택하심을 따라"(롬 11:5) 된 일이다. 이 살아 계신 성령의 임재와 능력이 중생의 유일한 근원이다.

이 모든 것은 우리가 마땅히 고백해야 할 진리다. 하지만 이어서 우리는 이 진리를 성육신의 진리와 무관한 독자적인 진리로 간주한다면 복음을 완전히 왜곡하는 결과를 초래한다는 점도 주장해야 한다. 사실 이런 현상을 칼뱅주의 역사에서 볼 수 있다. 그리스도에 관한 사실을 사고의 출발점으로 삼지 않고 하나님이 그분의 뜻대로 누구든 선택하여 성령의 신비한 능력으로 중생시키실 수 있다는 진리로부터 시작한다면, 역사상 그리스도께서 이루신 실제 사역은 중심의 자리에서 밀려날 수밖에 없다. 그분이 세우신 가시적 공동체는 하나님만이 아시는 비가시적인 선민의 숫자에 중심을 양보하게 될 것이다. 그분이 주신 가시적이고 구체적인 성례는 갈수록 구원의 필수 조건처럼 보이지 않을 것이다. 또 선교 사역도 더 이상 교회의 본질에 속하는 것으로 보이지 않을 것이다. [청년 윌리엄 캐리(William Carey)가 들은 것처럼] 하나님은 우리의 도움 없이도 이방인을 택하여 구원하실 수 있기 때문이다. 그리고 퀘이커교의 경우처럼, 이것이 극단적인 형태를 띠게 되면 성경도 더 이상 중심적인 위치를 차지하지 못할 것이다. 성령이 각 사람에게 직접 주어진다고 믿으면, 그분의 증언을 확증할 다른 출처가 필요 없기 때문이다.

그러나 복음은 이와 전혀 다른 종류의 좋은 소식이다. 그것은 팔레스타인에서 본디오 빌라도의 통치 아래 십자가에 죽으신 나사렛 예수를 통해 하나님이 세상을 자신과 화해시키셨다는 실제 사실에 관한 소식이다. 하나님의 선택을 받은 자, 그분의 사랑을 받은 자는 바로 그 예수다. 우리의 선택은 오직 우리가 그분의 몸에 영입됨으로 이루어진 것이다. 우리는 각각 개별적으로 선택된 것이 아니고, 그분의 몸의 지체로서 선택된 것이다. 그분이 우리를 선택하신 동기는 바로 사도적 사명을 주시기 위함이다. 성육신하신 주님은 사도들에게 "내가 너희를 택하여 세웠나니 이는 너희로 가서 열매를 맺게 하고"(요 15:16)라고 말씀하신다. 이 사도들이 하나님의 구원 사역을 처음 선포할 때 수많은 청중에게 이렇게 일러준다. "이 약속은 너희와 너희 자녀와 모든 먼 데 사람 곧 주 우리 하나님이 얼마든지 부르시는 자들에게 하신 것이라"(행 2:39). 그리고 위대한 이방인의 사도는 데살로니가 교인에게 자신이 처음 복음을 전했던 것을 상기시키면서 "하나님의 사랑하심을 받은 형제들아 너희를 택하심을 아노라. 이는 우리 복음이 너희에게 말로만 이른 것이 아니라 또한 능력과 성령과 큰 확신으로 된 것임이라. 우리가 너희 가운데서 너희를 위하여 어떤 사람이 된 것은 너희가 아는 바와 같으니라"(살전 1:4-5)라고 말한다. 선택의 근원은 "창세 전"부터 있었던 하나님의 은혜로운 뜻 가운데 있으며, 선택의 맥락은 "그리스도 안에서"이다. 선택의 동기는 땅끝까지 가서 사도적 사명을 다하게 하기 위함이고, 그 목적은 모든 것을 그리스도 안에서 통일되게 하기 위함이다. 선택의 수단, 확증, 표지는 하나님의 성령의 임재다. 성령은 사람들의 마음을 열어 복음을 믿게 하시고, 그들을 사랑으로 엮어 그리스도의 몸을 이루게 하시고, 그들로 다가올 시대의 권능을 맛보게 하시며, 그리스도께서 다시 오실 때까지 그들을 보증하신다. 그러므로 선택의 교리는 땅 위에 있는 가시적인 교회의 삶에 비추어 이해해야 한다. 땅 위의 교회는 비가시적인 천상의 실체의 그림자에 불과한 것이 아니다. 그것은 하나님의 은혜로운 선택의 첫 열매요 수단인데, 이는 그분의 목적이 정확하게 그리스도 안에서 인류를 재창조하시는 것이기 때문이다. 이와 마찬가지로 가시적 교회의 삶이라는 맥락에서만 성령의 교리를 이해해야 한다. 그리스도께서 받으신 기름부음에 동참하는 일은, 그분의 몸을 공유함으로써, 세례를 통해 그분과 함께 죽고 함께 살아남으로써, 그리고 성령의 여러 은사로 그 몸이 사랑 안에서 세워지고 하나님이 주신 사명을 수행하는 데 필요한 모든 것을 공급받는 공동 생활에 참여함으로써 가능하다.

비판적 논평

열심과 질서의 대비

이제 또 하나의 왜곡상을 살펴보고자 한다. 그것은 교회는 성령의 공동체라는 진리를 따로 떼어내어 이것만이 교회의 본질을 규정하는 결정적 요소라고 주장하는 입장이다. 이는 존 매케이(John Mackay) 박사의 표현을 빌리자면, 열심을 질서와 대비시키는 입장이라 할 수 있다. 이런 문제는 고린도전서에서 보듯 바울 당시에도 있었고 그 후에도 계속해서 등장했다. 뭔가 특별한 것에 대한 선호, 준비 없이 하는 즉흥적인 것을 관례적이거나 계획된 것보다 더 영적이라고 믿는 믿음, 질서와 조직을 성령의 삶과 대립되는 것으로 여기는 경향 등은 모두 신약 성경이 아닌 구약 성경의 성령 개념에서 나오는 것이다. 구약 성경에 나오는 성령은 주로 특정한 때에 개개인에게 임하셔서 그들로 기적을 일으키게 하고, 하나님의 말씀을 선포하게 하며, 그분의 뜻을 분별하게 하는 역할을 하신다. 신약 성경은 맨 처음에 성령이 예수께 임하셔서 그 위에 머무르셨다는 것과 그분이 성령의 능력으로 살고 말씀하셨다는 것, 그리고 바로 그 성령께서 그분의 교회에 주어져 영원한 생명의 원리가 되셨다는 것을 묘사한다. 이 '코이노니아', 곧 성령 안에 공동으로 동참하는 일로 인해, 그리스도의 백성은 그분을 주님으로 고백하고, 하나님을 아버지라 부르며, 다함께 공동 생활을 할 수 있게 되었다. 물론 이 공동 생활에 필요한 모든 은사는 성령께서 공급하시며, 그 가운데 최고는 사랑이다. 성령은 이제 특정 개인에게 이따금 찾아오시는 방문객이 아니라, 그 교제 안에 항구적으로 거하시는 생명의 원리다. 성령의 최고의 선물은 각 사람으로 하여금 탁월한 명성을 얻게 하는 굉장한 능력이 아니라, 몸을 세우고 서로를 엮어 주며 자신을 낮추는 겸손한 사랑이다.

따라서 성령의 임재를 가리키는 결정적인 표지는 공동체를 하나로 유지하려는 온유한 관심과, 그리스도만이 차지하셔야 할 자리에 어떤 인간 지도자나 무리를 올려 놓는 행습을 혐오하는 것이다. 사도 바울이 고린도 교회에서의 당파 싸움에 관해 듣고 보인 반응이 바로 그런 것이다. "그리스도께서 어찌 나뉘었느냐? 바울이 너희를 위하여 십자가에 못 박혔으며 바울의 이름으로 너희가 세례를 받았느냐?"(고전 1:13) "너희는 아직도 육신에 속한 자로다. 너희 가운데 시기와 분쟁이 있으니 어찌 육신에 속하여 사람을 따라 행함이 아니리요?"(고전 3:3) 이 모든 투박한 질문은 서로 밀접한 관계를 갖고 있으며, 다함께 바울의 성령에 대한 이해를 조명해 준다. 성령 안에 사는 삶은 그리스도의 몸 안에 사는 삶이므로, 교회에서 당파를 짓는 일은 그리스도의 몸을 해체하는 중죄에 해당한다. 그 기초는 단 한 번에 이루어진 그리스도의 죽음으로, 이 그리스도의 세례 안에서 온 세상은 그분의 죽음에 동참하는 세례를 받게 된다. 또 그 세례로 인해 우리가 그분의 죽음에 동참하는 세례를 받을 수 있게 된 것이며, 그 결과 (자신에 대해 죽고) 그분의 생명에도 동참할 수 있게 된 것이다. 따라서 그분은 우리의 생명이요, 우리는 오직 그분의 이름으로 자신을 부를 수 있다. 그 자리에 다른 사람의 이름을 넣는 것, 우리 자신을 어떤 사람이나 당파의 이름으로 부르는 것은 육적인 것이지 영적인 것이 아니다. 성령 안에 사는 삶은 하나뿐인 그리스도의 몸 안에 사는 삶이며, 그 중심에는 '나'라든가 '우리'가 들어설 여지가 없고 오직 그리스도만이 모든 것 가운데 계신 모든 것이 되신다.

공동체의 삶을 세우려면 질서의 원칙과 자유의 원칙이 모두 작동해야 한다. 이 둘이 서로 충돌하는 곳에는 정직한 의견 차이가 들어설 자리가 없을 것이므로, 다함께 성령의 인도를 받을 필요가 있다. 그러나 그리스도 안에 있는 사람의 특징은 자신의 자유보다 형제의 자유를 위해 더 열심히 노력하고, 형제에게 선한 질서를 지키라고 강요하기보다 스스로 그 질서에 기꺼이 순복하는 모습일 것이다. 어쨌든 가장 근본적인 원리는 자신의 유익을 구하지 않고 공동체의 유익을 구하는 사랑일 것이다. 그런데 만일 영적인 권능에 의해 특별한 표적이 수반되는 것을 성령을 소유한 사람의 특징이라 주장하고 그것을 근거로 교회의 하나됨과 질서를 우습게 여기고 소위 평범한 덕만 가진 대다수의 '그저 그런 그리스도인'을 멸시한다면, 사도 바울과 같이, 그것은 성령의 일이 아니라 육신의 일이라고 단호히 말해야 한다. 성령이 한 분인 것처럼 몸도 하나밖에 없으므로, 이 둘을 서로 갈라 놓으면 반드시 크나큰 잘못일 수밖에 없다.

친교의 범위

오순절파에 속하는 교인들 가운데는 교회의 하나됨과 질서에 무관심하다는 지적에 크게 반발하는 이들이 많을 것이다. 그들은 자신들 가운데 존재하는 깊은 친교의 경험을 가리키면서, 그 친교가 '질서'와 '하나됨'을 강조하는 교회들보다 더 깊을 때가 많다고 주장할 것이다. 그러고는 이렇게 물을 것이다. "당신은 무엇을 더 요구합니까? 우리를 포함한 모든 교회를 포괄하는 전국적인 혹은 범세계적인 차원의 조직을 가져야 한다는 것입니까? 당신이 말하는 질서와 하나됨이 그런 것입니까? 만일 그렇다면, 우리는 그런 조직을 원하지 않는다고, 그런 것은 성경에도 나오지 않는다고, 또 그것이 하나님의 뜻이라고 믿지도 않는다고 응답하겠습니다. 우리는 신약 성경에 나오는 교회가 지역별로 모이는 신자들의 회중이거나 하늘과 땅에 있는 신자들을 모두 포함하는 공동체라고 확신합니다. 이와 다른 의미로 '교회'를 사용하는 것은 옳지 않습니다."

이 반론에 동의하지 않는 이유를 곧 밝히겠지만, 이 입장이 긍정적인 면과 부정적인 면 양자에 걸쳐 어느 정도 일리가 있다는 것은 시인해야겠다. 긍정적인 면에서, 교회를 여러 단위로 나눌 때 지역 교회에 우선권을 부여하는 게 옳다. 같은 동네에 살면서 동일한 떡과 동일한 잔을 나누는 신자들의 몸, 그 안에서 말씀이 선포되는 가시적 공동체, 이웃 지간에 실제로 만나면서 서로의 믿음을 세워 주고 사랑으로 바로잡으며 주님의 인도를 함께 기다리는 공동체야말로 가장 일차적인 친교 모임이라고 주장할 만한 강한 근거가 있다. 사실 오늘날 성공회에서 말하는 교구[1]를 더 이상 나눌 수 없는 가장 기본적인 단위로 여기는 입장보다 지역 교회를 더 우선시하는 입장이 더 설득력이 있다고까지 말하고 싶다. 우리는 회중의 삶에 실제로 동참하는 일, 곧 각 지체가 성령께 받은 은사로 공동체의 삶에 기여할 기회를 갖게 되는 것을 목회 사역과 성례만큼 교회의 **본질**에 속하는 것으로 봐야 한다고 생각한다. 이와 관련하여, 지난 30년간 앵글로색슨 계통의 국가들에서 교회의 재통합에 관한 논의를 지배해 온 '람베스 조항'(Lambeth Quadrilateral: 성공회에서 교회 일치를 위한 네 가지 요건으로 성경, 사도신경과 니케아신경, 성직 제도, 세례와 성찬을 제시한 것을 일컬음–역주)에 회중의 삶, 친교, 치리가 포함되어 있지 않다는 것은 의미심장하다.

부정적인 면에서, 이 반론은 교회의 삶의 성격을 왜곡할 소지가 있는 초(超)회중적인 조직을 우려하는데, 이는 타당하다. 우리 시대는 기계화와 관료제의 폐단을 수반하는 대규모 조직을 지향하는 흐름이 강한데, 교회도 사실 그런 흐름에 노출되어 있다. 현대의 대규모 정치 조직과 문화 조직에나 어울리는 구조가, 예배, 증언, 상호 사랑과 섬김, 기도를 중심으로 하는 교회에 강요되어 그 삶

---

[1] 이것은 물론 원시 교회의 교구와 다르다.

을 왜곡할 수 있는 위험이 실재한다. 신약 성경에서는 그런 조직을 지역 교회에 강요할 수 있는 근거를 찾을 수 없다. 선의의 그리스도인이 그와 같은 재통합 운동을 의심하게 되는 이유 중 하나는 그것이 바로 교회의 행정 조직을 더 크게 만드는 것을 의미한다고 생각하기 때문이다. 그러므로 그런 것을 의미하지 않는다고 주장하는 일이 무엇보다 중요하다. 오히려 많은 경우에는 분권화의 과정을 통해 더 작은 교회 조직을 낳는 방향으로 나아가야 한다. 재통합 자체는 교회 조직의 규모와 상관이 없다. 그것은 교회의 참 본질 및 특질의 회복과 관련된 것으로, 곳곳에서 주 예수의 이름을 부르는 모든 이의 가시적 친교 모임이 되는 것을 지향한다.

이제 그 반론이 지닌 타당한 측면을 충분히 인정하였으므로, 이어서 다음과 같은 의문들을 제기할 차례가 되었다. 그런데 왜 지역 교회만 집어내어 그것만이 교회의 모든 특질을 갖춘 유일한 공동체라고 주장해야 하는가? 그리스도의 의도가 모든 사람을 자신에게 이끄시는 것이라면, 그 의도는 어떤 가시적 표상을 가져야 하지 않을까? 그렇다면 이 은혜로운 사역이 지역 교회의 하나됨을 통해 표현될 뿐 아니라, 기독교 가정을 통해 그리고 기독교 국가와 에큐메니컬 모임을 통해 표현될 것을 기대해야 하지 않을까? 우리가 다른 인간 관계에서는 이웃에 사는 이들과만 관계하는 게 아니라 다른 지역과 다른 나라에 사는 이들과도 관계를 맺고, 사실 정치 및 경제와 관련하여 그들과 온갖 종류의 관계를 맺는데, 단지 지역적인 범주를 초월한 이 모든 관계가 구속의 범위에서 벗어난다고, 그리스도 안에서 우리가 맺는 언약 관계는 우리 이웃에게만 국한된다고 생각할 수 있을까? 우리가 지역 교회에서의 친교를 통해, 그 공동체가 성령의 인도를 받는 일에서 각 지체가 기꺼이 자신의 통찰력을 제공할 뿐 아니라 그 공동체의 집합적 통찰력을 존중할 때 그리스도 안에 있는 자유를 잃는 것이 아니라 오히려 얻는다는 것을 경험했다면, 그와 똑같은 과정이 더 넓은 영역에서도 작동할 수 있고 또 작동해야 한다는 것을 무슨 근거로 부인하겠는가? [1949년 국제

회중교회연합(ICC)의 성명서를 인용하자면] "교회의 더 넓은 회의와 의회도 교회 회의와 똑같은 권위를 가져야 한다"는, "율법적, 강제적, 고압적이지 않고 사역적인" 권위를 지녀야 한다는 원칙을 받아들여야 하지 않을까?[2] 아울러 바로 그런 권위가 사도 바울에 의해 그리고 예루살렘 회의에 의해 지역 교회에 행사되는 것을 보지 않는가?

물론 우리는 교회가 권력을 지극히 영적이지 못하게 사용해 왔다는 점과, 성령 충만한 지역 교회에서 진정한 공동체의 삶을 배운 이들의 증언이 보편 교회에 꼭 필요하다는 점에 동의할 것이다. 그럼에도 불구하고, 개인에 대한 지역 교회의 영적 권위는 인정하지만 더 넓은 지역을 포괄하는 모임이나 에큐메니컬 모임이 지역 교회에 권위를 행사하는 것을 부인할 만한 합당한 이유는 없다고 주장해야 한다. 그리고 우리의 눈에 비치듯, 여러 차원의 공동체들이 각기 성령에 동참하는 것을 기초로 한 친교 모임이라 주장하지만, 다른 한편 서로에 대한 의무를 부정하면서도 그런 상황에 대해 전혀 부끄러움을 느끼지 않고 오히려 어떤 경우에는 그것을 자랑스러워하는 모습을 볼 때, 투박한 말투로 이렇게 말하지 않을 수 없다. "형제들이여, 여러분은 스스로를 속이고 있습니다. 이런 분열상, 곧 서로 무책임한 종파들의 확산은 성령의 사역이 아니라 육신이 도모하는 일입니다. 여러분이 성령을 제일 강조하고, 교회는 본래 성령 충만한 모임으로서 성령의 은사들을 발견하고 그것들을 즐거워하며 교회를 세우는 일과 세상에 증언하는 일을 위해 그것들을 사용해야 한다고 강조하는 것은 옳습니다. 그러나 성령을 [그리스도의] 몸에서 떼어내고, 성령이 한 분인 것처럼 몸도 하나밖에 없다는 사실을 망각하고, 성령의 가장 탁월한 첫째 열매는 모든 것을 견디고 모든 것을 믿으며 모든 것을 바라고, 그분의 몸 된 교회를 위해 즐거이 고통당하는 바로 그 사랑이라는 것을 잊어버린 것은 분명 잘못입니다."

---

2) Flew, 앞의 책.

오늘날의 쟁점

이제 결론삼아 이 논리를 아주 구체적으로 적용해 볼까 한다. 현대 에큐메니컬 운동은 이제까지 주로 가톨릭의 흐름과 개신교의 흐름이 서로 만나는 장소가 되어 왔다. 내가 오순절파라고 명명한 흐름은 대체로 그 바깥에 위치해 있었다. 나는 에큐메니컬 대화가 적당한 열매를 맺으려면 오순절파의 기여가 필요하다는 확신을 이미 표명한 바 있다. 현재 그런 기여가 없는 상황(물론 전혀 없다는 의미는 아니다)에 대해서는 에큐메니컬 운동에 속한 교회들이 비난을 받아야 마땅하다. 그들은 자신들의 삶에 대한 철저한 비판에 귀를 기울일 정도로 마음을 열지 않았다. 그들은 종종 과거의 평판에만 만족하고 이 세상에 너무 안주해 왔다. 그런데 다른 편에서 일어난 현상에 대해 그들에게 무거운 책임이 있다고 솔직히 말하지 않을 수 없다. 지난 수십 년을 돌이켜보면, 에큐메니컬 운동이 일어나는 것과 동시에 자신들만 성령을 소유한다고 주장하는 수많은 공동체가 일어나 스스로를 다른 그리스도인들로부터 분리시켰다. 기독교의 주류를 이루는 위대한 흐름들 사이에 사랑의 관계가 무르익는 동시에, 이런 운동들이 갈수록 악랄하고 난폭한 캠페인을 측면에서 벌이는 현상이 커져 갔다. 이런 조직들이 에큐메니컬 운동을 반대하는 모습을 보면, 많은 경우 자기만 옳다는 건방진 태도와 사랑을 완전히 부정하는 자세를 견지하기 때문에 그 모두를 포기해 버리고 싶은 마음이 들 정도다.

하지만 그런 시험에 굴복하면 안 된다. 왜냐하면 그 운동들 가운데서 성령이 임재하신다는 진정한 표지와 전통적 개신교와 가톨릭이 모두 배워야 할 진리에 대한 증언을 발견해야 하기 때문이다. 그 운동들이 없이는 온전해질 수 없다는 점을 인정해야 한다. 따라서 그 형제들에게 에큐메니컬 운동의 경계 안에서 그들로부터 배우기 원한다고 확신시키고, 동시에 성령이 우리에게 가르치신 것들을 그들에게 증언해야 한다. 그들에게, 에큐메니컬 운동에 성령의 역사를 분명히 보여 주는 표지가 있음을 인정하도록 요청해야 한다. 특히, 과거에는 거의 찾아볼 수 없었던 사랑의 관계가 무르익어 가는 현상이 그것이다. 또 그들에게, 우리와 에큐메니컬 대화를 나누려면, 그들 나름의 신념들을 버릴 필요는 없고 다만 우리를 그들과 동일한 성령을 소유하는 동료 그리스도인으로(우리가 잘못되었더라도) 인정하는 일이 필요하다고 일러 주어야 한다. 그들에게 다음과 같은 사항을 깊이 숙고하도록 요청해야 한다. 즉, 우리와의 교제를 단절하는 것이 그들 가운데 있는 성령을 거스르는 죄를 짓는 것은 아닌지, 주님께 충실하려면 반드시 서로 연합할 수 있는 길을 찾아야 하는 것은 아닌지 말이다.

그리고 동시에 기꺼이 배우려는 마음을 **품어야** 한다. 가톨릭과 개신교의 이슈를 둘러싼 최근의 논의가 교착 상태에 빠져 아무 진전이 없던 상황에서, 앞으로 나아갈 수 있는 길을 성령론에 관한 새로운 이해에서 찾을 수 있지 않을까 하는 제안이 종종 제기되었다. 물론 이 문제를 새롭게 조명할 수 있는 빛이 순전히 학술적인 신학 연구에서 나오리라고는 결코 기대할 수 없다. 어쩌면 이 위대한 가톨릭 전통과 개신교 전통이 스스로 몸을 낮추어, 현재 거의 교류가 없는 그 오순절파의 여러 그룹과 교제함으로써 그 빛을 받을 수 있지 않을까? 현재 이 집단들을 에큐메니컬 운동과 분리시키는 그 간극은 양측 모두가 안고 있는 결함에서 나오는 증상이라 생각하고, 그 간극을 메우려는 단호한 노력이 진전을 일구어 낼 수 있는 조건이 아닐까 생각한다.

5
우리 안에 계신 그리스도, 영광의 소망

"우리는 어떻게 그리스도께 영입되는가?"라는 질문으로 시작한 이 강의를 통해 이제까지 세 가지 유형의 응답—개신교, 가톨릭, 오순절파—을 살펴보았다. 이 셋은 모두 복음의 본질에 뿌리를 두고 있기에 어느 하나라도 부인하면 교회의 모양을 손상시키고 그 메시지를 왜곡하게 된다는 것을 보여 주었다. 그런데 이 점은 우리에게 풀기 어려운 실제적인 문제를 안겨 준다. 우리는 각기 교회라고 주장하는 서로 다른 공동체에 속해 있다. 이렇게 서로 분리된 것은 각자 이 삼중적 진리의 어느 측면을 신실하게 증언하려는 데 기인한 것이다. 각 공동체는 교회의 본질이라 여기는 것을 중시하지 않을 수 없었다. 한편 어떤 공동체도 다른 공동체가 교회의 본질로 내세우는 것을 인정할 수 없었는데, 그럴 경우 스스로의 주장을 번복하는 셈이 되기 때문이다. 도무지 저항할 수 없는 성령의 역사로 서로 가까워지긴 했어도, 우리가 교회의 정체성의 근거로 삼는 그 진리에 충성하느라 서로를 교회로 받아들일 수 없는 상황에 빠졌다. 이번 강의의 목적은 그리스도의 몸으로 영입되는 것이 종말론적 차원을 지녔음을 보여 주는 일이다. 이 차원은 교회에 대한 이런 관점과 양립될 수 없는 것으로, 교회를 정의할 때 교회의 현 모습에 입각하지 말고 오직 "죽은 자를 살리시며 없는 것을 있는 것으로 부르시는"(롬 4:17) 하나님의 자비에 입각해야 함을 일러준다. 이 삼중적인 응답에 내포된 내용을 모두 유념하는 가운데, 이제 한 걸음 더 나아가 가장 핵심적인 신비, 곧 주님과의 하나됨이라는 신비 속으로 최대한 깊이 들어가는 일이 필요하다. 우리를 위해 십자가에서 죽으시고 부활하신 후 하늘로 올라가신 그 주님과의 연합 말이다.

성경적 기초

먼저, 성경이 이 연합에 관해 묘사할 때 아주 풍부한 이미지들을 사용한다는 점을 유념해야 한다. 우리는 그리스도의 지체들이다. 그분을 머리로 모시는 몸이다. 그분은 포도나무시요 우리는 포도나무의 가지다. 그분은 신랑이시요 우리는 신부다. 우리는, 마치 남자와 여자가 한 몸이 되는 것처럼, 한 성령으로 하나가 되어 영적으로 주님과 합했다. 우리는 성전이고 그분은 모퉁이의 머릿돌이시다. 우리는 한 가족이고 그분은 맏형이 되신다. 우리는 새로운 인류이고 그분은 새 아담이시다. 우리는 배고픈 순례자들이고 그분은 영생을 주시는 하늘의 양식이다. 우리는 "그리스도의 몸을 함께 먹는 자들"이고, 그분은 실로 우리의 생명이 되신다. 이처럼 풍부하고 다양한 표현이 상기시키는 바는, 우리와 그리스도의 연합이 신약 메시지의 핵심에 속한다는 점과 이 가운데 어느 하나만을 따로 떼어 그 논리적 결론을 이끌어낸다고 해서 이 연합의 교리를 완전히 알 수는 없다는 점이다. 우리가 다루는 이 실재는 어느 하나의 비유만으로는 모두 포착할 수 없다. 이 지점까지는 모두가 동의하리라 믿는다.

한 걸음 더 나아가 이 연합의 핵심적 특징이 무엇이냐고 물으면, 그 대답은 불 보듯 뻔하다고 생각한다. 그것은 곧 그분의 죽음 및 부활과의 연합이다. 마스칼 신부는 「그리스도, 그리스도인, 교회」(*Christ, the Christian and the Church*)라는 훌륭한 책에서, 인간 본성의 재창조를 인간의 본성과 동정녀 마리아의 태중에 있는 그 말씀의 인격과의 연합에서 찾을지, 아니면 십자가에 달리신 주 예수의 죽음과의 연합에서 찾을지를 묻는다. 그는 둘 다 필요하다고 답하지만, 거의 대부분의 지면을 전자에 할애하고 있다. 그는 이 둘을 서로 대립시키려는 입장을 배격해야 한다고 주장하는데, 이에 우리도 동조해야 마땅하다. 하지만 신약 성경이 후자에 압도적인 비중을 두고 있다는 점은 참으로 의미심장한 사실이 아닐 수 없다. 마스칼 신부는 "우리의 구속을 기념하는 대표적인 날은 성모 영보 대축일(Lady Day: 천사 가브리엘이 그리스도의 잉태를 성모 마리아에게 알린 날—역주)인가 성(聖) 금요일인가?"라고 묻는다. 그런데 이 질문 자체에 아예 대답이 내포되어 있음을 알 수 있다. 신약 시대 이래 현재까지 모든 그리스도인이 보편적으로 동의하는 바는, 세례가 그리스도의 성육신과 연합하는 것이 아니라 그분의 죽음 및 부활과 연합하는 것이라는 사실이다. 이것이 의미하는 바는, 우리의 생명이 그리스도 안에 그리스도의 생명이 우리 안에 있다고 할 때 그 중심에는 바로 죽음이라는 사실이 존재한다는 것이다. 여기서 '역설'이라는 단어를 사용하지는 말자. 역설이란 단지 사고의 영역에 있는 그 무엇을 시사하기 때문이다. 우리가 여기서 다루는 것은 그런 관념적인 역설이 아니고, 본디오 빌라도의 통치 아래 골고다에서 일어난 실제적인 죽음, 우리가 새 사람을 입으려면 반드시 죽어야 하는 우리 속에 있는 옛 사람의 실제적인 죽음, 그리고 (하나 덧붙이자면) 하나님의 새 하늘과 새 땅과 그분의 나라의 모든 영광이 나타나려면 반드시 선행되어야 할 만물의 실제적인 해체이기 때문이다. 우리는 지금 단 하나의 핵심 표지인 십자가에 내포된 전부를 다루는 것이다.

먼저 구속의 근거가 되는, 단 한 번에 일어난 사건들을 살펴본 다음, 그것들이 교회의 삶에서 어떻게 재생산되는지를 고찰하고자 한다.

현재와 미래의 그리스도

먼저 가장 적나라한 사실과 함께 시작하자. 성육신한 하나님의 말씀이신 예수께서 사람들에게 배척당하셨고, 하나님의 율법을 맡은 공인된 선생들에게 정죄받으셨고, 자신이 선택한 사도들 중 하나에게 배신당하셨고, 나머지에게는 버림받으셨고, 하나님의 백성인 이스라엘의 대제사장에게 정죄받으셨으며, 이방인들에게 일반 범죄자로 처형당하셨다는 사실이 바로 그것이다. 이어서 기억할 점은, 이 모든 사건을 그분 자신이 반드시 일어나야 할 것으로 예견하시고 해석하셨다는 사실과, 이를 통해 그분의 사명이 이루어질 것이고 이를 통해 모든 사람을 자기에게 이끌 것이라고 내다보셨다는 사실이다. 다가오는 하나님의 시대의 승리는 이 시대가 패배라고 부르는 것에 의해서만 성취될 수 있다. 성육신을 통해 새 시대가 현 시대를 뚫고 들어왔고, 이로써 시작되는 구속의 움직임은 이 세상의 역사를 따라 연속적으로 진행되는 것이 아니다. 성육신의 연장이란 존재하지 않는다. 아버지께로부터 오신 예수는 아버지께 돌아가셔야 한다. 그분이 떠나심으로 그분의 모든 양이 흩어질지라도(막 14:27; 요 16:32) 떠나셔야 하는 이유는, 그래야만 그분의 사역이 지속될 수 있기 때문이다(요 16:13-14, 20; 21:3).

새 시대와 현 시대, 하나님의 통치와 이 세상 왕의 통치가 공공연하게 부딪히면 어느 하나가 다른 하나를 파괴할 수밖에 없다. 그리스도는 스스로 인간 본성을 취하고 이 세상에서 인간의 삶을 영위함으로써 스스로를 이 어두운 세상의 권세들에게 노출하셨고, 그들은 힘을 합하여 그분을 파괴했다. 그러나 이로써 그분은 자신의 몸에 죄의 저주를 모두 짊어지셨고, 하나님의 의를 밝히 드러내셨으며, 우리를 쥐고 있던 사탄의 손아귀를 부숴 버리셨다. 하지만 이 승리는 감춰져야 한다. 그래야만 믿음, 소망, 사랑의 자발적 반응을 보일 여지가 남는다. 하나님의 나라가 완전히 나타날 때는 모든 반대 세력을 말살시킬 것인데, 하나님이 자비롭게 그 날을 연기하시는 것은 사람들로 회개하고 믿게 하시기 위함이다. 그리스도께서 영광 가운데 오실 그 날이 올 때까지, 그분의 통치는 보이는 것이 아니라 믿음으로만, 완전한 향유가 아니라 맛보기로만, 완전한 계시가 아니라 자기보다 더 큰 실재를 가리키는 표적들을 통해서만 알 수 있는 것이다.

바로 이런 표적들이, 사도행전과 서신서들에 기록되어 있듯이, 성육신하신 주님의 사역과 사도들의 사역에서 나타났다(행 2:43; 5:12; 14:3; 19:11; 롬 15:19; 고후 12:12 등).

다른 모든 표적의 근거가 되는 궁극의 표적은 첫 부활절 아침에 예수께서 무덤에서 부활하신 사건이다. 이는 신적인 사건으로, 이를 계기로 교회가 탄생했다. 그날 아침 무덤이 비어 있지 않았더라면 교회도 없었을 것이다. 하지만 그것은 동시에 더 큰 무엇을 가리키는 표적, 곧 장차 이루어질 추수의 첫 열매, 맛보기이기도 했다(고전 15:20; 행 26:23; 롬 8:11). 그곳은, 우리가 거듭나서 장래에 유산을 받으리라는 산 소망을 품게 된 장소이기도 하다(벧전 1:3). 그 표적이 없었다면 사도들도 믿지 못했을 것이다. 그리고 주님이 육신을 입고 계실 때, 유대인이 정작 표적들이 가리키는 하나님 나라보다 그 표적들 자체에 더 관심이 많았던 모습을 보시고 그들을 책망하신 것처럼, 도마에게도 이런 말씀으로 부드럽게 책망하셨다. "너는 나를 본 고로 믿느냐? 보지 못하고 믿는 자들은 복되도다"(요 20:29).

표적의 목표는 자체를 넘어서는 어떤 것을 가리키는 일이다. 장차 다가올 어떤 것을 열히 갈망하도록 만드는 일종의 맛보기다. 그래서 흩어진 양떼를 다시 모아 그들에게 승리의 확신을 주셨을 때, 주님은 스스로 승천하심으로써 가시적인 임재를 거두어들이셨고, 그들에게 다시 오실 것이라는 확신을 주시면서 그동안 모든 나라로 가서 회개와 믿음의 복음을 전하라는 사명을 주셨다. 아울러 주님은 그들의 시각, 청각, 촉각에서는 멀어지지만 끝날까지 그들과 함께하시겠다고 약속하셨다. 그들은 나가서 승리를 선포해야 하지만, 이 승리는 아직 베일에 가려 있다. 가려져 있으나, 믿음으로만 인식하고 파악할 수 있는 표적에 의해 현존한다. 그들의 입에 자주 오르내렸고 주님도 친히 인용하셨던 시편 110편의 내용이 그분의 통치의 이중적 성격을 완벽하게 묘사해 준다. "주께서 내 주께 이르시되, 내가 네 원수를 네 발 아래에 둘 때까지 내 우편에 앉아 있으라 하셨도다"(마 22:44). 그분이 현재 다스리시지만, 그분의 승리는 아직 완전히 성취되지 않았다. 그분의 통치는 감춰져 있으나, 그분이 하나님의 오른편에 계시기 때문에 믿음으로 알아보고 붙잡을 수 있는 왕권의 징표는 허락하신다. 이처럼 이 세상 한복판에 계신 그리스도의 현존은 신비롭고 역설적인 성격을 가질 수밖에 없다.

신자 – 그리스도 안에 있으나 그리스도를 고대하는 사람

더 나아가 우리가 성령의 사역을 생각해 보아도 이와 똑같이 신비롭고 역설적인 성격을 발견하게 된다. 성령은 그리스도의 구원의 행위와 말씀을 우리에게 적용하시며 우리를 그분의 지체로 만드신다. 방금 진술한 구원 이야기는 승천과 함께 끝났다. 그리스도께서 제자들의 오감이 미치지 못하는 곳으로 스스로 물러나시는 대신 그들에게 성령을 선물로 주셨으며, 이 성령으로 그분은 새로운 방식으로 그들 가운데 임재하셨다. 그들은 더 이상 그분을 눈에 보이는 대로 또 육신에 따라 알지 않으며, 그분의 영을 갖기에 이르렀다. 그리고 이 성령을 '갖는' 것은 진짜 소유하는 것인 동시에 일종의 맛보기에 해당한다. 그것은 장차 이루어질 것을 미리 보여 주는 담보다. 그것은 정말 신적인 능력이 주입된 것으로, 그 능력에 힘입어 그 능력이 아니면 불가능했을 지식도 얻고 행동도 할 수 있게 되었다. 하지만 동시에 성령의 선물은 최후의 승리를 가리키기도 한다. 성령은 우리가 장차 나타날 그 나라의 상속자임을 보증하신다(롬 8:7). 성령은 우리 속에서 육신에 대항해 싸우시고(갈 5:17), 우리에게 우리의 죽을 몸도 살게 될 것이라고 확신시키며(롬 8:11), 죽을 것이 생명에 삼킴을 받을 것임을 보증하신다(고후 5:4-5). 이 중간기에 성령의 임재를 보여 주는 표지는, 우리가 자녀로 입양될 것을 고대하며 속으로 탄식하는 것(롬 8:23)과 우리 눈에 아직 보이지 않는 것을 바라는 것(롬 8:24-25)이다. 그러나 이 바람은 하나님이 실제로 행하신 일(벧전 1:3)과 성령의 능력을 체험한 일에 근거를 두고 있으므로, 우리는 소망 가운데 기뻐한다(롬 5:2). 이 소망은 우리를 결코 실망시키지 않는다. 이는 하나님이 우리에게 주신 그 성령으로 하나님의 사랑을 우리 마음속에 넉넉히 부어주셨기 때문이다(롬 5:5). 끝까지 이 소망을 붙들고 그것을 자랑스러워한다면, 우리는 하나님의 가족임에 틀림없다(히 3:6).

이처럼 그리스도 안에서 성령을 좇아 사는 삶이 시종일관 이중적 특질을 지닌다는 신약 성경의 가르침은 얼마든 더 인용할 수 있다. 우리는 그리스도와 함께 죽었고 우리 생명은 그분과 함께 감춰져 있지만, 우리는 여전히 땅에 속한 지체의 일을 죽이고 위의 것을 추구해야 한다. 우리는 그분과 함께 살리심을 받았으나, 여전히 부활을 고대한다. "아빠, 아버지"라고 외치지만, 여전히 자녀로 입양될 날을 기다린다. 교회는 그리스도의 신부이지만, 여전히 혼인 잔치를 갈망한다. 그분이 늘 우리와 함께 계시지만, 우리는 "주 예수여 오시옵소서"라고 외친다. 이 시대의 한복판에서 영위되는 다가올 시대의 삶은 이런 특질을 지닐 수밖에 없다. 이것이 바로 세상에서 영위하는 교회의 삶이다. 물론 아직 그 본연의 모습을 되찾지 못한 상태라 그것을 갈망하는 중에 있지만.

최근의 신학 저술들은 이 역설을 아주 낯익은 것으로 만든다. 그런데 그것을 우리의 구원과 관련된 필수 사항으로 다루기보다 시간과 영원과 관련된 어떤 마법 같은 것으로 진술한다는 느낌이 든다. 논점을 분명히 하려면 종교적으로 더 의미심장한 방식으로 그것을 진술할 필요가 있다. 그렇게 하려면 신약 성경에 다양한 방식으로 표현되어 있는, 서로 밀접한 관계에 있는 역설을 먼저 고찰하는 게 필요하다. 그러기 위해 바울이 갈라디아 교인들에게 쓴 아주 단순하고도 개인적인 진술을 언급하는 게 좋겠다. "내가 그리스도와 함께 십자가에 못 박혔나니 그런즉 이제는 내가 사는 것이 아니요 오직 내 안에 그리스도께서 사시는 것이라. 이제 내가 육체 가운데 사는 것은 나를 사랑하사 나를 위하여 자기 자신을 버리신 하나님의 아들을 믿는 믿음 안에서 사는 것이라"(갈 2:20).

"내가 그리스도와 함께 십자가에 못 박혔나니." 그리스도인의 삶은 무엇보다 죽는 것으로, 그 근원은 만인을 위한 한 사람의 죽음, 단 한 번에 죽은 하나님의 아들의 죽음이다. "그리스도의 사랑이 우리를 강권하시는도다. 우리가 생각하건대 한 사람이 모든 사람을 대신하여 죽었은즉 모든 사람이 죽은 것이라"(고후 5:14). 우리가 그리스도와 함께 죽었다는 것은 일종의 형이상학적인 관념이 아니다. 그것을 이런 식으로 표현할 수 있지 않을까 생각한다. 즉, 십자가에서 선포된, 이 세상의 삶에 대한 최후의 심판, 죄의 저주를 대신 짊어진 거룩한 사랑의 심판에 대해 영혼이 '아멘'으로 화답하는 것이라고. 모든 사람의 지혜와 신앙이 힘을 합쳐 하나님의 아들을 못 박아 죽인 그 십자가 앞에서, 모든 인류는 하나님의 사랑을 배신했다는 유죄 판결을 받았다. 예수의 십자가 죽음에 대한 첫 번째 주석은 유다의 죽음이었다. 자신이 행한 일을 보고 밖으로 나가 스스로 목을 맨 유다. 십자가는 인간의 모든 지혜, 인간의 모든 의, 인간의 모든 권력에 종지부를 찍은 사건이다. 거기에 서는 자는 누구나 하나님의 원수라는 선고를 받는다.

"하지만 나는 살아 있습니다."[1] 내가 살아 있는 것은 그분이 나를 살리려고 죽으셨기 때문이다. 그분의 죽음은 단지 텅 빈 제스처가 아니다. 죄가 갈라 놓은 사람과 하나님 사이의 구렁 저편에 서서 그저 선한 뜻이 있음을 보여 주는 몸짓이 아니다. 그것은 만물을 만드신 분의 막강한 창조적 행위이며, 그 목적은 나로 생명을 얻게 하려는 것이다. 십자가 앞에 설 때 내 영혼이 받게 되는 이 죽음의 선고는 동시에 (육신의 뜻이 아니라 하나님의 뜻으로 말미암는) 새로운 생명을 탄생시키는 하나님의 창조의 말씀이다. 그분은 나를 사랑하셔서 나를 위해 자기 몸을 내

---

1) 나는 여기서 1881년 판 English Revised Version의 난외주("이제는 내가 산 것이 아니요 그리스도께서 사신 것이라")를 따르지 않고 그 본문을 따랐다. 설사 난외주를 선호한다 해도, 내가 쓴 글의 형식은 바뀌어야겠지만, 그 내용은 아무 영향을 받지 않을 것이다. "나는 살아 있습니다"라는 진술은 이 단락의 후반부에 함축되어 있으며, 바울이 이 주제에 관해 다룬 다른 대목들과도 맥을 같이 한다(골 3:3; 고후 5:14-15; 롬 6:5-11).

어 주셨다. 이 가치 없는 배신자를 자신보다 더 귀하게 여겨 자신을 내 자리에 그리고 나를 자신의 자리에 두신 것이다. 그 이을 수 없는 구렁을 넘어 내 편에, 내 자리에 죄인으로 서신 것은 나를 하나님의 자녀로 그분의 자리에 세우시기 위함이었다. 내가 산 것은 그분이 나를 위해 자기 생명을 주셨기 때문이다. 그렇다면 내가 어찌 살지 않을 수 있겠는가?

"이제는 내가 사는 것이 아니요 오직 내 안에 그리스도께서 사시는 것이라." 내가 살고 있는 것은 그분이 나를 위해 죽으셨기 때문이나, 이는 옛 생활을 계속 하라는 일종의 집행 유예가 아니다. 옛 생활은 이미 죽어서 장사되었다. 이는 새 생활, 곧 그분을 중심으로 사는 새로운 종류의 자아다. 이 새 생활의 유일한 근원이 그분이기에, 그분은 그 생활을 가능케 하는 추진력이요 지도력이시기도 한다. 이 삶은 그분과 함께 십자가에 못 박힌 옛 생활을 대치하는, 내 안에 사시는 그분의 생명이다. 부활하신 주님이 내 안에 살아 계신다. 나는 그분의 몸의 지체요, 그 부활의 생명에 동참하는 자다.

"이제 내가 육체 가운데 사는 것은 나를 사랑하사 나를 위하여 자기 자신을 버리신 하나님의 아들을 믿는 믿음 안에서 사는 것이라." 그것은 내 안에 사시는 그리스도의 삶이지만, 동시에 나의 삶이기도 하다. 나는 여전히 육체 가운데 살고 있다. 여전히 보통 인간이다. 그러나 나는 **믿음 안에서** 살고 있다. 그분을 믿는 믿음 안에서. 이는 내가 언제나 그분을 바라보고, 그분을 신뢰하고, 그분을 의지하며, 그분의 영광스런 모습을 보게 될 그 날을 간절히 소망하면서 산다는 의미다. 이 믿음의 태도, 즉 언제나 '예수를 바라보는' 가운데 간절한 기대감을 품고 사는 자세를 잃어버리고 나의 삶을 완전히 내 것인 것처럼 생각하기 시작하면, 나는 은혜에서 떨어져 '육에 속한' 삶을 살 뿐더러 '육신을 좇아' 살기 시작하는 셈이다. 말하자면 그리스도는, 그리스도인의 삶의 주체이신 동시에 객체이신 셈이다. 그래서 나는 "이제 살고 있는 것은 내가 아니다. 그리스도께서 내 안에서 살고 계신다"라고 말하는 동시에, "나는 그리스도를 믿는 믿음 안에서 육체 가운데 살고 있는 것이다"라고 말해야 마땅하다.

이 심오한 사도 바울의 진술을 이보다 더 단도직입적으로 표현하기는 불가능하다. 나는 십자가에 못 박혔으나 살아 있다. 그러나 내가 아니라 그리스도께서 사시는 것이다. 그리스도께서 내 안에서 살고 계시지만, 내가 그리스도를 믿는 믿음 안에서 살고 있는 것이다. 이것은 시종일관 역설로 가득 차 있다. 하지만 우리 그리스도인은 그리스도의 십자가 앞에 설 때마다 이것이 무슨 의미인지 어느 정도 경험적으로 알게 된다. 그리스도 안에서 사는 우리의 삶 혹은 우리 안에서 살고 계시는 그리스도의 삶은 사도 바울이 여기서 사용하는 그 역설이 아니고는 도무지 묘사할 수 없다.

우리가 공부한 이 구절은 신자 개인의 관점에서 쓰인 것이다. 물론 신자 개인이라고 해서 단순한 개인은 아니다. 모든 그리스도인이 각각 오직 그리스도의 몸의 지체로서 그리스도 안에서 살고 있기 때문이다. 그가 그리스도의 삶에 동참하는 것은 그분의 백성과 그것을 공유하기 때문에 가능하다. 새로운 탄생, 그리스도 안에서 새 사람이 되는 것은 하나의 사회적 실재다. 그리스도와 함께 십자가에 못 박힌 자아는 독자적이고 자기만족적인 자아다. 신자 안에 있는 그리스도의 삶은 모든 이와 그것을 공유하기 때문에 자신도 동참할 수 있는 집합적인 삶이다. 그리고 이와 마찬가지로 교회의 집합적인 삶도 우리 안에 있는 심오한 그리스도의 삶과 결코 다르지 않다. 죽었으나 살아 있는 삶, 우리가 아니라 그리스도께서 사시는 삶, 하지만 그리스도를 믿는 믿음으로 사는 우리의 삶 등 역설이 아니고는 묘사할 수 없는 삶이다. 달리 말하면, 십자가와 부활, 죽음과 생명의 이중적 표지 아래 사는 삶, 가졌으나 아직 가지지 않은 긴장 가운데 사는 삶이라 할 수 있다.

삼중적 역설

내가 교회의 삶이 지닌 이중적 특질을 상기시키기 위해 여러 쌍의 용어들을 별로 차별 없이 사용했다는 것을 알아차렸을 것이다. 이제는 그것들이 서로 어떤 관계에 있는지 조심스레 구별할 필요가 있다. 나는 죽음을 통한 생명, "가졌으나 아직 가지지 않았다", "내가 살아 있으나, 내가 아니라 그리스도께서 사신 것이다", 혹은 "그리스도께서 내 안에 살아 계시나, 내가 그리스도를 믿는 믿음으로 사는 것"이라는 등 여러 가지 역설을 거론했다. 이 셋이 모두 동일한 종류도 아니고 동등한 중요성을 가진 것도 아니지만, 서로 밀접한 관계에 있으므로 개별적으로 살펴볼 필요가 있다.

죽음을 통한 생명

이는 다른 모든 것의 기초가 되는 기본적인 사실이다. 하나님의 능력과 의와 사랑이 이 죄 많은 세상에 나타날 때는 연약함과 죽음의 형태를 지닐 수밖에 없다. 이 시대의 권세들이 다가오는 하나님의 시대의 징후와 마주칠 때는 그것을 정죄하고 파괴할 수밖에 없으며, 그로 인해 스스로를 정죄하는 결과를 낳는다. 그리스도의 부활은 그들이 패배했다는 징표다. 그리고 현재 우리에게 주어진 시간은, 우리를 비롯한 모든 사람이 정죄 판결을 받아들인 후에 이 시대의 생명을 벗어 버리고, 그리스도께서 우리를 위해 획득하신 그 새로운 생명을 입는 시간이다. 이 생명은 그분이 지니신 생명이자 우리에게 나눠주시는 생명이다. 그리스도를 우리의 감각으로 인식할 수 없는 이 시대에, 우리는 성령을 통해 그분의 죽음에 참여함으로써 그분의 부활의 생명에도 참여할 수 있다. 이제까지 우리가 다룬 것은 관념적인 역설이 아니고, 그리스도의 죽음과 부활이라는 실제적인 사실과 그에 상응하는 사실, 곧 우리가 그리스도의 부활의 생명에 참여하는 것은 우리의 죄스러운 자아를 죽일 때만 가능하다는 사실이다. 우리가 죽지만 또 죽지 않는다는 사실을 머리로 이해하기는 대단히 어렵다. 그리스도의 십자가를 정직하게 대면한 사람이라면 누구나 그리스도와 함께 죽는다는 것이 무슨 의미인지를 알고, 그것이 아주 깊고 값비싼 실재라는 것도 안다. 아울러 그 죽은 자아가 아직도 살아 있으며 죽기까지 계속 싸워야 할 존재라는 사실도 안다. 그는 또한 자신이 받은, 그리스도 안에 있는 새로운 생명은 날마다 다시 입어야 할 그 무엇임을 안다. 자신이 오직 믿음으로 새로운 생명을 지녔으며, 그 믿음은 날마다 불신앙에 대항해 싸우는 싸움이라는 것도 안다. 그리스도 안에서 사는 새로운 삶은 이처럼 '이미 가졌으나 아직 가지지 않은' 역설적인 삶으로, 우리를 가장 당혹스럽게 만드는 근원적인 문제이기도 하다.

이미 가졌으나 아직 가지지 않은

우리는, 죽음을 통한 생명이라는 개념이 처음엔 역설처럼 보이지만, 이 죄 많은 세상에서는 하나님의 통치가 패배와 죽음의 형태로만 계시될 수 있음을 인식하는 통로임을 살펴보았다. 성경은 이처럼 하나님의 통치가 계시되는 것을 다가올 시대가 그 권능을 안고 현 시대에 뚫고 들어오는 것으로 설명한다. 예수를 선두로 제자들에게도 성령이 부어진 것, 그들이 그분과 함께 복음을 전할 때 수반되었던 기적과 표적들, 그리고 무엇보다도 부활 그 자체는 '다가올 시대의 권능'이 '현 시대'를 뚫고 들어왔다는 증거들이다. 하지만 다른 한편, 이 시대는 아직 끝나지 않았다. 여전히 현 시대로 남아 있다. 그리고 다가올 시대의 권능이 작동을 해도, 그것은 어디까지나 다가올 시대일 뿐이다! 따라서 이 두 시대가 이 세상과 각 그리스도인의 영혼 안에서 서로 겹치고 싸우는 것이다.

이 내용은 이제 신학적 논의에서 흔히 등장하는 주제가 되었다. 이는 철두철미하게 성경적인 주제다. 하지만 나는 아직도 "이것이 정말 무슨 뜻인가?" 하고 묻곤 한다. 글쎄, 기분이 내키면 '시간'과 '영원'이란 단어를 갖고 놀면서 두 시대를 마치 널빤지 두 개가 서로 겹쳐 있는 모습으로 상상할 수도 있을 것이다.

그런데 다가올 시대가 현 시대에 작동한다는 것은 정말 무슨 뜻일까? 여기서 기독교적 시간관에 관해 논의하지 않을 수 없다. 교회론과 관련하여 반드시 다뤄야 할 사항이기 때문이다. 미래가 이미 현존한다고 말하면, 당연히 시간은 하나의 환상일 뿐이라고 또 소망이 그리스도인의 삶의 필수 요소가 아니라고 결론을 내릴 수밖에 없지 않을까? 우리는 그리스인이나 힌두교도의 시간 개념과 성경적 시간 개념이 서로 다르다는 것을 잘 안다. 전자는 궁극적으로 보편적 역사에 어떤 목적이 존재할 수 있음을 부인하는 순환적 시간관을 갖고 있는데 반해, 성경은 직선적 시간관을 갖고 있다. 그런데 만일 성경에서 미래가 현재를 뚫고 들어왔다면, 그 선이 적어도 심하게 뒤틀렸다고밖에 말할 수 없을 것이다. 많은 기독교 학자가 사실상 영원한 삶의 개념이나 다가올 시대의 삶의 개념을 시간과 관계없는 삶으로, 따라서 역사상 모든 시점으로부터 같은 거리에 있는 것으로 해석하려고 시도한다. 마스칼 신부는 "영원이란, 시간의 양식(樣式)이 우리에게 고유한 것처럼, 하나님께 고유한 삶의 양식"이라고 말한다. 그리고 요한이 뜻하는 '영생'이란 지금 여기에서 우리가 피조물로서 신적인 영원한 세계에 실제로 참여하는 것을 가리킨다고 설명한 다음에 이렇게 덧붙인다.

> 신약 성경에는 영생을 우리가 아직 도달하지 못한 장래에 속한 그 무엇으로 거론하는 다른 대목들도 있는 게 사실이다. 하지만 이 사실은, 자연 질서의 연대기적 순서와 관련해서 생각하면 먼 장래에 속하는 그 영생이라는 선물이, 우리가 초자연의 질서, 은혜의 영역으로 올라간다는 관점에서 생각하면, 이미 우리 수중에 있다는 결론을 이끌도록 도울 뿐이다.[2]

---

2) Eric L. Mascall, *Christ, the Christian and the Church* (New York: Longmans, Green and Co., Inc., 1946).

'초자연의 영역으로 올라간다'는 공간적 은유를 보면, 마스칼 신부가 '영생'을 시간의 흐름으로부터 벗어나는 것이라고 시사하는 게 분명하다. 아울러 우리가 영생에 참여하는 자라면 그것을 모르는 이들처럼 시간의 흐름을 그토록 심각하게 생각할 필요가 없다는 것이다. 그 결과 역사상 하나님의 목적이 성취되는 것을 향해 진력하던 소망이 삶의 중심에서 밀려나고, 이제는 개인적인 행복을 갈망하는 소망만 남게 된다. 이와 아주 대조적으로, 쿨만(Cullmann) 교수[3]는 성경에 나오는 영원이 무한한 시간을 가리킨다는 것과, 연속적인 시간관이 아니라 동시적인 시간관으로 조망된 다른 유의 존재 양식이 아님을 보여 주었다. 아울러 '다가올 시대'는 (하나님의 관점에서 볼 때) 현 시대가 끝난 **다음**에 정말로 올 것임을 보여 주었다. 이 견해가 지닌 난제는 다가올 시대의 권능이 이미 작동한다는 것이 무슨 의미인지 그리고 영생이 이미 신자의 소유가 되었다는 것이 무슨 의미인지를 설명하는 일이다.

나는 이 난제를 풀 수 있는 실마리가 신학적인 것에 있다고 생각한다. 그것은 하나님을 인격으로 보는 교리와 관련이 있다. 우리는 하나님의 형상으로 창조된 존재이므로 시간을 실재적인 것으로 알고 있다. 하지만 동시에 시간을 초월하기도 한다. 시간 안에 있으면서도 그 흐름 속에 머무를 수 없고, 과거를 기억하며 미래를 계획할 수 있다. 그래서 (어느 정도는) 시간의 길이를 수축하여 단일한 사고의 범위 내에 둘 수 있다. 우리는 현재, 실제적인 의미에서, 과거와 미래를 파악할 수 있다. 하지만 우리가 가진 이 능력은 부분적이고 파생적일 뿐이다. 그것은 하나님이 사람을 자신의 형상에 따라 창조하시고 그에게 자신의 목적을 이룰 일꾼이 되라는 사명을 주신 것의 일부로 이해해야 한다. 사람이 시간을 초월한다는 것은 부분적이고 파생적인 의미인 데 반해, 시간이 하나님의 창

---

3) Oscar Cullmann, *Christ and Time*, tr. from the German by Floyd V. Filson. 2nd edition (Philadelphia: Westminster Press, 1950). 「그리스도와 시간」(나단).

조물의 한 양태이므로, 그분은 완전한 의미에서 시간을 초월하신다. 하지만 하나님의 창조물이 그분에게 실재하는 것처럼, 시간도 그분에게 실재한다고 믿어야겠다. 물론 그분과 시간의 관계는 사람과 시간의 관계와 다를 수밖에 없지만 말이다. 하나님은 시기와 절기를 정하시고 마지막을 처음부터 예견하시는, 시간의 주인이시다. 그러나 그분이 시간을 초월하신다고 해서 시간의 연속성이 그분의 눈에 동시성으로 비치지는 않을 것이다.

영원의 의미를 이해하는 데 필요한 중요한 실마리 하나를 성경의 안식일 개념에서 찾을 수 있다고 생각한다. 하나님이 모든 일을 완수하셨을 때 안식을 취하신 날이다.[4] 시간은 하나님의 노동의 양태고, 영원은 그분의 안식의 양태다. 둘 다 똑같이 실재한다. 어느 것도 인간의 환상이 낳은 산물이 아니다. 그리고 하나님은 일이 완수될 때까지 쉬지 않으신다. "내 아버지께서 이제까지 일하시니 나도 일한다"(요 5:17)라고 예수께서 말씀하셨다. 이런 의미에서 영원은 아직 장래에 속한 것임이 분명하고, 우리는 그것을 갈망한다. 하나님의 백성이 들어갈 안식이 아직 남아 있는 것이다. 하지만 그 단락은 우리에게 다음 사실도 상기시킨다. "이미 믿는 우리들은 저 안식에 들어가는도다.…이미 그의 안식에 들어간 자는 하나님이 자기의 일을 쉬심과 같이 그도 자기의 일을 쉬느니라"(히 4:3, 10). 우리는 하나님이 이미 종말을 붙잡고 계시기 때문에 안식을 취하신다고 믿어야 한다. 우리는, 성숙하고 안정된 사람은 많은 양의 노동과 깊은 내적 안식을 잘 배합할 수 있음을 안다. 사실 전자는 후자의 조건이다. 이런 모습을 우리 주님에게서 볼 수 있다. 그러나 이것은 시간을 환상으로 만들어버리는, 초(超)시간적인 영원의 안식이 아니다. 스스로 만물의 움직이지 않는 중심에 도달하여, 우주의 바퀴가 끝도 목적도 없이 자기 둘레에 계속 돌아가도록 내버려둘 수 있

---

4) 나의 생각은 다음 책에 빚을 졌다. Edwyn Bevan, *Symbolism and Belief* (New York: The Macmillan Co., 1938).

는 베단틴[Vedantin: 인도의 육파철학(六派哲學) 가운데 가장 유력한 학파로, 산스크리트인 베단타(Vedanta)는 「우파니샤드」를 가리킨다—편집자 주]의 휴식이 아니다. 그것은 끊임없는 노동과의 긴장 가운데 있는 안식이며, 그 긴장을 이른바 소망이라 부른다.

이처럼 시간과 영원의 관계를 신학적으로 해석하여, 그것을 하나님의 노동과 하나님의 안식의 관계로 보는 우리의 입장이 옳다면(나는 성경이 이 방향을 가리킨다고 생각하는데), 이것이 현 시점에서의 영생의 경험을 이해하는 실마리를 제공할 것이다. 이를 일컬어 기독론적 실마리(Christological clue)라 부를 수 있다. 그리스도는 하나님인 동시에 사람이시므로, 그분 안에는 다가올 시대의 권능과 죄인들의 반대를 견디는 일, 영생(다가올 시대의 삶)과 현 시대의 삶에의 완전한 참여가 모두 존재한다. 그리고 그리스도 안에 있는 이들, 그리스도의 몸 된 교회도 양자에 모두 참여할 것이다. 우리는 이제 이것이 말장난이 아님을 알 수 있다. 이는 우리와 그리스도의 인격적 관계의 문제다. 그분과 진정한 교제를 나누는 한, 우리는 그분과 함께 하나님의 백성에게 임할 안식을 고대하는 일에 동참한다. 동시에 이 시대에 살면서 그분의 고난에도 동참한다. 우리는 그분의 영을 선물로 받는다. 그 영은 곧 하나님의 영으로, 우리에게 하나님의 깊은 것들을 계시해 줌으로써, 그분의 평안을 알고 또 그분의 싸움을 싸우도록 우리를 준비시킨다. 무엇보다도, 우리가 참으로 그리스도의 선물이라 부를 수 있는 그 소망을 얻게 되는 것도 성령을 통해서다. 이는 "우리에게 주신 성령으로 말미암아 하나님의 사랑이 우리 마음에 부은 바 되었기"(롬 5:5) 때문에 우리를 실망시키지 않는 소망이다. 기독교가 말하는 소망은 불확실한 미래에 대한 단순한 인간적 갈망이 아니다. 이 소망은 하나님 자신의 삶에 뿌리를 두고 그분의 약속에 기초한다. 성령을 통해 받은 이 소망은, 예수 안에 있던 그 마음, 곧 자기 앞에 놓인 기쁨을 위해 부끄러움을 개의치 않고 십자가의 고난을 견딘 그분의 마음을 우리에게 불러일으킨다. 이 소망은 영혼의 닻이요, 확실하고 불변하며, 우리로 하여금 베일에 가려진 그곳으로 들어가게 한다. 미래는 어디까지나 미래로 남아 있으며,

우리는 그 미래를 갈망한다. 피조물 전체가 그것을 갈망하며 신음한다. 하지만 우리는 **단순히** 갈망하는 게 아니다. 그분이 그것을 약속하셨다는 것을 알기에 **소망하는** 것이다. 아울러 우리는 그분을 안다. 그래서 그분의 완전한 안식을 이미 어느 정도 누리고 있다. 이 여정이 끝날 때 누릴 그 기쁨 말이다.

"가졌으나 아직 가지지 않은" 이 역설을 이런 식으로 설명하는 것이 아주 중요하다는 생각이 든다. 시간과 영원을 겹치는 두 가지 실재로 혹은 동시에 존재하는 것으로 설명할 경우에는 소망의 신경을 잘라 버릴 위험이 있기 때문이다. 다가올 시대는 어디까지나 미래에 속하는 것이며, 그것을 소망하고 그것을 위해 일하는 것은 바람직하다. 그것을 지금 누릴 수는 없다. 하나님이 더 큰 것―집합적이고 우주적인 구원―을 계획하시기 때문이고, 사람들에게 회개하고 자유로이 믿음의 결단을 내릴 시간을 주는 것, 곧 모든 이에게 그런 기회를 주는 것이 그분의 뜻이기 때문이다. 시간은 환상이 아니다. 그것은 실재하는 것이요 무척 짧은 것이다. "이제 우리의 구원이 처음 믿을 때보다 가까웠음이라"(롬 13:11). 그럼에도 우리는 현재 그 구원의 맛보기, 영생의 맛보기를 즐긴다. 이는 실재하는 것이지만 어디까지나 맛보기에 불과하다. 그리고 우리가 그것을 즐기는 것은 그리스도 안에 있어야, 즉 그리스도와 연합되어야 가능하다. 그분이 하나님인 동시에 사람으로서 영생을 자신 안에 지니고 계시기 때문이다. "하나님이 우리에게 영생을 주신 것과 이 생명이 그의 아들 안에 있는 그것이니라"(요일 5:11). 정통 개신교와 가톨릭과 달리, 오순절파는 이 점을 옳게 주장한다. 오순절파는 먼저 현 시대에 신자의 삶에서 성령의 초자연적 능력이 나타나는 것을 전심으로 고대하고 환영한다는 측면에서 개신교와 다르고, 다음으로 그 능력이 소망의 날카로운 칼날을 무디게 해서는 안 될 맛보기에 불과하다는 것을 안다는 측면에서 가톨릭과 다르다. 반면에 오순절파의 잘못은, 성령의 궁극적인 초자연적 은사가 사랑이라는 점과, 따라서 한 성령에 걸맞는 것이 한 몸이라는 사실을 미처 깨닫지 못한다는 점이다.

이 점은 이제 우리와 그리스도의 인격적 연합과 관련된 셋째 역설로 바로 연결된다.

"이제는 내가 사는 것이 아니요 오직 내 안에 그리스도께서 사시는 것이라"

그리스도 안에 있다는 것이 무슨 뜻인지를 글로 전달하기 위해서는 사도 바울이 이런 역설적인 표현들을 사용할 수밖에 없었다는 것을 이미 살펴보았다. "내가 그리스도와 함께 십자가에 못 박혔나니 그런즉 이제는 내가 사는 것이 아니요 오직 내 안에 그리스도께서 사시는 것이라. 이제 내가 육체 가운데 사는 것은 나를 사랑하사 나를 위하여 자기 자신을 버리신 하나님의 아들을 믿는 믿음 안에서 사는 것이라"(갈 2:20). 가장 기본적인 사실은 살기 위해 죽는다는 것이다. 그리스도를 위해 자리를 양보하려면 죄스럽고 자만한 자아가 죽어야 한다. 그러면 그에 따른 새로운 삶이란 무엇인가? 그것은 옛 생활의 소생이 아니다. 그것은 내 안에 사시는 그리스도의 삶이다. 하지만 이 말만 하고 끝내서는 안 된다. **내가** 여전히 살아 있기 때문이다. 어째서 내가 살아 있는 것일까? 이는 우리가 이미 논의한 "가졌으나 아직 가지지 않은" 역설, 두 시대의 중첩에 따른 역설의 일부다. 그러나 그 다가올 시대가 와도 **내가** 말살되는 게 아니므로 사실 그 이상의 의미를 지닌다. 내 안에 사시는 그리스도의 삶이 여전히 그리스도 안에서 사는 내 삶으로 남아 있을 것이다. 그때가 되면 그리스도 중심적인 자아에 자리를 양보하기 위해 자기중심적인 자아가 말살될 것이다. 이것이 실로, 하나님이 그리스도를 통해 만물을 창조하실 때 의도하신 인간의 진정한 모습이다. 그런데 인간의 자아가 너무 자기중심적이기 때문에, 참된 형상으로, 마지막 아담의 모습으로 재창조되는 일은, 그 일이 마지막 아담이 본디오 빌라도 아래서 실제로 죽어야만 성취될 수 있었던 것처럼, 옛 사람이 죽는 것으로만 묘사될 수 있을 뿐이다. 이 재창조된 자아는 그리스도를 중심으로 하는 자아이므로 참된 자아라 할 수 있다.

하나님의 형상다운 사람의 진정한 삶은 자신의 바깥에 중심을 둔 삶, 오직 "그리스도 안에서" 사는 삶이다. 이를 자기중심적인 자아의 관점에서 묘사하자면 역설을 사용하지 않을 수 없다. "내가 그리스도와 함께 십자가에 못 박혔나니 그런즉 이제는 내가 사는 것이 아니요 오직 내 안에 그리스도께서 사시는 것이라." 하지만 동시에 어린아이도 이해할 수 있는 식으로 묘사할 수도 있다. "나를 사랑하사 나를 위하여 자기 자신을 버리신 하나님의 아들을 믿는 믿음 안에서 사는 것이라." 이야말로 진정한 자아의 모습이다. 그 중심에 그리스도를 모신 삶, 신자의 삶과 그리스도의 삶이 서로를 침투하는 그런 삶 말이다. 그 본질은 그분과 나의 인격적 관계, 곧 나를 위한 그분의 사랑으로 형성되었고, 내가 그분을 믿고 그 사랑에 대한 보답으로 그분과 모든 사람에게 사랑을 베풀게 되는 관계다.

나는 방금 어린아이도 그 의미를 알 수 있다고 말했다. 그런데 성경은 거기서 교회의 본질을 찾으라고 일러준다. "내게 주신 영광을 내가 그들에게 주었사오니 이는 우리가 하나가 된 것 같이 그들도 하나가 되게 하려 함이니이다. 곧 내가 그들 안에 있고 아버지께서 내 안에 계시어 그들로 온전함을 이루어 하나가 되게 하려 함은 아버지께서 나를 보내신 것과 또 나를 사랑하심같이 그들도 사랑하신 것을 세상으로 알게 하려 함이로소이다"(요 17:22-23). 교회는 아버지의 사랑 안에서 그리스도와 사람들이 하나로 연합되는 공동체다. 그 사랑에 의해 별개의 존재인 그들이 사랑 안에서 서로를 침투하는 공동체, 아버지의 영광이 되는 완전한 공동체를 이루는 것이다. 교회의 궁극적인 역설은, 우리 모두 어느 정도 알고 있는 사랑의 역설과 다르지 않다. 서로 자아를 잃어버림으로써 사랑받는 상대방 안에서 그것을 찾는 것이다. 그리고 우리가 본 것처럼, 이처럼 사랑 안에서 서로를 침투하는 관계인 우리와 그리스도의 연합을 이해할 때에만, 우리는 종말론적 중첩(eschatological overlap)의 역설이라 부르는 것을 바로 이해할 수 있다. 우리가 그분 안에 있고 그분이 우리 안에 계시기 때문에, 다가올 시대의 능력을 미리 맛보는 일, 영원한 삶을 미리 맛보는 일이 가능하다.

우리는 여전히 '육체 가운데, 믿음 안에서' 산다. 육체 가운데 사는 한, 우리는 믿음으로 사는 셈이다. 그리고 믿음이란 우리 눈에 보이지 않는 그분을 신뢰하는 것인 **동시에**, 우리가 바라는 것의 실체—권리증서—다. 사도 바울의 믿음과 히브리서에 나오는 믿음, 살아 계신 주님을 향한 감사, 신뢰, 순종의 관계로서의 믿음과 장차 나타날 구원에 대한 고대, 권리증서로서의 믿음을 갈라 놓는 태도는 잘못이다. 믿음이 후자의 성격을 나타내는 것은 전자의 성격을 지녔기 때문이다. 장차 올 것을 미리 맛볼 수 있는 이유는 현재 그리스도와 연합되어 있기 때문이다. 그런데 현재 육체 가운데 형성된 우리와 그리스도의 연합은 가시적인 것이 아니며 믿음으로 맺어진 것이다. 우리의 시민권은 하늘에 있으며, 거기에서 오실 구원자를 우리는 기다린다. 그러나 그분이 우리 눈에서 사라져 아버지께 가셨기 때문에 성령이 우리에게 주어진 것이다. 따라서 우리는 제자들이 그분이 육신을 입고 계신 동안에는 할 수 없었던 방식으로 그분을 소유하는 셈이다. 그분은 우리 안에 계시고 우리는 그분 안에 있다. 우리는 그분의 몸의 지체가 되었다. 하지만 다시 말하건대, 이 소유의 성격은 단순히 '우리 것'이 아니다. 그분을 소유하는 것은, 날마다 자신에 대해 죽음으로써 그리고 복음의 말씀과 성례를 통해 또 그분이 다스리시는 일상적인 삶을 통해 성령에 의해 주어지는 그 부활의 생명을 받음으로써만 가능하다. 우리가 아직 육체 가운데 사는 것은, 그분께 위탁받은 사명이 다 이루어져야 그분이 재림하실 것이기 때문이고, 모든 민족이 믿도록 시간이 주어져야 하기 때문이며, 그들이 없이는 우리가 온전케 될 수 없기 때문이다. 우리가 아직 육체 가운데 살기에 육체의 소욕은 성령을 거스른다. 옛 자아는 여전히 자만을 끈질기게 추구한다. 이처럼 우리는 날마다 죽는 삶, 살아 계신 성령께 의존하는 모험적인 삶보다 더 안전한 삶을 원한다. 우리는 각 그리스도인뿐만 아니라 교회에도 주어진 이 생명의 법, 이 말씀으로부터 몸을 사린다. "누구든지 자기 목숨을 구원하고자 하면 잃을 것이요 누구든지 나와 복음을 위하여 자기 목숨을 잃으면 구원하리라"(막 8:35). 우리는 교회를 하나님의 은혜를 **소유한** 공동체로 보고 싶어 하고, **그 자체를** 구원의 방주라고 생각하고 싶어 한다. 우리는 하늘의 풍성한 복을 받고 나서 그것들을 복잡한 삶의 현장에 들고 가는 모험을 하기보다 안전한 곳에 묻어두고 싶어 한다.

성령은 이처럼 대단히 인간적이되 죽음을 자초하는 길에 반대하여, 말씀과 성례를 통해 다음과 같은 사실들을 증언하신다. 우리가 그리스도의 소유가 된 것은 그분과 함께 죽고 장사되었기 때문에 가능하고, 우리의 세례는 그분의 죽음과 연합하는 세례이고, 우리의 성찬은 그분의 부서진 몸과 흘린 피를 먹고 마시는 것이며, 우리의 생명―교회의 생명―은 그분이 영광 중에 다시 나타나실 때까지 감춰진 상태로 있을 것이다. 이와 마찬가지로 성령은 말씀과 성례를 통해, 우리는 **아직** 우리를 위해 준비된 그 유산을 소유한 것이 아니라고, 우리는 매단계마다 뒤에 있는 것은 잊어버리고 앞에 있는 목표를 향하여 달려가도록 부름받은 것이라고 증언하신다. 우리는 성만찬에 임할 때 그리스도 안에 참여하는 것이며 그 만찬이 집행될 때마다 '그분이 오실 때까지' 하는 것임을 상기할 필요가 있다. 일단 갈망과 소망의 긴장, 아직 우리 눈에 보이지 않는 그 목표를 향해 달려가는 일이 그리스도인의 삶에서 사라지면, 우리는 더 이상 (사도적 의미에서) 그리스도와 함께하는 사람이 아니다(히 3:14). 육체 가운데 사는 삶은 그분을 믿는 믿음의 삶이어야 하고, 그 믿음은 우리를 사랑하셔서 우리를 위해 몸을 내어 주신 그분에 대한 신뢰인 **동시에** 그분이 다시 오실 것을 믿는 확신이다. 이 소망은 바라는 것의 실체로, 눈에 보이지 않는 그분을 보며 모든 것을 견디는 것이다. 후자가 가능한 것은 바로 전자 때문이다.

교회의 삶 – 믿음, 소망, 사랑

따라서 그리스도 안에 있는 교회의 삶은 아주 독특한 초자연적인 삶으로, 인간의 언어로 묘사하려면 역설적인 용어로만 가능하다. 즉, 그분과 함께 살기 위해 그분과 함께 죽는 삶, 그분 안에 있으나 그분이 나타나실 것을 바라는 삶, "내 안에 그리스도께서 사시는 것"이라고 말하는 동시에 "하나님의 아들을 믿는 믿음 안에서 사는 것"이라고 말해야 하는 삶이다. 나는 이제까지 이 셋이 서로 밀접한 관계에 있다는 것과 단순하면서도 지극히 심오한 진술로 귀결된다는 것도 보여 주었다. 이는, 그리스도 안에 있는 우리의 삶은 하나님의 사랑에 참여하는 삶이며, 그 사랑은 곧 하나님의 생명으로서, 모든 피조물의 근원이요 목표인 그 신비로운 삼위일체 안에서 성령으로 아버지와 아들을 하나로 묶어 주는 것이라는 진리다. 그런데 신적인 사랑에 참여하는 일은 아직 '육체 가운데, 믿음 안에서' 이루어진다. 이는 언제나 자아에 대해 죽고 성령으로 말미암아 믿음으로 맛본 그 삶의 완성을 향해 달려가야 지속될 수 있다. 그리스도 안에 있는 사람의 진정한 특징은 거룩해질수록 자신이 죄인임을 더 깊이 깨닫고 "모든 성도와 더불어" 완전한 성화에 도달하기 위해 더욱더 갈망하고 달려가는 모습이다. 그리스도인에게 낯익은 이 역설은 교회의 존재가 지닌 역설도 잘 보여 준다. 교회가 신적인 은혜를 완전히 소유한다고 생각하는 순간 실은 그 은혜로부터 떨어졌다고 할 수 있다. 루터는 믿음으로 의롭게 된다는 것이야말로 교회를 세우거나 넘어지게 하는 신조라고 말했는데, 참으로 옳은 말이다. 교회는 거룩한 동시에 죄스러운 공동체다. '육체 가운데' 있는 사람에게, 참된 거룩함은 자기 의를 모두 포기하고 스스로를 예수 그리스도 안에 있는 하나님의 은혜에 던지는 데 있기 때문이다.

    동시에 루터는 교회를 거룩하면서도 죄스러운 것으로 보는 참된 성경적 교회관을, 영적인 교회와 물질적인 교회 혹은 비가시적 교회와 가시적 교회로 구별하는 교회관으로 대치했는데, 이는 자신의 놀라운 통찰을 저버린 것이다. 교회를 이런 식으로 구별하면, 우리 그리스도인들이 그리스도 안에서 그분의 것으로 용납되는 동시에 여전히 죄인이라는 종말론적 긴장을 완화하는 결과를 초래하며, 바른 교회 개념을 율법주의적이고 바리새주의적인 개념—일부는 당연한 권리로 또 일부는 은혜로 교회에 속하게 되었다는 것—으로 대치하고 만다. 완강한 부인을 받겠지만 나는 그렇게 생각한다.

심지어 칼뱅조차, 우리는 누구를 하나님의 자녀로 간주해야 하는지 100퍼센트 확신은 아니더라도 어느 정도의 지식은 필요하므로, 하나님이 그런 확신 대신에 "사랑의 판단 기준을 주셨는데, 이는 믿음의 고백, 행위의 일관성, 성례에의 참여, 우리와 함께 같은 하나님과 그리스도를 고백하는 일"(「기독교 강요」, 4권 1:8)이라고 다소 불분명하게 말한다. 이 사랑의 기준은 위선적인 신앙고백자까지 가시적 교회의 일원으로 영입하는 일에 적용되는데, 칼뱅 자신도 마지막 날에 그 기준에 의거하여 구원을 받을 것을 기대하는지를 우리는 반드시 물어보아야 한다.

그리스도의 몸을 통해 사람들에게 전달된 하나님의 거룩함은, 구원도 하고 심판도 하는 것이고, 우리에게 있기도 하고 없기도 한 것이며, 우리를 하나님의 자녀로 영입되게 하는 동시에 죄인으로 심판받게 하는 것으로, 육체 가운데서의 믿음을 통해 알려진다. 이것이 육체 가운데 있는 우리의 처지다. 우리 모두 **의인인 동시에 죄인**이라는 두 가지 사실에 동시에 몸담고 있는 것이다. 우리는 장차 그분을 있는 그대로 뵙게 될 날, 그분과 같이 될 날을 열렬히 갈망한다. 이 갈망은 다른 이들에게 복음을 전하고 나서도 자신은 버림받을까 봐 경건한 마음으로 두려워하는 것과 양립할 수 있다. 최후의 심판은 마지막 날 오직 하나님의 손에 달려 있다. 그 때가 이르기 전에는 아무 것도 심판하면 안 된다. 교회 안에 일종의 참 교회가 있다고 추정함으로써 종말론적 긴장을 완화하려는 시도는 모두 숨겨진(때로는 노골적인) 바리새주의와 마찬가지다. '위선적인 신앙고백자'나 (현대적 용어로) '명목상의 그리스도인'은 언제나 [내가 아닌] 다른 사람들이라는 식이다! 이런 시도가 소위 영적인 교회와 물질적인 혹은 제도적인 교회의 구별—이는 창조 세계의 통일성을 가리키는 성경의 교리를 위배하는 것인데—과 합류하면, 대단히 비(非)복음적이고 비(非)가톨릭적인 종파주의로 향하는 문을 활짝 열어 놓게 된다.

우리는 그리스도 안에 있는 사람의 역설적 입장을 이렇게 이해한 다음, 그에 비추어 이제까지 그리스도인들을 분열시킨 여러 논쟁을 비판해야 한다. 교회의 본질을 둘러싼 최근 논의에서, 그리스도 안에 있는 것은 단지 하나님과 새로운 관계를 맺는 데 그치지 않고 존재 깊숙이 어떤 변화가 일어나는 존재론적 성격을 지닌다는 주장이 거듭 제기되었다. 이는 의로움이 전가되는 것인지 부여되는 것인지(imputed or imparted)를 놓고 싸웠던 고전적인 종교개혁 논쟁의 연장선상에 있다. 인간이 하나님과 상관없이 존재할 수 있다고 생각한다면, 즉 인간됨이 하나님과의 관계 안에서만 존재한다는 것을 기억하지 않는다면, 인간이란 하나님을 위해 창조된 존재이므로 그분과 관계를 맺을 때에만 참 인간이 될 수 있다는 사실을 잊어버린다면, 이런 논쟁은 아무 쓸모없는 말싸움에 불과할 것이다. 만일 사람이 자기 힘으로 취할 수 있는 의로움이 존재한다면, 어떻게 그것을 얻을 수 있을지 골몰해야 할 것이다. 그러나 그런 것은 존재하지 않는다. 스스로 의롭게 될 수 있다는 생각 자체가 바로 죄의 본질이다. 그러므로 죄인을 향한 하나님의 자비에 의존하지 않고도 거룩함이나 의로움을 얻을 수 있다는 주장이 조금이라도 제기되면, 우리도 바울처럼 단호히 반대해야 마땅하다. 아울러 바울과 더불어, 누구든지 그리스도 안에 있으면 새로운 피조물이요, 그것은 가짜가 아니라 진짜 초자연적인 중생이며, 부활하신 주님의 생명을 얻은 것임을 인정해야 한다. 우리 안에 있는 이 그리스도의 생명으로부터 그분의 임재의 열매가 맺힌다. 알아볼 수 있는 참된 열매들, 진정한 거룩함의 열매가 맺힌다는 말이다. 그런데 그분의 내주는 인간 스스로의 거룩함을 절대적으로 배제한다. 이에 대한 유추는 주님이 아버지께 기도하시는 내용에 나온다. "내가 그들 안에 있고 아버지께서 내 안에 계시어 그들로 온전함을 이루어 하나가 되게 하려 함은"(요 17:23). 교회의 삶은 삼위일체 하나님의 삶에 참여하는 것으로, 교회는 스스로를 서로에게 내어 주는 삶으로 충만하고, 아무도 자신의 소유를 자기만의 것이라고 말하는 법이 없는 진정한 '코이노니아'가 존재하는 곳이다. 교회의 궁극적인 신비는 사랑의 신비, 곧 "자기의 유익을 구하지 않는" 사랑이다. 이는 내 것과 네 것을 이해타산적으로 나누는 것과 정반대다. 그것은 구속받은 사람이 모든 것을 구세주의 은혜로 돌리는 모습에서 가장 확연히 드러난다.

교회에 관한 모든 사상에서 교회를 규정하는 가장 규범적인 용어는 사랑이어야 한다. 다른 모든 것이 해체된 다음에도 영원히 남는 것은 사랑뿐이기 때문이다. 물론 우리가 이 사랑에 대해 완전히 안다는 말은 아니다. 거울을 통해 희미하게 볼 뿐이다. 하지만 우리는 사랑이 최고의 담보(arrabon)요, 영생의 최고의 맛보기며, 성령의 첫째 가는 은사라는 것은 안다. 육신을 입고 있는 동안에는 그리스도를 믿는 믿음으로, 그분이 나타나실 것을 기다리는 소망으로 살아야 한다. 비록 그분을 눈으로 보지는 못하지만, 그분이 행하신 일로 인해 그분을 전적으로 신뢰하고 또 그분이 약속하신 것을 이루시리라고 믿는다. 그분의 생명을 선물로 받고 그로 인해 사랑이 탄생하는 것은 오직 믿음으로만 가능하고, 믿지 않을 때는 그것을 잃어버리고 그리스도에게서 끊어진다(갈 4:19; 5:4-5). 하지만 눈으로 보게 될 때는 믿음의 중요성이 약해질 것이다. 이와 비슷하게 우리는 소망으로 산다. 아직 보지 못하는 것을 기뻐하고 장차 받을 상급을 향해 달려가는 것이다. 하지만 눈으로 보게 되면 소망도 아련히 사라지고 말 것이다. 영원히 남는 것은 사랑뿐이다. 우리가 현재 성령을 통해 조금 맛보는 바로 그 사랑 말이다. 따라서 사랑은 영원한 삶의 구체적인 담보이고, 그 안에서 우리는 그리스도와의 인격적 관계를 이미 체험하고 있다. 이 관계를 맺으면, 의로움이나 거룩함을 우리의 것으로 돌릴 수 없고, 오직 그분만이 우리의 의로움, 우리의 거룩함, 우리의 생명이심을 기쁘게 인정하게 된다. 만일 누군가 나서서 이것은 단지 심리적·관계적인 진술일 뿐이고 존재론적인 진술이 아니라고 비난한다면, 우리는 반드시 이렇게 응답해야 할 것이다. 인간 존재와 관련하여 이보다 더 깊고 근본적인 것은 없다고, 인간은 하나님의 사랑 안에서 또 그 사랑을 위해 지어진 존재라고, 이와 무관하게 인간의 존재론적 핵심을 찾으려는 노력은 모두 허사라고 말이다. "사랑 안에 거하는 자는 하나님 안에 거하고 하나님도 그의 안에 거하시느니라"(요일 4:16). 그리스도 안에 있는 새 사람을 이보다 더 깊이 묘사할 수는 없을 것이다.

우리는 성령을 통해 하나님의 사랑이 마음속에 부어지는 것을 체험한다. 그리고 이 체험을 통해, 그리스도께 영입되는 것을 묘사하는 그 역설들이 자가당착이 아니라 지금 스러지는 이 세상 가운데 있는 하나님의 영광이 굴절된 것임을 알 수 있다. 영원한 하나님의 존재 안에서는 사랑이 끊임없이 자기를 비워내고 흘러넘치며, 그 사랑은 그와 똑같이 흘러넘치는 사랑과 지속적으로 만난다. 성령으로 하나 된 아버지와 아들의 사랑이 그것이다. 영원한 삶은 움직임이 없는 고요함이 아니라, 사랑이 사랑을 만나고 서로 영구히 사랑을 주고받는 사랑의 환희다. 따라서 사랑을 '아가페'(*agape*)와 '에로스'(*eros*)로 절대적으로 구별하는 것은 한마디로 잘못이다. 완전한 사랑은 쌍방적이며, 완전하기 때문에 이해타산이나 제한이 없다. 반면에 사랑이 자기애로 변질된 이 세상에서는, 하나님의 영광이 오직 십자가의 형태로만 계시될 수 있다. 십자가는 생명을 주는 신적인 사랑의 물결이 인간의 헛된 자기추구라는 황무지에 흘러넘친 곳이다.

하나님의 목적이 완전히 성취되는 날, 인간을 비롯한 모든 피조물은 하나님의 생명 그 자체인 그 상호 사랑의 환희 속으로 빨려들 것이다. 현재 우리에게 주어진 것은 단지 맛보기에 불과하다. 우리 가운데 누구도, 다함께 온전한 모습을 회복할 때까지는 온전해질 수 없기 때문이다. 구원이란 단어 자체가 온전하게 만든다는 뜻으로, 우리를 하나님으로부터, 서로에게서, 그리고 창조 세계로부터 단절시키는 그것을 온전히 치료한다는 의미다. 구원을 만물의 완성과 무관하게 사적으로 경험하는 것이라고 생각한다면, 이는 어불성설이다. 그리스도를 통해 참여하게 된 그 신적인 사랑의 특성으로 보건대, 그분을 위해 자족하는 가운데 소망을 품고 기다리는 것, 곧 우리가 자녀로 입양될 날, 우리의 몸이 구속될 날, 하나님의 아들들이 나타날 날을 고대하며 신음하는 것이 마땅하다. 그리고 그때가 이르기까지 예수의 죽으심을 몸에 지고 다니면서 그분의 생명이 우리 가운데 나타나게 해야 한다. 그리스도인의 삶이 지닌 역설을 공부하다 보니 단순한 사랑의 신비 속으로 들어가게 되었다. 이제 우리는 사랑 그 자체가 우리를 내보내서 이 역설들—가졌으나 아직 가지지 않은, 죽어야 사는—의 고통을 짊어지라고 하는 소리를 듣게 된다. 왜냐하면 우리가 참여하게 된 그 사랑은, 모든 민족이 다함께 모이고 창조 세계의 잃어버린 조화가 회복될 때까지, 즉 사랑의 수고가 모두 끝나기까지는 결코 만족할 수 없기 때문이다. 그날이 되기까지, 사랑은 우리에게 절망치 말고 고난을 받으라 명하고, 깨어 있고 수고하고 무엇보다 그날을 위해 기도하도록 인내심을 준다.

하나님의 자비로, 하나님의 구원을 위해—재연합의 참된 맥락

나는 이 강의들을 "우리는 어떻게 그리스도께 영입되는가?"라고 물으면서 시작한 다음, 우리가 살펴본 세 가지 응답이 모두 옳다는 것을 보여 주려 했다. 우리는 복음을 듣고 믿어서 그분의 지체가 되었고, 성례를 통해 가시적인 하나님 백성의 일원이 되었으며, 이 둘 다 살아 계신 성령의 임재를 통해서만 가능케 되었음을 보았다. 동시에 이 가운데 어느 하나만을 결정적인 요소로 주장할 경우에는 왜곡과 오류가 따른다는 것도 보았다. 이 강의에서는 그리스도께 영입되는 것을 믿음과 소망의 종말론적 긴장에 입각하여 이해해야 한다는 것과, 이 둘은 사랑 안에서 그 궁극적 의미를 발견한다는 것을 보여 주었다. 믿음으로 우리는 그리스도께서 우리를 위해 죽으시고 부활하신 것을 받아들이고 거기에 동참하게 된다. 우리는 아직 육체 가운데 살고 있으나, 믿음으로 그분의 삶에 동참한다. 소망 안에서 우리는 현재 감춰진 그리스도의 승리의 삶이 완전히 나타날 날을 향해 달음질친다. 이처럼 믿음과 소망이 이 시대를 사는 새로운 삶의 특징이지만, 그 속에 담긴 영원한 실체는 바로 사랑이다. 삼위일체 하나님의 삶에 동참하는 것이 곧 그 사랑이다. 성령에 의해 우리 마음에 부어진 그 사랑은 우리 안에 믿음과 소망을 창조하고 그것들을 지탱하는 것으로, 모든 성도와 더불어 하나님의 사랑에 완전히 참여하게 될 것과 우리 존재가 아버지와 아들 안에서 완전히 하나가 될 것을 보증하는 담보다. 하지만 이는 어디까지나 **실재하는** 담보다. 구속(救贖)의 영역이 실제로 존재하는데, 그 역사적 중심은 성육신하고, 십자가에 못 박히고, 부활하고, 승천하신 예수 그리스도시다. 그 중심으로부터 구원의 말씀이 온 땅에 퍼져서 모든 민족이 세례를 받고, 성찬이 베풀어지고, 진정한 공동체가 세워진다. 이는 모두 살아 계신 성령의 주권적인 사역에 의해 이루어진다. 하나님은 바로 이 가시적 공동체에서 세상을 자신과 화해시키는 일을 하시는데, 이는 그분이 의도하시는 구원이 단지 사적이고 영적인 것에 불과한 게 아니라 집합적이고 우주적인 것이기 때문이다.

그러므로 교회의 삶의 진수는, 하나님의 목적 성취와 그분의 영광의 계시를 향하여 진력하되, 하나님의 영광을 바라보며 소망 가운데 기뻐하면서 땅끝까지 세상 끝날까지 전진하는 것이다. 교회에 맡겨진 보물은 자신을 위한 것이 아니라 하나님의 뜻을 행하기 위함이고, 땅에 묻어 두라고 준 것이 아니라 장사를 하라고 준 것이다. 교회의 삶은 부활이라는 추수를 믿고 그것을 소망하는 가운데 한 알의 밀알처럼 땅에 떨어지는 삶이어야 한다. 그 삶은 바로 십자가의 표적 아래 사는 삶이며, 이는 자신만의 생명과 안전과 의로움을 소유하길 원하는 것이 아니라 오직 그분의 은혜로만 사는 것을 의미한다. 자리를 잡고 정착하면, 즉 이 세상에 안주하여 장막을 접고 더 이상 앞으로 나아가지 않으면, 교회는 심판을 면할 수 없다. 무엇보다도 하나님의 자비로 살아간다는 것을 잊어버린 채, 마치 자신에게 그 자비를 요구할 수 있는 권리, 세상에는 없는 무슨 권한이 있는 것처럼 생각하기 시작하면, 달리 말해서, 자신이 선택받은 것을 선교의 과업을 위한 것으로 보지 않고 영적인 특권으로 생각하기 시작하면, 교회도 이스라엘처럼 하나님의 자비로운 심판 아래 놓이게 된다.

지금의 논제와 관련시켜 보면, 이는 교회의 본질을 교회가 가진 어떤 것과 그 현재의 모습에 입각해서 정의하려는 시도를 포기해야 한다는 의미라고 생각된다. 교회 간의 논쟁에서 흔히 일차적 본질(*esse*, 필수적인 것)과 이차적 본질(*bene esse*, 있으면 좋은 것)을 구별하곤 하는데, 그 배후에는 (어쩌면 무의식적으로) 우리가 최소한의 가시적 표지를 발견할 수 있으리라는 생각이 깔려 있는 것 같다. "이것이 교회이고 하나님도 그것을 인정하셔야 한다. 이 이상을 갖추는 것이 바람직하지만 반드시 그래야 하는 것은 아니다. 이에 못 미치는 공동체는 그리스도의 몸에 참여하는 것을 포기할 수밖에 없다"는 식이다. 우리가 전개한 논점이 타당하다면, 이런 사고 방식은 버려야 마땅하다. 사람이 하나님의 형상으로 만들어졌다면, 우리가 아는 사람은 그러한 자기 본질을 부정하는 피조물이다. 그는 오직 하나님의 자비로 존속할 뿐이고, 이는 그가 회개하고 믿어 예수 그리스도의 부활의 삶에 영입됨으로써 그 참된 형상을 회복하도록 하기 위함이다. 육체 가운데 있는 교회의 삶은 이 은혜의 역설 안에 존재하며, 그 자체가 그것을 이해하는 실마리다. 교회는 스스로의 힘으로 존재하는 것이 아니라 "없는 것을 있는 것으로 부르시는"(롬 4:17) 하나님의 자비로 존재한다. 그것을 믿음과 상관없이 단순한 관찰로 확인할 수 있는 표지들로 정의하려는 시도는 모두 그 존재 법칙을 위반하는 것이다. 교회는 엄연히 존재하며, 그 존재는 우리의 정의에 따라 좌우되는 게 아니다. 그 대신 하나님이 그 주권적 자유를 행사하시어 자신에게 속한 자들을 그 아들과 교제하도록 부르셔서 교회를 창조하시는 곳이면 어디에나 존재한다.

그리고 교회는 오직 하나님의 자비로 인해 존재할 뿐이다. 하나님은 그분의 자비를 자비로 받아들이는 믿음의 길 이외의 다른 모든 길을 폐쇄하신다. 앞으로도 그렇게 하실 것이다. 이를 위해 그분은 믿지 않는 가지들을 꺾으시고 야생 가지들을 접붙여 "백성이 아니었던 자들"을 당신의 백성이라 부르신다. 그리고 마지막 날에 그동안 교회의 가시적 '표지들'을 보존해 온 사람들이 나중에 온 낯선 사람들이 교회라는 배에 동승한 것을 발견한다면, 하나님이 "나중 온 이 사람에게 너와 같이 주는 것이 내 뜻이니라"(마 20:14)라고 말씀하시는 것을 듣는 장면을 상상할 수 있지 않은가? 최후의 심판은 하나님께 속한 것이므로 우리가 그 이전에 심판을 내리지 않도록 조심해야 한다. 만일 예수를 주님으로 영접하고 집합적으로 성령의 열매를 보이는 공동체와 그리스도 안에서 교제하기를 거부한다면, 참으로 위험한 일을 하는 셈이다. 우리가 판단하는 그 판단으로 우리도 판단을 받을 것이다. 따라서 우리는 그리스도께서 우리를 영접하신 것처럼 서로를 영접해야 한다.

대부분은 그렇게 하길 꺼린다는 것을 나도 안다. 우리는, 다른 교회들이 우리와 교제하려면 먼저 그 **전제 조건**으로 우리가 본질이라고 생각하는 요소들을 받아들여야 한다고 주장하고, 그런 요구를 하지 않으면 교회의 본질에 대해 타협하는 것이라고 생각한다. 그런데 이와 똑같은 이유로 우리는 다른 공동체가 요구하는 변화, 곧 우리가 이미 소유한 교회의 본질적 요소를 부정하는 듯 보이는 그런 변화를 용납하지 못한다. 그렇다고 둘 다 동시에 양보하자고 제안해도 문제가 풀리지 않는다. '체면'은 유지할지 몰라도 온전한 믿음을 손상시키는 것처럼 보이기 때문이다.

이런 사고 방식은 마치 교회가 지금 여기에서 그 완전한 모습을 갖춘 것처럼 생각하는 정적이고 초시간적인 개념 때문에 생긴다. 내가 전개하는 논점이 옳다면, 이런 생각은 모두 버려야 하고, 교회를 실재적인 **종말의** 관점에서 생각해야 한다. 즉, 아직 믿음과 소망 가운데 그 마지막 때를 기다리며, 현재 이 죄 많은 시대에 몸담은 채 오직 하나님의 자비로 살아가고 있음을 유념해야 한다는 말이다. 실재적인 종말을 받아들인다는 것은, 교회의 삶이 시간 안에서 영위된다는 것과 따라서 우리가 교회에 대해 "그것은 현재 무엇인가?"라고 물을 뿐 아니라 "그것은 무엇이 되어 가고 있는가?"라고 물어야 한다는 것을 의미한다. 서로 있는 그대로 받아들인다는 것은 서로를 현 상태로 내버려둔다는 뜻이 아니다. 그것은 서로 바로잡아 주고 사랑 안에서 진실을 말하는 과정을 시작한다는 뜻인데, 이는 먼저 서로 형제로 대하지 않으면 불가능하다.

교회가 오직 하나님의 자비**로 인해** 존재한다면, 그것은 또 그분의 뜻을 행하기 **위해** 존재한다고 할 수 있다. 그분은 우리에게 자신의 뜻을 충분히 알려주셨다. 그것은, 우리가 땅끝까지 이르러 복음을 전하고, 하나님 나라의 권능의 사역을 행하고, 모든 민족에게 세례를 주고, 모든 사람을 불러 모아 한 공동체―그 가시적 중심은 우리가 그분의 부활의 삶에 동참하고 그분이 오실 때까지 그분의 죽음을 보여 주는 성례다―로 만들며 그분의 증인이 되는 것이다. 그리스도인의 공동체 가운데 이 같은 하나님의 뜻으로부터 부분적으로 혹은 모든 면에서 이탈하지 않은 공동체는 없다. 우리는 너무 오랫동안 교회의 **현재** 모습에 기초해 상호 비난과 자기 방어에 많은 에너지를 쏟아 왔다. 이제는 우리 모두가 교회의 바람직한 모습을 갖추지 못했음을 참회하는 심정으로 서로를 인정할 때다. 현재 우리의 모습으로는 누구도 교회의 본질을 소유한다고 말할 수 없다. 이것이 엄연한 사실이다. 과거 에큐메니컬 논쟁의 한 단계에서는 "우리 모두 이겼고, 모두 상급을 받을 것"이라고 말하면서 서로를 받아들이자고 제안했던 적이 있다. 그런데 지금은 그와 정반대의 것을 시인해야 할 지경에 처했다. "그들은 모두 길을 빗나갔고, 모두 무익한 존재가 되어 버렸다." 우리가 서로 만날 장소는, 그저 느긋한 자세로, 우리 마음대로 지난 것은 잊어버릴 수 있는 그런 곳이 아니다. 그곳은 바로 그리스도께서 우리와 홀로 만나시는 속죄소, 우리가 하나님을 반역한 죄인임을 알고 있는 장소다. 교회의 현 모습은 우리에게 확신의 토대를 마련해 줄 수 없다. 우리의 유일한 확신의 근거는 교회를 불러 흠이나 주름이 없는 자신의 영광스런 신부가 되게 하시는 그리스도의 자비다. 그 자비가 아니면 그분 앞에 설 수 있는 자는 아무도 없다. 우리가 부름받았다는 표지는 분명 앞을 내다보고 달려가는 모습인데, 이는 죽은 자를 살리시고 없는 것을 있는 것같이 불러내시는 그 하나님의 은혜에 대한 반향이다. 즉, 서로의 현재 모습을 보고 판단하기를 중단하고, 서로를 믿음과 소망과 사랑 가운데 세워 주며, 그분의 부르심을 좇아 바람직한 모습을 갖추어가도록 격려하기로 결단하는 것이다.

6
모든 민족을 향한 선교

앞 강의에서는 교회를 종말론적 관점에서 보아야 제대로 이해할 수 있다는 점을 보여 주려 했다. 교회를 현재의 모습에 입각해서 정의하려고 하면 언제나 길을 잃게 된다. 혹자는 이 진리를 과격할 만큼 역설적인 표현을 써서, 교회의 현재 모습은 교회가 아니며, 이는 없는 것을 있는 것 같이 불러내시는 하나님의 자비로 존재하기 때문이라고 말할 수도 있을 것이다. 교회는 역사적인 실체일 뿐 아니라 종말론적인 실체이기도 하다.

그런데 이어서 우리가 최대한 강조할 점은, 이 진술은 실제적인 함의를 수반하며 그런 함의에서 단절될 경우 진리에서 멀어진다는 것이다. 우리가 사는 이 '두 시대의 중첩 기간', 곧 그리스도의 초림과 재림 사이의 기간은 사도적 교회가 땅끝까지 이르러 증인이 되도록 주어진 시간이다. 그리스도 안에 계시된 만물의 종말은, 그리스도 안에 계시된 심판과 구원의 복음이 온 세상에 증언될 때까지 보류되는 셈이다. 참된 종말론적 관점의 함의는 선교 사명에 대한 순종이다. 따라서 그런 순종을 낳지 않는 종말론은 그릇된 종말론이다. 우리는 '세상'이란 성경적 단어를 그것이 가리키는 구체적인 실체를 생각하지 않고 그저 추상 명사로 사용하곤 한다. 이 단어의 지리적 의미를 제쳐놓고 세상의 심판, 세상의 구속, 세상의 종말을 운운하는 것이다. 이는 신약 성경에서 한참 빗나간 태도다. 거기에는 실존하는 나라들의 이름, 실제 여행의 자세한 경로, 실제 선교 여행의 기대와 위험 등이 언제나 신학과 뗄 수 없이 얽혀 있다. 우리가 신학자로서 세상에 관해 논할 때 자신의 민족을 비롯한 인도, 중국, 아프리카, 러시아, 남아메리카 등 실제로 지구를 채우고 있는 구체적인 민족들을 의중에 두지 않는다면, 그것은 아주 비성경적이고 말도 안 되는 행동일 것이다. '땅끝까지'와 '끝날까지'를 모두 포함하는 포괄적인 구원의 관점을 견지하지 않으면, 우리가 말하는 교회론은 왜곡될 수밖에 없다. 이 마지막 강의에서 맨 먼저 할 일은 이런 주장들을 뒷받침하는 성경적 증거를 제시하는 것이다.

성경적 기초

그리스도 안에서 세상의 종말이 계시되었다. 주님의 날이 도래한 것이다. 하나님의 나라가 가까이 온 것이다. 그러나 이 시대의 권세들은, 영광의 주님이 자신의 땅에 오셨을 때 그분을 알아보지 못한 채 배척하고 정죄했다. 그래서 하나님의 능력과 지혜가 십자가의 연약함과 어리석음을 통해, 그분의 영광이 십자가의 수치를 통해, 그분의 의가 십자가의 저주를 통해 각각 계시되었다. 세상은 또 하나의 거짓 메시아가 등장한 것이라고 생각했으나, 그분이 자신의 증인으로 지명한 이들은 부활의 사건을 통해 과거에 일어난 사건들의 진정한 의미를 밝히 알 수 있었다. 아주 천천히 이 사건의 진정성을 믿긴 했으나, 그들은 그 사건이 보편적이고 우주적인 구원의 담보요 첫 열매인 것을 알았다. 그 사건을 통해 죽음과 부패와 타락이 모두 파멸되었고, 그리스도께서 우주적 주이심이 계시되었기 때문이다. 이 점을 깨닫자, "주께서 이스라엘 나라를 회복하심이 이때니이까?"(행 1:6)라는 질문이 당연히 제기되었다. 그 나라가 이미 임했다면, 왜 그 승리의 모습이 완전히 보이지 않을까? 옛적에 이스라엘에게 주어진 그 약속들이 왜 당장 가시적으로 성취되지 않을까? 우리는 무엇을 기다리며, 얼마 동안 기다려야 할까? 이 종말이 얼마나 오래 지속되는 것일까?

　이런 질문들에 대해 그리스도께서는 한 마디의 경고, 한 마디의 약속, 한 가지 사명의 위탁으로 응답하셨으며(행 1:7-8), 이어서 재림을 약속하고 가시적 임재를 거두어 가셨다. 우리는 이것들의 상호 관계를 살펴보면서, 이것들이 그리스도의 초림과 재림 사이에 존재하는 교회와 무슨 관련이 있는지 고찰할 필요가 있다.

한 마디 경고

먼저 그리스도는 경고 한 마디를 던지셨다. 때와 시기는 완전히 하나님의 권한에 속한다는 것이다. 그 나라는 완전히 하나님의 것이다. 그 나라의 승리의 때와 방법도 전적으로 그분의 손에 달려 있다. 이 세상 역사의 한계가 무엇인지, 그 모든 가능성이 언제 바닥날지는 오직 그분만 아신다. 최종적 완성과 승리는 우리가 원칙에 따라 계산할 수 있는 역사적 발전의 산물이 아니다. 또한 우리가 혹시 알 수 있을지도 모르는, 하늘이 마음대로 정해 놓은 것도 아니다. 그것은 아버지의 손에 달려 있다. 그 나라가 그분의 것이기에 그 결정도 그분의 몫이다.

　따라서 우리는 인간 역사의 한계가 무엇인지를 모른다. 그렇다고 한계가 없다는 뜻은 아니다. 이 점을 강조해야 하는 이유는, 그러지 않을 경우 우리가 그리스도와 상관없이 알고 있는 어떤 한계가 우리의 안목을 좌우하기 때문이다. 그 한계는 바로 죽음이다. 개인의 죽음, 인간의 공동체적 인격이 구현된 사회 구조의 죽음이다. 이런 한계들만을 알 때, 인간은 두 가지 소망 사이에서 갈팡질팡하게 된다. 하나는, 공동체적 삶에 궁극적 의의를 두지 않고 개인적으로 살아 남으려는 소망이고, 다른 하나는, 개인적 삶에 궁극적 의의를 두지 않고 사회적·정치적 혹은 문화적 업적이 영원히 남기를 바라는 소망이다. 이런 잘못된 태도는 그리스도 안에서 극복된다. 그분 안에서 각 개인의 삶의 의의와 역사 전체의 의의가 하나로 묶이는 만물의 최종적 완성에 이르기 때문이다. 이것이 진정한 한계다. 그분 안에서 죽음이 극복되었으므로 그것이 더 이상 역사의 절대적 한계가 될 수 없다. 그분 안에서 우리는 참된 종말과 마주하게 되었다. 하지만 그분 안에서 계시된 종말이 아직은 완성되지 않았기에, 우리는 여전히 죽음이라는 한계에 머물러 있고, 믿음으로 육체 가운데 살고 있으며, 반드시 죽을 것임을 알고 있다.

그러나 우리는 소망 가운데 살기도 하고 죽기도 한다. 죽음만큼 확실한 한 사건에 대해 소망하면서, 하지만 죽음처럼 언제 일어날지는 모르는 그 사건을 소망하면서 말이다. 그것은 바로 자신의 승리를 완전히 성취하고 영원히 다스리기 위해 오시는, 그리스도의 재림이다. 그 날과 그 시간은 우리가 모른다. 그분이 다시 오실 것이라는 것만 안다. 그분이 육신을 입고 오신 날이 곧 역사의 종말이 계시된 날이며, 그때는 믿음이나 불신을 선택할 여지가 있었다. 그분의 재림은 모든 것이 끝나는 시점이며, 그 때는 마침내 믿음이 보이는 것으로 흡수되고 소망이 결실을 맺을 것이다. 주어진 시간은 한정되어 있다. 우리가 바라는 그 승리가 확실하기 때문이다. 지금은 우리가 처음 믿었을 때보다 구원이 더 가까워졌다. 여기서 구원이란 그리스도 안에서 만물이 온전케 되는 것을 의미한다. 시간은 제한된 것이기에 그만큼 귀하다고 할 수 있다. 그 시간이 주어진 것은 모든 사람에게 회개하고 믿을 기회, 잠에서 깨어나 어둠의 행실을 벗어 버릴 기회, 그리고 빛의 갑옷을 입을 기회를 주기 위함이다. 오직 아버지만이 추수할 때가 무르익어 만물을 하나로 모을 때를 아실 뿐이다. 그분은 그 날을 기다리시며, 우리의 순종을 기다리신다. 우리에게 그 때나 그 시기를 아는 것이 **주어지지 않았다는** 경고는 우리에게 이미 **주어진** 것과 연결된다. 그것은 땅끝까지 이르러 그분의 증인이 되라는 사명이다.

한 마디 약속

먼저 증인의 임무를 수행하기 위해 성령의 능력이 임할 것이라는 확신이 주어졌다. "성령이 너희에게 임하시면 너희가 권능을 받고…내 증인이 되리라"(행 1:8). 최후의 승리가 아직 나타나진 않았지만, 성령의 선물은 그 승리가 오고 있음을 보여 주는 징표가 된다. 우리가 그분 안에 참여하는 것은 다가올 시대의 권능을 미리 맛보는 일이기 때문이다. 성령이 우리에게 주어진 것은 우리가 증인이 되도록 하기 위함이다. 그분이야말로 그리스도의 일차적 증인으로, 세상을 최후의 심판 아래 데려오시고, 감춰진 승리의 징표들을 허락하시며, 그리스도를 전하는 자들의 인간적 언어에 신적인 능력을 부여하시는 분이기 때문이다. 성령에 의해, 국적과 언어를 달리하는 모든 민족이 그리스도 안에서 이루어진 하나님의 놀라운 사역을 인정하게 되었으며, 그것도 오순절 날에 맛보기로 경험했을 뿐 아니라 모든 대륙에 걸친 사도적 증언을 통해 그것이 완전히 실현되는 것을 보았다. 그리스도의 백성이 그리스도를 위해 왕들과 통치자들 앞에 잡혀 왔을 때, 그들에게 할 말을 주시는 분도 성령이다. 예수의 사역이 그랬듯이, 사도들의 사역에 표적과 기사가 수반되게 하신 분도 성령이다. 복음의 말씀이 듣는 자에게 능력 있는 메시지로 다가오게 하시는 분도 성령이다. 하나님이 선택의 도구로 사용하신 능력이 그것이다(살전 1:4-5). 성령의 은사 자체가 다가올 시대의 표적이요 맛보기며, 그분은 교회가 모든 민족을 복음에 순종하도록 데려와 현 시대를 그 절정에 도달하게 만드시는 원동력이다.

한 가지 사명

그러므로 그리스도의 초림과 재림 사이에 있는 현 시대의 의미와 목적은, 교회가 세상을 향해 사도적 증인의 사명을 수행하는 데 있다. "성령이 너희에게 임하시면 너희가 권능을 받고 예루살렘과 온 유대와 사마리아와 땅끝까지 이르러 내 증인이 되리라"(행 1:8). 때와 시기, 이 세상 역사의 한계에 관한 그들의 질문에 대한 응답은 한 마디로 사명의 위탁이었다. 온 세상을 위해 행하신 일이 온 세상에 알려져, 온 세상이 복음에 순종하고 하나님이 이루신 그 구원으로 치유되어야 한다. 이 때문에 마지막 날이 잠시 보류된 것이다. 그 종말이 단번에 계시되었다. 이제는 모두에게 알려져 모두가 믿도록 해야 한다. 이미 결정적 승리를 거두어 세상을 획득했으므로, 남아서 저항하는 적군의 부대들만 소탕하면 된다. 이것이 우리에게 주어진 이 시대의 의미다. 지금은 모든 사람과 모든 민족을 믿음의 순종으로 이끌 때다. 종말이 연기된 것은 바로 이 때문이다. "이 천국 복음이 모든 민족에게 증언되기 위하여 온 세상에 전파되리니 그제야 끝이 오리라"(마 24:14). 우리는 그 때와 그 시기를 모른다. 그러나 하나님이, 그분의 신비로운 자비 안에서, 당신의 교회에 이루신 구원을 모든 사람에게 알리는 책임을 위탁하셨다는 것은 확실히 안다. 그분은 우리를 당신의 대사로 만드셔서 모든 이에게 그분과 화해하도록 간청하는 역할을 하게 하셨다. 그러므로 "주님, 얼마나 오래입니까?"라는 질문에 대한 대답은 이론적인 것이 아니라 실제적인 것이다. "너희가 내 증인이 되리라. 너희는 온 세상으로 갈지어다." 성경은 우리로 하여금 스스로는 감히 하지 않을 말을 하게 만드는데, 그것은 하나님이 교회의 사도직을 통해 세상을 그 종말의 순간으로 인도하신다는 말이다.

물러가심

사명을 주신 다음 그리스도께서는 사도들 앞에서 떠나시면서 다시 오겠다고 약속하셨다. 신약 성경은 이 일을 시편 110편에 비추어 해석했다. "주께서 내 주께 이르시되 내가 네 원수를 네 발 아래에 둘 때까지 내 우편에 앉아 있으라 하셨도다 하였느냐"(마 22:44). 그리스도께서 아버지 곁에서 다스리시기 때문에, 새 시대의 권능, 성령의 권능이 부어진 것이다. 그분은 모든 권세와 권력 위에 군림하시지만, 아직 만물이 그분에게 완전히 종속되지는 않았다. 이 점은 의심의 여지가 없다. 그분은 왕좌에 앉아 계신다. 그러나 전쟁은 여전히 계속된다. 이 전쟁에서 교회는 하나님을 아는 지식을 가로막는 모든 교만을 쳐부수고, 모든 민족을 믿음의 순종에 이르게 하며, 세상의 권세들에게 하나님의 갖가지 지혜를 알리는 도구로 활약한다(고후 10:3-5; 롬 1:5; 엡 3:8-11). 사도들이 이 도시 저 도시를 다니며 왕의 반포자로서 사역하는 것, 앉아서 방해꾼들과 논쟁을 벌이기보다 성령의 임재로 가능케 된 평화와 심판, 치유와 파괴를 위해 그분의 권위로 일하는 것이 바로 감춰진 상태로 예수께서 아버지의 우편에 앉아 다스리신다는 징표다. 사도 바울의 말처럼, 그분은 자기 원수들을 자기 발밑에 놓을 때까지 다스리셔야 할 것이다.

집합적이고 우주적인 구원의 함의

이제 교회의 사도직이 현 시대의 의미라는 것을 보려고 애써야 하고, 이것이 교회론과 어떻게 연관되는지 보여 줄 필요가 있다.

소망의 긴장

복음서가 말하는 구원, 교회의 본질과 기능을 결정짓는 그 구원이라는 단어는 말 그대로 온전케 하는 것, 곧 치유라는 뜻이다. 이는 모든 것을 그리스도 안에서 하나 되게 하는 것을 뜻한다. 그것은 만물이 처음 창조되었을 때의 모습대로 사람과 하나님, 사람과 사람, 사람과 자연 사이의 조화를 모두 회복하는 포괄적인 것이다. 그것은 삼위 하나님 안에 존재하는 완전한 사랑의 연합을 좇아 온 창조 세계가 하나로 회복되는 것이다. 한마디로 보편적이고 우주적인 회복이다.

내가 '보편적'(universal)이라는 단어를 사용한다고 해서 (사도 바울이 표현하듯) 버림받는 자가 없을 것이라는 뜻은 아니다. 이 가능성을 배제하는 일은 신약의 일관된 가르침, 즉 넓고 쉬운 길은 멸망에 이르게 하며 많은 이가 그 길로 간다는 지극히 현실적인 가르침에서 완전히 이탈하는 것이다. 여기서 보편적이라는 단어를 사용하는 의도는, 먼저 구원의 본질이 그 근원의 지배를 받는다는 점을 강조하려는 것이다. 모든 사람에게 손을 뻗치는 사랑, 잃어버린 한 마리 양을 찾으려고 온갖 수고를 다하는 사랑, 갈보리의 열정으로 반역자와 배신자를 배려하는 그 사랑이 바로 그 근원이다. 둘째로, 사적인 '구원'이란 존재할 수 없으며, 그 사랑의 열정이 모두 식을 때까지, 그분이 온갖 진통을 다 겪고 만족하실 때까지는 기쁨과 안식이 없음을 강조하려는 것이다. 구원의 본질은 구원을 받아야 할 자들이 모두 받기까지는 우리가 온전히 그것을 누릴 수 없다는 데 있다.

구원의 본질이 이러하기 때문에, 현재 우리가 경험하는 구원은 하나의 맛보기요 담보일 수밖에 없다. 첫 열매를 가진 우리는 아직 입양될 날을 기다리며 신음할 수밖에 없다. 옛 아담을 당장 벗어 버리고 새 아담이신 그리스도 안에서만 살 수는 없다. 한편으로는, 모든 인간과 더불어 죄스러운 옛 질서에 몸담고 믿음으로 육체 가운데 살아야 하지만, 다른 한편으로는, 그리스도 안에서 새 사람을 입은 모든 형제와 더불어 의로운 새 질서에도 몸담는 것이다. 우리는 육과 영의 싸움, 속박과 자유의 투쟁을 몸소 체험한다. 그분의 몸 된 교회가 다함께 구원을 누릴 때까지는 그것을 온전히 누릴 수 없다. 우리가 자라서 도달하게 될 새 사람은, 모든 민족과 방언 가운데 구속받은 자들이 완전히 하나로 연합하여 이루게 될 집합적 인간이다. 따라서 각 그리스도인이 옛 사람과 새 사람 사이에서, 옛 아담과 그리스도 사이에서 몸소 체험하는 그 긴장은 (부분적으로는 적어도) 미완성된 선교 사역의 긴장이라 할 수 있다. 세상 끝까지 가서 모든 사람을 우리와 하나 되게 만들어 그리스도의 몸을 충만히 이루지 않고는 '모든 면에서 자라나서 머리가 되시는 그리스도에게까지 다다를 수'(엡 4:15) 없다. 이 종말론적 긴장은 선교적 의무의 긴장을 떠나서는 이해할 수 없는 것이다.

선교의 과업

우리는 다른 경로를 통해서도 동일한 진리에 도달할 수 있다. 구원은 집합적이고 우주적인 성격을 지녔기 때문에, 역사상 특정한 공간과 시간에 발생한 구체적인 사건을 통해서만 계시될 수 있다. 만일 각 개인이 이웃과의 관계 및 창조 세계와의 관계와 상관없이 그 뜻을 이해할 수 있는 메시지가 존재한다면, 그것은 수많은 장소와 시점에 계시될 수 있을 것이다. 그럴 경우에는 각 개인의 주소로 따로따로 메시지를 보내는 것이 유일한 전달 방법일 것이다. 이와 반대로, 집합적이고 우주적인 특성을 지닌 구원, 곧 인간과 인간, 인간과 하나님, 인간과 자연 등 모든 깨어진 관계를 온전히 회복하는 일은 그와 다른 방법으로 전달되어야 한다. 그것은 그 메시지가 말하는 조화로운 관계를 (맛보기로라도) 실제로 구현하는 어떤 공동체를 세움으로써 전달되어야 한다. 화해의 복음은 화해를 이룬 모임에 의해서만 전달될 수 있다. 그리고 그런 공동체는 구체적인 역사적·지리적 중심지를 중심으로 창설되고 자라는 법이다. 달리 말하면, 그 메시지는 선택의 길을 통해 전달될 텐데, 먼저 한 가시적 중심지에서 시작하여 다음 중심지, 그 다음 중심지로 퍼져 나갈 것이다. 이 과정은 각 중심지가 다음 중심지로 구원의 메시지를 전하는 도구가 되도록 선택받았다는 법칙에 따라 진행된다.

담보와 증인으로서 성령

교회의 본질과 관련된 종말론적 요소와 선교적 요소의 상호연관성을 성령의 교리와 연관시켜 설명할 수도 있다. 우리가 아직 옛 아담과 유대하고 있는 기간인 현 시점에, 새 시대에 받을 유산의 첫 열매요 담보로서 성령이 주어졌다. 그분이 현재 우리의 삶과 우리가 갈망하는 그 완성된 삶 사이에 있는 계곡에 다리를 놓으시는 셈이다. 그분께 힘입어 우리는 지금까지 아무도 뵌 적이 없는 아버지 하나님과 믿음 안에서 교제를 나눌 수 있고, 과거에 나타나셨으나 현재는 볼 수 없고 다시 나타나시기만을 기다리는 성자 하나님과도 교제를 나눌 수 있다. 우리가 장차 완전히 나타날 그 승리에 현재 참여하게 된 것도 성령을 통해서였다. 아울러 우리에게 능력을 주셔서 선교 사역을 감당하게 하시는 분도 성령이다.

그분이야말로 예수의 참 증인이시고, 우리가 장차 나타날 영광을 흘끗 볼 수 있게 해주는, 권능의 사역을 불러일으키시는 장본인이시기도 하다. 우리를 땅끝까지 보내시는 분도 성령이다.

그러므로 우리가 그리스도께서 우리를 위해 이루신 그 구원을 어느 각도에서 보든, 거기에 함의된 바가 곧 세계 선교라는 것을 알 수 있다. 하나님의 목적의 최종적인 성취는 세계 선교의 완성을 통해 이뤄진다. 이는 하나님의 능력이나 은혜에 무슨 결함이 있어서가 아니라, 그분이 의도하신 구원이 바로 그런 성격을 지녔기 때문이다. "한 분이신 주께서 모든 사람의 주가 되사 그를 부르는 모든 사람에게 부요하시도다. 누구든지 주의 이름을 부르는 자는 구원을 받으리라. 그런즉 그들이 믿지 아니하는 이를 어찌 부르리요? 듣지도 못한 이를 어찌 믿으리요? 전파하는 자가 없이 어찌 들으리요? 보내심을 받지 아니하였으면 어찌 전파하리요?"(롬 10:12-15) 최종적인 성취는 결국 보내는 일, 곧 선교에 달려 있다. 그리고 선교 그 자체가 다가오는 성취의 표지다. "이 천국 복음이 모든 민족에게 증언되기 위하여 온 세상에 전파되리니 그제야 끝이 오리라"(마 24:14).

교회의 본질적 요소로서 선교

구원의 본질에 관한 이 진리는 교회론의 결정적 요소가 되어야 한다. 교회의 존재 이유는 그리스도의 초림으로 시작되어 그분의 재림 때 완성될 그 구원과 관련이 있다. 그 완성은 온 세상과 관련되어 있으므로, 교회는 그 구원을 지고 온 세상으로 가는 행위 속에 존재한다고 할 수 있다. "교회가 선교로 존재하는 것은 불이 타는 것으로 존재하는 것과 같다."[1] 즉, 교회는 그리스도와 세상 사이에 있는 자기장 안에 존재한다고 할 수 있다. 그분 안에서 나누는 '코이노니아'는

---

1) Emil Brunner.

세상을 향한 그분의 사도직에 참여하는 일이다. 각 회중은 하나님과 어린양의 보좌 둘레에 모든 종족과 언어 출신의 사람들이 다함께 모일 것을 보증하는 담보 맛보기다. 교회가 이 사실을 심각하게 받아들이고 범세계적 선교를 그 공동체의 핵심에 속하는 것으로 여기는 것만이 자기 본질에 충실하는 길이다. 현재 지상에서 맛보기만 갖고 있는 그것을 장차 완전히 소유할 날을 갈망하는 전투적 교회와 그것이 완전히 성취되어 어린양과 혼인 잔치를 벌일 그 날 사이에 미완성된 선교 사역이 놓여 있는 것이다. "주 예수여, 오시옵소서!"(계 22:20)라고 기도하는 교회의 간구에 대한 첫 번째 응답은 "너희는 가라. 볼지어다. 내가 세상 끝날까지 너희와 항상 함께 있으리라"(마 28: 19, 20)라고 말씀하시는 주님의 선교 명령이다.

이 논제가 옳다면, 지금은 교회의 본질에 관한 에큐메니컬 토론의 함의를 현실적으로 직시해야 할 때다. 이런 토론의 위험은 교회들이 서로 의견을 달리하는 문제들, 즉 그들 모두가 옳을 수는 없는 사안들에 초점을 맞추는 데 있다. 혹은 모두가 합의하지만 틀린 것이 분명한 그런 점들을 제대로 보지 못하고 간과할 위험도 있다. 교회의 일차적 본질과 이차적 본질을 둘러싸고 이제까지 논의된 가톨릭과 개신교의 토론에서, 교회가 선교적 정체성을 잃어버리면 교회의 이차적 본질뿐 아니라 일차적 본질까지 상실하게 된다고 경고하는 소리는 아직까지 들어본 적이 없다. 하지만 이것은 엄연한 사실이다. 오늘날 대다수의 성직자는, 선교 사역은 적당한 선에서 수행하면 좋은 것이지만 그게 없다고 교회가 쓰러지는 것은 아니라고 생각한다. 그런데 이는 신약 성경과 전혀 양립할 수 없는 견해다. 우리는 교회가 선교적 정체성을 상실하면 신약 성경이 말하는 그 찬란한 호칭들을 받을 자격을 잃게 된다고 단도직입적으로 말해야 한다. 세상을 향해 그리스도의 대사로서의 역할을 실제로 수행하지 않으면, "하나님의 왕 같은 제사장"이라는 호칭도 잃어버릴 수밖에 없다.

이제 잠시나마 오늘날의 교회가 그 본질적 성격을 제대로 파악하지 못하고 있음을 보여 주는 몇 가지 증거를 제시하는 게 좋겠다.

교회와 선교회의 이분화

가장 분명한 증거는, 절대 다수의 그리스도인의 머릿속에 '교회'와 '선교회'가 서로 다른 유의 공동체로 떠오른다는 사실이다. 전자는 예배와 교인들의 영적 보살핌 및 양육에 전념하는 공동체라고 생각한다. 그 전형적인 이미지는 크고 고색창연한 건물이다. 후자는 복음 전파에 전념하는 공동체로서 회심자를 '교회'라는 안전한 보관소에 넘겨주는 단체라고 생각한다. 이처럼 양자가 분리된 현상은 옛 기독교 세계에 속한 교회들뿐 아니라 나중에 설립된 교회들 가운데서도 얼마든지 볼 수 있으며, 이는 참으로 어처구니없는 현상이다. 오늘날 이를 가장 생생하게 보여 주는 상징은 WCC와 IMC(국제선교협의회)가 나란히 공존하는 것이며, 이 둘은 대체로 일꾼은 공유하지만 하나가 되지는 못한다. 이 둘이 하나가 되려면 교회의 사고 방식에 심대한 변화가 일어나야 하며, 그 변화는 교회가 세상을 위해 그 모든 보물을 위탁받았다는 것과 선교가 교회의 삶의 핵심에 속한다는 진리를 깨닫고 또 그것을 교회의 일상적 삶으로 실천할 때 가능하다.

선교 사역의 확장에 대한 이해

이보다 덜 명백하긴 해도 역시 중요한 또 하나의 증거는, 범세계적 선교 사역을 하나의 의무로 받아들이는 교회들마저 좀 미흡한 선교 전략 개념을 갖고 있다는 점이다. 그들은 다음과 같은 점들을 당연시하는 경향이 있다. 선교의 의무는 본부(교회)의 일차적 필요를 충분히 채운 **다음에** 수행할 일이라는 생각, 밖으로 나가기 전에 먼저 기존의 이득을 공고히 해야 한다는 생각, 범세계적 교회는 기업체를 운영할 때와 똑같이 그 자원과 비용을 신중하게 계산하면서 세워야 한다는 생각 등이다. 이런 생각은 신약 성경에 나온 전략과 상당한 대조를 이룬다. 신약 성경에 나오는 전략은 한 지역을 완전히 끝낸 후에 다음 지역으로 넘어가

기보다 단번에 온 세상을 향해 하나님의 주권을 선포하기로 작정하는 식이다. 그래서 주님은 제자들에게 그들을 영접하지 않는 자들과 논쟁을 벌이지 말고 하나의 증거로 발의 먼지를 털어 버리고 다른 곳으로 가라고 일러 주신다. 그리고 바울의 선교 계획을 고찰해 봐도, 한 선교 지역에서 교회가 완전히 세워졌을 때가 아니라 복음이 충분히 전해졌을 때 다음 지역으로 넘어가는 전략을 사용하여 당시에 세계 끝이라고 알려진 곳에 이르는 것을 볼 수 있다. 그의 마음속에는 언제나 본부에 대한 깊은 슬픔이 담겨 있었다. 선교 사역의 진정한 본부는 어디까지나 유대인이며, 다른 본부들은 모두 이차적 의미에서 본부로 부를 수 있기 때문이다. 하지만 그는 유대인의 회심이 이방인 선교에 우선하는 것이 아니라 이방인의 개종이 유대인에게 생명을 가져다주는 통로라고 확신했다. 이 모두는 기독교 선교를 보편적이고 종말론적인 구원의 표지요 도구로 보는 개념과 완전히 부합한다. 즉, 선교란 이 세상에 속하지 않은 하나님의 나라가 오고 있다는 징표라는 것이다. 이는 우리의 것이 아니라 하나님의 것인 그 나라의 전략이라 할 수 있다.

롤런드 앨런은 현재 우리의 선교 방법과 사도 바울의 방법을 서로 비교하는 가운데 이와 똑같은 진리를 아주 실제적으로 강조한 바 있다.[2] 바울은 에베소에서 불과 2년 동안 일하면서 자립할 수 있는 교회를 확실히 세워 놓고 그곳을 떠난다. 오늘날에는 그렇게 하는 데 200년은 걸린다고 생각하며, 그 대다수의 기간 동안 새로운 지역을 개척하는 일은 아예 제쳐놓고, 어린 교회는 본부로부터 인적·물적 지원을 받아야 한다고 여긴다. 이는 놀랄 정도로 대조적인 현상이며, 자세히 검토할수록 더더욱 그렇게 보인다. 이 점은 우리의 교회론에 근본적인 결함이 있음을 보여 준다. 바울이 품은 교회론은 최종적 성취에 대한 소망으로

---

2) Roland Allen, *Missionary Methods, St. Paul's or Ours*, 3rd Edition(London: World Dominion Press, 1953). 「바울의 선교 vs. 우리의 선교」(IVP).

가득 차 있었다. 그 성취는 하나님이 이룩하실 완전한 승리요, 교회의 증언은 그것을 가리키는 표지요 그것의 도구이며, 교회의 삶은 그 맛보기다. 우리의 선교 방법을 살펴보면, 마치 우리에게 무한한 시간이 있어서 교회가 서서히 퍼져 나가 마침내 온 지구를 뒤덮을 것처럼 생각한다는 느낌을 받는다. 그런데 우리가 선교 사역을 통해 재생산하는 교회는 너무나 우리 교회를 빼닮았다. 장차 나타날 초자연적이고 보편적인 구원의 표지요 도구로서 낯선 자들과 순례자들로 구성된 공동체이기보다, 자기 교인들만 위해 존재하는 일종의 정착민 공동체가 되어, 선교 사역의 확장도 문화적·정치적 팽창을 따라 움직이는 것처럼 보인다. 현재 우리의 방법으로는 미복음화된 광대한 지역에 복음을 전할 수 있는 새로운 돌파구를 마련하기란 불가능해 보인다.

세상을 향하는 교회

종말론적이고 선교적인 관점을 잃어버리면, 교회의 할 일은 각 사람을 이 악한 세대에서 구출하고 다가올 세상을 위해 안전하게 보존하는 것이라고 생각하게 된다. 이런 생각이 팽배해지면 교회의 일차적 의무는 자기 교인을 돌보는 일이 되고, 바깥에 있는 자들에 대한 의무는 이차적인 것으로 밀려난다. 교인 개개인을 그저 교회가 집행하는 은혜의 방편을 수동적으로 받기만 하는 존재로 보는 목회 개념이 자리잡게 된다. 이른바 '교회'는 돈을 받고 하는 목회 사역과 동일시되기에 이른다. 성직주의를 반대하는 교회에서조차 이런 일이 발생한다. 물론 여기에도 어떤 진리가 있는 건 사실이다. 양떼는 주님이 목양을 위해 임명하신 자로부터 꼴을 먹어야 한다. 충실한 청지기는 온 집안에 적당한 양식을 주어야 마땅하다. 그러나 이것을 전부라고 주장할 때는 신약 성경이 가르치는 다른 진리를 지적할 필요가 있다. 교회 전체가 왕 같은 제사장의 책임을 갖고 있고, 교회는 각 지체가 각기 다른 역할을 지닌 그리스도의 몸이라고 강조하는 가르침 말이다.

이런 근본적인 오류는 시종일관 성경이 말하는 **온전한** 구원을 염두에 두지 않기 때문에 발생한다. 그 표지요 첫 열매요 도구에 해당하는 온전한 구원을 염두에 둘 수 있다면, 교회는 내향적인 자세에서 벗어나 세상을 향해 외향적 태도를 취할 수 있을 것이다. 교회 전체가 말과 행실로 세상을 향해 증인의 역할을 다하는 데 전념할 것이다. 그리스도 안에 참여한다는 것은 곧 세상을 향한 그분의 선교에 참여하는 것이며, 진정한 목회 사역, 진정한 신앙 훈련, 은혜의 방편의 사용은 모두 이 선교 사역을 위해 베풀어져야 한다는 것을 알게 될 것이다. 내가 체험한 인도의 시골 교회를 예로 들면, 처음 세례를 받은 신자의 경우 먼저 교인 교육을 받은 **다음에** 이웃 마을에 대한 선교 책임을 배우는 것이 아니다. 선교의 책임을 이행하는 가운데 교인 교육이 이루어진다. '신앙 강화'(Consolidation)는 진전의 대안이 아니라, 그 반대로 진전이 신앙 강화의 방법이 될 것이다. 그리스도의 교회에서 '신앙 강화'는 세상적인 방식에 따라 안정된 토대 위에 굳게 정착하는 것을 의미하지 않는다. 그것은 머리 둘 곳 없으셨던 그분과 완전히 함께하며, 온 세상을 위해 고뇌했던 그분과 마음을 공유하는 삶을 받아들이고 실제로 그렇게 살아내는 것을 뜻한다.

교회 – 수단인 동시에 목적

지금까지 교회의 선교적 본질에 관해 많은 말을 했으니, 이제는 이 점을 지나치게 강조하여 교회를 오로지 선교적 기능으로만 규정짓는 것은 위험하다는 점을 지적할 필요가 있겠다. 내가 여기서 염두에 둔 것은 호켄다이크(J. C. Hoekendijk)의 글로, 그는 최근에 지나치게 교회 중심적인 선교 사역 개념이 위험하다는 것을 가장 강력한 어조로 환기시켰다.[3] 그는 이렇게 말한다. "교회의 본질은 그 기

---

3) *International Review of Missions* (July, 1952)와 거기에 있는 인용을 보라. 이 강연의 개념 중 일부는

능으로 충분히 규정지을 수 있다. 바로 그리스도의 사도적 사역에 참여하는 것이다."[4] 그는 교회 자체를 하나의 목적으로 보는 관념을 반박하면서, 그것을 순전히 도구로 생각해야 한다고 주장한다. 예배조차도 (내가 제대로 이해했다면) **도상(途上)에 있는** 교회의 고유한 기능이 아니다. 교회의 사도직 **자체가** 하나님을 섬기는 사역이다.

이제 이에 대해 반론을 제기하는 것이 반드시 필요하다고 생각한다. 이런 주장은 우리가 이 강의에서 다룬 진리를 지나치게 강조하는 잘못을 범한다. 그 결과 이 주장이 소홀히 취급하는 몇 가지 사실을 열거하는 것이 필요하겠다.

첫째, 교회는 하나의 맛보기이므로 수단인 동시에 목적이라 할 수 있다. 그것은 우리의 유산을 담보하는 성령의 공동체다. 교회는 그 유산을 증언할 수밖에 없는데, 교회의 삶이 그 **진정한** 맛보기요 하나님 자신의 삶에 참여하는 것이기 때문이다. 따라서 예배와 친교, 경배와 찬양, 하나님의 은혜를 받고 그분을 즐거워하는 일, 서로 성령의 열매를 나누는 일, 사랑 안에서 서로를 세우는 일 등은 모두 교회의 삶의 필수 요소들이다. 교회는 지금 여기에서 하늘 나라를 미리 맛보는 공동체이기 때문에, 그 나라의 증인과 도구가 될 수 있다. 교회는 하나의 수단에 **그치지 않기** 때문에 수단이 될 수 있다. 이는 단지 이론적 문제가 아니라 아주 실제적으로 중요한 문제다. 오늘날 교회는 개종자를 한 사람이라도 더 늘리려고 열심히 선교 활동을 하지만, 그런 열정이 정말 훌륭한 교회의 삶에서 나오지 않고 또 그런 삶으로 인도하지도 않는 경우가 왕왕 있다. 누가 "왜 내가 그리스도인이 되어야 합니까?"라고 물을 때 "다른 이들도 그리스도인으로 만들기 위함이오"라고 응답한다면, 이는 끝없는 퇴보가 아닐 수 없다. "무슨 목적으로?"라는 질문에 대한 응답을 종말(*eschaton*)이 될 때까지 계속 연기할 수만은 없다.

Hoekendijk 박사의 연구 개요에 깊이 빚지고 있다.
4) 같은 책, p. 334.

둘째, 앞 강의들에서 이미 지적한 것처럼, 구원의 좋은 소식을 전파하는 수단은 구원의 본질 자체와 조화를 이루어야 한다. 구원이란 온전히 만드는 것, 그리스도 안에서 만물을 치유하는 것이다. 사도직을 수행하는 매 단계마다 교회가 할 일은 사람들을 그리스도 안에서 하나님과 화해시키는 것이다. 이 과업을 수행하려면 교회 자체가 그리스도 안에 살고 있어야 한다. 그분 안에서 서로 화목한 교제를 나누고 아버지의 사랑 안에 서로 결속된 공동체여야 한다. 그리스도 안에서 사는 삶은 사도적 사명을 이루기 위한 수단일 뿐 아니라, 그 자체가 교회의 목적이다. 교회가 구원의 목적을 이루는 수단이 될 수 있는 것은 그 자체가 수단을 뛰어넘는 존재이기 때문이다. 교회 자체가 진정 그리스도의 몸이기 때문에 가능하다는 뜻이다.

달리 말하면, 교회가 선교적 정체성을 잃어버리면 그 본질을 상실하는 셈이라고 주장한 것과 마찬가지로, 참으로 교회의 정체성을 지니지 않은 선교회는 하나님의 사도직을 대변할 수 없다고 말해야 한다. 교회의 면모를 갖추지 않은 선교회는 선교적 성격을 지니지 않은 교회만큼 기형적인 것이라 하겠다. 이 점을 자칫 과장할 수 있는 위험을 지적하였기에, 우리가 주장하고자 하는 논점을 다시 한 번 진술할 필요가 있다. 오늘날 대다수의 교인은 교회가 일종의 선교회가 되지 않고도 존속될 수 있다고 믿는 것 같은데, 이는 교회의 본질에 어긋나는 생각이고, 교회가 그 선교적 정체성을 회복하지 않고는 진정 교회다운 모습을 회복할 수 없다.

선교와 연합

앞 강의에서 나는 교회를 종말론적 관점에서 이해해야 하고, 그런 관점을 지녀야만 교회가 하나로 연합할 수 있는 가능성이 있음을 보여 주려 했다. 그리고 이 강의에서는 그런 종말론이 선교적 함의를 수반하지 않으면 잘못된 종말론이라는 것을 보여 주려 했다. 이제 결론 삼아 교회의 선교와 교회의 연합이 아주 밀접한 관계가 있음을 간략히 언급하고 마칠까 한다. 이 관계는 다음 두 가지 방식으로 기술할 수 있다. 첫째, 교회의 연합은 세상으로 하여금 믿게 하기 위한 것이고, 둘째, 증언 행위는 교회를 그 분열된 모습 그대로 보여 주게 된다.

연합에 의존하는 선교

교회의 연합은 세상으로 하여금 믿게 하기 위함이다. 최근에 소위 실용적인 이유로 서로 연합해야 한다는 주장을 비판하는 목소리가 많이 들려온다. 나도 이런 식으로 얘기하는 것은 크게 비판받아야 한다고 생각한다. 진리를 행정상의 편의에 종속시키는 유의 연합, 성령이 주시는 감동이 아닌 다른 유의 감동을 세상에 주려는 시도(이를테면, 순전히 교회의 규모로 감동을 주려는 것)는 본질상 잘못된 것으로 비난받아야 마땅하다. 이 '실용적'이라는 단어를 무차별적으로 남용하는 행습, 교회 연합을 주창하되 복음 전도를 더 효과적으로 수행하기 위한 목적으로 하는 등 다소 저급한 동기가 섞여 있는 경우는, 기독교적이라기보다 오히려 이교도적인 성격이 짙은 신학이 그 밑에 깔려 있다고 할 수 있다. C. S. 루이스가 그토록 생생하게 보여 주었던 것처럼, 하나님의 아들의 성육신이 순전히 영적인 지옥의 눈에는 가장 충격적이고 저급한 에피소드로 보였을지 모르지만, 그것은 바로 교회의 본질을 지배한다. 교회는 곧 그 성육신의 사명을 세상에서 계속 수행하는 기관이다. 내가 이미 주장한 것과 같이, 우리는 교회를 단순히 그 사명에 의거하여 정의해서는 안 된다. 교회는 하나님 자신의 생명이 연장된 실체이므로, 기능적인 견지에서만 정의하면 안 된다. 그렇다고 그 존재의 본질을 이루는 그 사명을 떠나서 묘사하려 해도 안 된다. 수난당하시던 날 밤에 하나님께 올린 기도에서, 주님은 교회와 하나님 그리고 교회와 세상을 서로 뗄 수 없도록 묶어 주신다. 그분은 사도의 가르침을 믿는 이들 모두를 위해 기도하신다. "아버지여, 아버지께서 내 안에, 내가 아버지 안에 있는 것 같이 그들도 다 하나가 되어 우리 안에 있게 하사 세상으로 아버지께서 나를 보내신 것을 믿게 하옵소서"(요 17:21). 교회의 연합은 바로 그리스도께서 이루신 구원, 곧 그리스도 안에서 만물을 하나로 통일하는 그 구원의 표지요 도구인 것이다.

교회가 분열되어 있는 한, 그 삶은 공공연하게 복음에 정면으로 배치될 수밖에 없다. 그런 분열은 온 인류를 위해 그리스도 안에서 이루어진, 단 하나의 궁극적이고 충분한 대속 행위에 관한 좋은 소식을 단편적이고 부분적인 메시지로 대치하는 죄를 범하는 것이다. 주님도 하나요, 믿음도 하나요, 대속 행위도 하나요, 우리를 그 대속에 참여하게 하는 세례도 하나뿐이다. 이 믿음과 이 세례를 공유하는 우리가 다함께 한 친교 모임으로 묶이기를 합의하려 하지 않거나 그럴 능력이 없다면, 그 대속의 충분성을 믿지 않는다고 공공연하게 선포하는 것이다. 다른 종교를 가진 이들에게 그리스도를 권하는 그리스도인 가운데 아무도 이런 불신의 부끄러움을 피할 수 없다. 이는 우리가 십자가에 못 박힌 그분이 내리시는 심판에 제대로 직면하지 않았기 때문이다. 우리를 위해 완전히 버림받는 장소에까지 내려가신 그분과 함께 기꺼이 내려가려 하지 않았기 때문이다. 갈보리 저편에서만 주어지는 그 성령이[5] 우리를 완전히 지배하도록 허락하지 않았기 때문이다. 동료 그리스도인들과 열린 마음으로 만날 때 그분의 발 앞에 모든 것을 기꺼이 던져야 마땅한데 자신이 가진 것에 고집스럽게 매달려, 그렇게 하지 않았기 때문이다. 간단히 말해, 우리 자신이 죽음을 통한 속죄의 진리를 진심으로 받아들이지 않았기 때문이다. 이런 연유로 우리가 하나가 될 수 없다는 말이다. 그래서 세상이 믿지 않는 것이다. 교회는 너무나 다양하고 대조적인 모든 인류가 그 심오하고 완전한 속죄 안에서 잃어버린 하나됨을 되찾을 수 있다고 주장하지만, 세상은 교회에서 그런 속죄의 표지를 도무지 볼 수 없기 때문이다.

---

5) Joseph E. Filson, *The Blessing of the Holy Spirit* (New York : Longmans, Green and Co., Inc., 1950).

세상이 믿을 수 있도록 교회가 하나가 되어야 한다고 말하는 것은 교회의 근원인 그리스도께 돌아가자고 요청하는 것이다. 서로를 정직하게 대면할 때, (언행의 불일치로 인해 서로 분열되었으나 살아 계신 성령의 사역으로 인해 서로의 안에 있는 그리스도를 인식하지 않을 수 없으므로) 전통의 껍질을 뚫고 들어가 살아 계신 그리스도와 만나지 않을 수 없다. 이런 만남을 통해 가장 소중히 여기는 것들을 재고하라는 도전을 받음에 따라, 우리는 교회의 궁극적 비밀, 곧 그리스도 안에서 죽음을 통해 생명에 이르는 그 진리를 다시 대면하지 않을 수 없다. 그리고 우리가 그 살아 계신 그리스도께서 우리 안에서 대속 사역을 하시도록 우리를 하나로 엮으시는 것을 허용할 때, 우리는 바로 그 사실로 인해 새 힘을 얻어 세상에 나가 모든 사람에게 그 속죄에 동참하라고 권하고, 그 속죄의 열매이자 모든 나라와 세대에 그것을 전하는 도구이며 종말 때의 최종적 성취의 표지인 그 가족[교회]의 삶에 참여하게 된다. 우리가 먼저 그리스도 안에서 서로 기꺼이 화해하지 않는다면, 모든 사람에게 가서 하나님과 화해하라고 권하는 그리스도의 대사가 되는 것은 불가능하다.

선교에 의존하는 연합

선교와 연합의 관계는 이런 식으로도 표현할 수 있다. 선교 명령에 대한 순종은 교회의 진정한 본질을 이해할 수 있게 하고 그 분열상을 확연히 드러내는 역할을 한다. 현대의 교회 일치 운동이 현대 선교 운동의 부산물이고, 그 주된 추진력이 선교 운동의 확장으로 옛 기독교 세계 바깥에 설립된 교회들로부터 왔다는 사실은 결코 우연이 아니다. 이는 부분적으로 관점의 문제이긴 해도 사실은 그 이상이다. 복음 전도 사역을 통해 교회는 그리스도께서 계신 곳과 안 계신 곳의 확연한 대조 현상을 늘 접하게 된다. 그런 상황에서는 다른 문제들이 부차적인 것으로 밀려난다. 그리스도인들이 공통적으로 지닌 것이 그들을 분열시키는 모든 것보다 훨씬 더 중요한 것으로 부각된다. (대다수의 그리스도인이 이론적으로 수용하는) 이 대단히 중요한 사실은 선교 사역이 눈에서 사라질 때 함께 사라지고 만다. 이것이 선교적 정체성을 잃어버린 교회에 생기는 한 가지 폐해다. 그런데 마지막 문장이 시사하듯, 이것은 비율의 문제 이상이다. 이는 교회의 본질과 존재 전체와 관련된 문제다. 그리스도인이 선교 사역에 참여할 때는 진정 교회다운 교회가 되는 것이다. 그리스도의 사도직에 실제로 참여하는 것이다. 세상을 향한 그분의 구속적 사랑, 모든 사람을 자신에게 이끄시려는 그 사랑에 참여하는 것이다. 그들이 처한 위치는 그리스도의 대속 사역의 완성과, 모든 사람과 모든 나라를 그리스도 안에서 하나가 되도록 모으시는 그 최종적 성취 사이에 있다고 할 수 있다. 이런 상황에서, 선교지에서는 결코 당연시될 수 없으나 보통은 당연시되는 이 교회 간의 분열은 문자 그대로 관용할 수 없는 것이 되고 만다. 이런 분열상은 사도적 사명의 본질 자체를 중심으로부터 부인하는 것이기 때문이다. 이처럼 분열이 자가당착적인 것으로 보이는 선교지 상황에서부터 재연합의 필요성이 강하게 대두되었던 것이다.

이 분열의 문제를 단호히 해결하려면, 모든 교회가 모든 피조물에게 복음을 전할 책임을 새롭게 수용하는 길밖에 없다. 또 우리를 하나로 묶을 수 있는 힘이 복음 안에 분명히 있음을 목격하지 않고는 세상이 믿지 않을 것이라고 생각한다. 이 두 가지 과업―선교와 연합―은 서로 불가분의 관계로, 같이 추진되어야 한다. 오늘날 교회가 처한 실제 상황을 생각하면서 논의를 시작했는데, 이제 우리가 구체적으로 책무를 수행해야 할 그 상황, 곧 하나님이 우리를 만나시는 그 실존적 상황으로 되돌아가서 논의를 마쳐야겠다. 교회의 연합은 신학적 토론을 거쳐 이루어질 수 있는 것이 아니다. 성육신의 종교가 우리를 그런 환상에서 벗어나게 해주어야 한다! 실제 상황에서는 소위 '비신학적 요인들'이 신학적 요인들만큼 하나님의 관심사이므로, 우리의 관심사도 되어야 한다. 우리가 할 일은 다음 세 가지다. 첫째로, 모든 교회가 온 세상을 그리스도께 순종시키기 위해 선교의 책임을 새롭게 받아들이도록 요구해야 한다. 둘째로, 힘이 닿는 한 모든 수단을 동원하여 그 과업을 수행할 때, 모든 그리스도인이 서로 협력하도록 그 영역을 확대해야 한다. 따라서 현재 에큐메니컬 운동의 좌편이든 우편이든 바깥에 있는 이들을 그 운동에 참여시켜야 할 것이다. 셋째로, 모든 곳에서 교회의 재연합 운동을 지치지 않고 열심히 추진해야 한다. 이는 곳곳에서 예수의 이름을 부르는 모든 사람이 가시적인 연합을 이루는 일, 곧 아버지와 성령과 더불어 모든 영광을 돌릴 그 그리스도 안에서 만물이 하나로 통일되는 하나님의 목적을 이루는 수단이요 표지인 한 교회로 연합하는 일이 이루어질 때까지 계속되어야 한다.

해설
레슬리 뉴비긴의 선교적 교회론

최형근(서울신학대학교 선교학 교수)

레슬리 뉴비긴은 한국 교회에 그리 잘 알려진 신학자가 아니다. 더욱이 그의 신학 사상은 한국 신학계에서 심도 깊은 논의의 대상이 된 적도 없다. 그러나 20세기 후반 복음의 진정성을 위협하는 모더니즘과 진리를 상대화하는 포스트모더니즘의 맹렬한 도전 가운데서 기독교 선교의 근거를 제시한 위대한 선교사요, 신학자요, 교회 연합 운동가였던 그의 삶과 사역과 신학은 20세기 기독교 전반—그의 고국인 영국뿐 아니라 미국을 비롯한 서구 세계와 제3세계에도—에 걸쳐 지대한 영향을 미쳤다. 그는 복음을 가장 탁월하게 변증한 인물이기도 했다. 서구 기독교 세계의 붕괴와 세속화로 인한 서구 교회의 몰락을 목격하며 저술한 그의 저서들은 세계화와 포스트모더니즘의 격랑에 처한 오늘날 세계 교회, 특히 한국 교회에 명백한 교훈을 준다.

인도에서의 선교 사역을 마치고 돌아온 1974년 이래, 생애 후반기를 채운 그의 사상의 중심은 서구 세계를 휩쓴 후기 계몽주의 문화 가운데서 교회의 선교적 본질을 발견하고 교회의 선교에 적용하고자 하는 노력으로 나타났다. 영국에서 일어난 "복음과 문화" 운동과 미국에서 일어난 "복음과 문화 네트워크" (Gospel and Our Culture Network)는 이러한 교회론적 숙고와 선교적 반성의 결과로 나타난 것이다. 뉴비긴의 교회론은 그의 초기 저서인 「교회의 재연합」(*The Reunion of the Church*)과 본서 「교회란 무엇인가?」에 나타난다. 1948년과 1953년에 출간된 이 책들은 여러 언어로 번역되었을 뿐 아니라 그의 후기 사상들을 특징짓는 주요 근거가 되었다. 특히 본서는 교회에 관한 제2차 바티칸 공의회의 헌장인 "인류의 빛"(*Lumen Gentium*)의 핵심적인 개념을 형성하는 데도 영향을 미쳤다. 선교 사역을 마치고 영국으로 돌아와 서구의 세속화와 신이교주의의 발흥으로 인한 서구 교회의 퇴락을 목격한 레슬리 뉴비긴은, 심각한 위기와 절망을 감지하고 교회의 선교적 본질을 찾으려는 시도를 끊임없이 전개해 나갔다. 그는 오늘날 "서구 교회에 과연 회심이 가능한가?"라고 물으면서, 서구 교회에 대한 애절한 심정을 표현했다.

뉴비긴은 때로 자유주의자들에게는 근본주의자라는, 근본주의자들에게는 자유주의자라는 비난을 받았다. 그러나 사실 그는 자유주의와 근본주의가 모두 잘못된 전제에서 나왔다고 주장하며, 이 둘을 거부하고 성경에 근거한 접근을 시도했다. 자유주의와 근본주의의 큰 간극을 목도한 그는, 이러한 분열이 계몽주의 모더니즘이 지배하는 서구 문화에 내재한 '가치'와 '사실'의 깊은 분리, 즉 주관과 객관에 대한 이원론적인 접근에서 나온 것이라고 주장한다. 그의 교회론은 가시적인 교회 일치/연합과 결코 분리될 수 없다. 즉, 그의 신학적 이해와 실천 전반을 볼 때 교회 연합과 선교는 분리될 수 없는 것이었다. 그가 말하는 교회와 선교 그리고 교회 연합은 세상과 화해하시는 삼위일체 하나님의 복음에 신학적 근거를 두고 있다. 그가 에큐메니컬 운동에 참여하여 평생을 교회 연합 운동에 헌신한 것은 복음 전파를 향한 열정과 교회를 향한 사랑에 기인한 것이다. 뉴비긴이 생각하는 교회는, 하나님의 순례하는 백성으로서 이 세상의 문화를 거슬러 올라가며 열방에 그리스도를 전하기 위해 한 분 하나님 아래 가시적인 연합체를 이루려고 부름받은 존재다. 이러한 의미에서 뉴비긴의 교회론은 선교적이고 에큐메니컬하며 대항문화적이다.

뉴비긴은 1909년 12월 8일 영국 뉴캐슬에서 태어났다. 1985년에 출간된 자서전(*Unfinished Agenda: An Autobiography*)에 따르면, 불신자로 1928년 케임브리지 대학교 퀸즈 칼리지에 입학했으나 곧 기독교 학생 운동(SCM)에 참여하여 회심을 경험했다. 1931년 졸업을 하고 스코틀랜드 SCM 총무로 2년간 일한 후에, 3년 과정의 신학 수업을 위해 케임브리지로 다시 돌아왔다. 1936년 인도에 선교사로 가기 위해 스코틀랜드 장로교회에서 목사 안수를 받고, 그해 말 인도에서 선교사로서의 삶을 시작했다. 많은 반대와 염려에도 불구하고 인도에서 장로교, 회중교회, 영국 감리교, 성공회의 연합으로 구성된 남인도 교회를 형성하고 조직하는 핵심 역할을 했으며, 1947년 37세의 나이에 마두라이에서 이 연합된 교회의 초대 감독들 가운데 하나로 임명되었다.

1959년 뉴비긴은 국제선교협의회(IMC)의 총무직을 수락하여 잠시 인도를 떠났다. 그리고 1961년 세계교회협의회(WCC) 뉴델리 회의에서 IMC와 WCC의 통합에 주도적인 역할을 하고, WCC 부총무와 WCC 전도위원회 책임자가 되었다. 1965년 그는 WCC에서의 사역을 성공적으로 마치고 인도로 돌아와 첸나이의 감독으로 사역했다. 당시 그는 이미 인도에서의 선교 경험을 통해 교회의 연합, 교회의 본질 그리고 기독교 선교의 삼위일체적 근거를 다룬 여섯 권의 책을 저술했다. 이 저서들 가운데 특히 교회론적으로 주목받는 저서가 앞서 언급한 두 권이다. 세속화 논쟁이 한창이던 1966년에 존 로빈슨(John Robinson) 감독의 「신에게 솔직히」(*Honest to God*)에 대한 답변으로 「세속적 인간을 위한 정직한 종교」(*Honest Religion for Secular Man*)를 출간했으며, 1969년에는 「그리스도의 최종성」(*The Finality of Christ*)을 출간하여 강력한 사도적 메시지를 제시했다. 이후에 다른 저서들이 잇따라 출간되었는데, 1974년 두 달간의 육로 여행을 통해 인도에서 영국으로 돌아온 이후 5년 동안 버밍엄의 셀리 오크 칼리지에서 선교학을 가르치며 뉴비긴의 관심은 물질주의와 세속주의 그리고 허무주의로 녹초가 된 서구의 문화적인 상황에서 효과적으로 복음을 증거하기 위한 도전으로 나타났다. 1979년 그는 셸리 오크 칼리지의 교수직에서 은퇴하고 버밍엄의 윌슨 그린에 있는 다문화 교회에서 도시 사역을 했다. 그 사역을 통해 뉴비긴은 과거 2천 년 동안 선교사들이 접촉한 기독교 이전의 이교주의들보다 기독교 신앙에 대한 강력한 저항에서 나온 신이교주의가 더욱 맹렬하며 복음에 저항적이라는 사실을 발견했다. 그는 인도에서의 선교 경험을 통해 얻은 타문화적 통찰들을 서구 사회에서 복음의 능력을 증거하는 데 적용하려 했다. 「서구 기독교의 위기」(*The Other Side of 1984*, 1983, 대한기독교서회 역간), 「헬라인에게는 미련한 것이요」(*Foolishness to the Greeks: The Gospel and Modern Culture*, 1986, IVP 역간), 「선교와 서구 문화의 위기」(*Mission and Crisis of Western Culture*, 1989), 「다원주의 사회에서의 복음」(*The Gospel in a Pluralist Society*, 1989, IVP 역간), 「복음 공공의 진리를 말하다」(*Truth to Tell: The Gospel as Public Truth*, 1991, SFC 역간), 「정당한 자신감」(*Proper Confidence: Faith, Doubt, and Authority in Modernity*, 1996)과 같은 저술들에는 이교적으로 변해 가는 서구 사회를 복음으로 변혁시키기 위한 그의 선교적 변증과 열정이 담겨 있다.

1992년 뉴비긴과 그의 아내 헬렌은 버밍엄을 떠나 런던으로 온 후에도 여러 사역에 헌신했다. 앞서 언급했듯, 그의 선교적 교회론은 영국 교회협의회를 중심으로 "복음과 문화 네트워크"를 형성하는 데 지대한 영향을 끼쳤을 뿐 아니라, 북미의 "복음과 문화 네트워크" 형성에도 직접적인 영향을 끼쳤다.

1998년 1월 30일, 그는 하나님의 품에 안겼다. 사람들은 그의 성격을 '겸손'과 '친절'과 '정직'이라는 단어로 표현한다. 제프리 웨인라이트(Geoffrey Wainwright)는 「레슬리 뉴비긴: 신학적 생애」(*Lesslie Newbigin: A Theological Life*) 서문에서 뉴비긴을 초대교회의 교부들과 비견하며, 뉴비긴이야말로 올바른 선교적 실천과 신학적 숙고를 통해 기독교 신학을 구축한 인물이라고 평가한다. 뉴비긴의 WCC 동료인 비셜 후프트(Willem Adolf Visser 't Hooft)는 "많은 사람이 뉴비긴을 IMC의 초대 총무이자 WCC를 형성한 주요 인물 가운데 하나로 기억하고 존경하지만, 그의 활력 넘치는 삶의 처음부터 마지막을 견지한 핵심적인 열정이 바로 교회의 선교적 신실함에 대한 것이었음은 잘 기억하지 못한다"고 평가했다.

뉴비긴의 교회론

뉴비긴은 복음에 확고히 서서 교회와 선교에 대한 바른 이해를 가지고 예수 그리스도의 교회를 하나로 연합시키기 위해 평생을 노력했다. 그는 자유주의자, 복음주의자, 근본주의자뿐 아니라 은사주의자들과도 대화를 나눴고, 그의 교회론은 로마 가톨릭교회와 정교회에도 영향을 끼쳐 그들도 그의 주장에 귀를 기울일 정도였다. 뉴비긴의 선교적 교회론은 인도에서의 선교 사역을 통해 형성되었고, IMC와 WCC에서의 활동을 통해 발전되었다. 그의 교회론은 「교회의 재연합」과 본서에 잘 나타나 있고, 그 이후에는 셀리 오크 칼리지에서 선교와 교회에 관해 강의한 내용을 책으로 엮은 「오픈 시크릿」(*The Open Secret*, 1978, 복있는사람 역간)와 교회론에 관한 논문인 「세상을 위해 존재하는 교회」(*On Being the Church for the World*, 1988)에서 학문적으로 더 체계화되었다. 교회 연합과 선교가 뉴비긴의 신학적 이해와 실천에서 현대 에큐메니컬 운동의 중심을 관통하는 것처럼, 이 두 요소는 긴밀하게 연관된다. 뉴비긴의 신학은 교회와 선교 그리고 연합에 뿌리를 두고 있다. 그의 선교 신학은 교회의 신학이자 공적 신학(a public theology)으로, 개신교 구원론의 지나치게 개인화된 접근을 비판적으로 고찰할 근거를 제시한다. 뉴비긴은 교회를 교회 되게 하는 것은 선교이며, 교회를 하나 되게 하는 것도 선교라고 주장한다. 또한 세계 복음화와 교회 연합 운동의 연계성은 복음으로 회귀하는 가장 심오한 특질이며 표지라고 주장한다.

본서는 뉴비긴이 인도 마두라이에서 사역하던 중 가족과 안식년을 보내기 위해 에든버러에 머물던 기간(1952년 5월부터 1953년 1월까지)에 쓴 것이다. 이 기간 동안 그의 관심은 교회의 본질에 관한 커 강연(Kerr Lectures)에 집중되었다. 커 강연은 1952년 11월 글래스고의 트리니티 칼리지에서 연속으로 진행되었다. 그로부터 5년 전인 1947년, 성공회 신학자인 앨런 리처드슨(Alan Richardson)은 뉴비긴이 주교로 있던 남인도 교회와 연관된 교회론 논쟁을 넘어서 「교회의 재연합」에 함의된 교회론을 확장하자고 제안했다. 어떤 의미에서 본서는 1948년 암스테르담에서 태동된 WCC를 통해 급속히 발전되던 에큐메니컬 운동의 교회론적 근거를 제시하는 역할을 했다. 뉴비긴은 새롭게 출범한 에큐메니컬 운동이 적절한 교회론을 갖고 있지 못하다고 느꼈다. 그리고 교회론에 관한 많은 책이 소속 교파들의 전통을 옹호하는 부분적인 주장들을 담고 있다고 판단했다. 그는 에큐메니컬 운동이 선교 운동에서 파생되었기 때문에, 선교 운동에 그 기원을 두지 않는다면 치명적인 약점을 보일 수밖에 없다고 주장한다.

뉴비긴은 본서에서 교회론을 논의하게 된 세 가지 배경을 언급한다. 그것은 기독교 세계의 붕괴, 비서구 세계에 대한 서구 세계의 선교적 경험, 그리고 현대 에큐메니컬 운동의 발흥이다. 그의 후기 저서들에 광범위하게 나타나는 선교적 동기는 초기 저서인 본서에 잘 요약되어 있다. 그에게 서구 문화 밖에 있는 비서구 종교 문화들과의 선교적 접촉은 세상과 교회의 관계뿐 아니라 교회의 본질에 관한 근본적인 질문을 야기했다. 한때 유럽과 북미의 '기독교적' 문화 가운데서 호화로운 삶을 영위했던 서구 교회들은 세속화된 문화, 더 나아가서는 이교화된 문화와 대면하면서 그 정체성과 본질을 상실하는 경향을 나타냈으며, 종종 세상으로부터 구별되지 못했다. 그러나 비서구 교회들은 이와 달랐다. 그들은 비록 복음에 적대적인 환경 가운데서 살았지만, 교회에 주어진 소명을 회피하지 않았다. 뉴비긴이 그의 후기 저서들을 통해 줄곧 주장했던 서구 기독교 내에서 일어난 반기독교 운동들은 주로 계몽주의 모더니즘의 전제들에 근거한 것이었다. 즉, 콘스탄티누스 황제의 기독교 공인 이후 기독교 신앙은 내부에서 일어난 계몽주의 세계관의 도전으로 인해 자유주의로 흘러가거나 사적인 영역으로 후퇴하는 양상을 보였다. 이러한 상황은 그리스도의 몸으로서 교회의 공동체성에 대한 질문을 야기했다. 또한 비기독교 세계에서 선교는 새로운 교회 공동체가 세워지는 과정에서 초래되는 분열로 인해 위축되고 공적인 영역에서 영향력을 상실하는 문제를 낳았다. 선교와 분열은 성경이 보여 주는 교회의 모습과 다르기에 선교지 교회가 연합해야 할 필요성이 대두되었다. 뉴비긴은 남인도 교회의 연합을 통해 비기독교 선교지에서의 연합을 실례로 보여 주었다. 에큐메니컬 운동은 위의 두 상황에서 발생했다. 즉, 비기독교 세계에서의 선교 경험과 서구 기독교 내에서 제기된 도전들은 에큐메니컬 운동의 태동을 가져왔고, 가시적 연합을 통해 본질인 선교를 추구하는 과제를 교회에 부여했다. 이러한 교회 연합 운동은 그 자체로 종말론적 성격을 띤 일련의 순례 과정으로 이해된다. 뉴비긴은 당시 에큐메니컬 운동의 교착 상태를 인식하며, "그것을 푸는 방법은 선교적인 동시에 종말론적인 관점을 품고 성령에 순종하는 것과 성령에 사로잡히는 것을 의미한다"라고 말한다. 그의 교회론의 핵심에는 항상 "가시적이고 실제적으로 존재하는 실재적 공동체로서 하나님의 교회"가 자리한다.

그는 교회가 복음을 듣고 믿음으로써, 역사적 연속성을 지닌 성례에 참여함으로써, 그리고 성령을 받고 그 안에 거함으로써 그리스도께 영입된다는 통전적 견해를 제시한다. 이를 위해 개신교, 로마 가톨릭, 오순절파의 교회론이 지닌 장단점을 지적하고, 통전적 관점에서의 기독론에 근거한 종말론의 시각으로 선교적 교회론을 제시한다.

뉴비긴이 말하는 교회론의 핵심은 기독교의 세 진영―개신교, 가톨릭, 오순절파―이 주장하는 교회론에 관한 것이다. 뉴비긴은 본서에서 교회에 관한 개신교와 가톨릭의 견해 차이에 대해 논쟁하는 것이 적절하지 않다고 말하는데, 그 이유는 오순절파의 관점을 도외시한 경향 때문이다. 이 세 가지 교회론의 흐름에 대한 그의 관심은 교회의 가시적인 연합을 이루고자 하는 열망에서 나왔다고 볼 수 있다. 이 논의의 배경이 되는 질문은 "교회는 과연 무엇으로 구성되는가? 하나님의 가시적 공동체인 지상의 그리스도의 교회는 어디에 있는가? 오늘날 어떤 표지나 사역을 통해 그리스도의 교회임을 주장할 수 있는가?"이다. 첫째 흐름에서 교회의 참된 본질은 복음의 선포와 성례의 바른 시행을 통해 입증된다(신자의 회중). 이는 개신교 종교개혁 전통의 접근 방법이다. 둘째 흐름에서는 역사적 전통을 계승하는 교회가 성례에 참여함으로써 그 참된 본질이 입증된다(그리스도의 몸). 이는 가톨릭의 입장을 대변한다. 셋째 흐름에서는 말씀이나 성례보다는 성령의 역동적인 경험을 통해 교회를 규정한다(성령의 공동체). 뉴비긴은 이 견해를 오순절적 접근이라 부른다. 이들 각각의 교회론 유형은 성경에 나타난 복음의 본질에 근거한다. 그러나 뉴비긴은 이들이 다른 유형들을 무시하고 자신의 입장을 지나치게 강조할 때, 왜곡된 결과를 초래한다고 주장한다.

첫째, 종교개혁 전통에 서 있는 개신교는 "믿음은 들음에서 난다"는 것을 강조하며 말씀 선포에 초점을 두지만, 성례의 중요한 역할도 인정한다. 그러나 이들은, 개신교 역사를 통해 볼 수 있듯이, 여러 세대를 하나로 묶어 주고 연합하는 교회의 연속성을 중시하지 않는다. 즉, 교회의 존재론적이고 종말론적인 특질이 역사적 성격을 약화시켰다고 볼 수 있다. 따라서 개신교는 믿음을 지나치게 지적인 것으로 만드는 결과를 초래했고, 교회를 가시적 연합체로 보는 개념을 상실함으로써 교파 분열을 초래했다. 다시 말해, 말씀과 성례의 관계를 지나치게 단순화함으로써 가시적 연합의 중요성을 약화시켰고, 교회의 연합을 단순히 영적인 것으로 평가 절하하여 개신교 신앙의 양태를 사적인 영역으로 축소시켰다. 성례 이외에, 개혁자들은 성령의 중요성을 인지했다. 그러나 여전히 그들은 '열정'을 삼갔다. 둘째, 가톨릭은 말씀 선포를 존중하고 믿음의 필연성을 인정했지만, 개신교와 반대로 강단(pulpit)보다는 성례전이 집례되는 제단(altar)에 교회의 삶을 위치시켰다. 또한 성령의 임재를 주장하나, 교회의 성례전적 명령에 우선권을 부여했다. 즉, 가톨릭은 그리스도의 몸 된 교회와 성례에 대한 헌신을 강조한다. 셋째, 오순절파는 말씀 선포를 존중하고 성례의 시행을 회피하지는 않으나, 성령 체험으로 신자의 모든 행동을 판단한다. 오순절의 영성은 교회의 전통에 대한 바른 이해보다는 성령의 능력을 강조한다.

교회에 대한 이들 각각의 이해는 성경에 확고한 근거를 두지만, 어떤 견해도 그 혼자만으로는 지상에 있는 그리스도의 교회를 충분히 규정하지 못한다. 개신교와 가톨릭의 교회론은 많은 차이를 드러내며, 오순절파의 교회론과도 매우 반대되는 경향을 나타낸다. 개신교와 가톨릭이 공유하는 것은 전통에 대한 강조다. 에큐메니컬 운동의 부상은 특히 가톨릭과 개신교의 시선을 새롭게 부상하는 오순절 운동의 교회론적 형태로 돌리게 했다. 오순절 운동에서, 그리스도인의 삶은 능력의 체험과 성령의 임재로 규정된다. 정통 교리나 전통의 계승 중 어떤 것도 성령 체험을 대신할 수 없다. 오순절파 그리스도인들은 성령 체험이 빠지면 말씀이나 성례나 전통으로 만족하지 않는다. 이러한 오순절파의 교회론은 에큐메니컬 운동을 특징짓는 개신교-가톨릭 논쟁의 난국을 초래하는 데 기여했다. 뉴비긴이 말씀과 삶의 분리라고 명명하는 이러한 딜레마는 잘못된 것이다. 성육신하신 예수 그리스도는 영원하신 말씀으로, 그분 안에는 말씀과 행위가 분리되지 않는다. 즉, 교회는 선교사일 뿐 아니라 한 몸이다. 한편 개신교가 강조하는 공식화된 편협한 교리적 진술은 그리스도인의 삶을 경직되고 분파적으로 만들 수 있다.

요약하면, 뉴비긴은 회심자들을 향한 사도 바울의 질문["너희가 믿을 때에 성령을 받았느냐?"(행 19:2)]을 유비적으로 표현하여 교회론의 세 흐름을 표현한다. "너희는 우리가 가르치는 것을 확실히 믿느냐?"(개신교) "너희에게 얹은 그 손이 우리의 손이냐?"(가톨릭) 이 질문에 대한 답이 만족할 만하다면, 회심자들이 성령을 받았다고 확신할 것이다. 따라서 기독교의 두 형태는 교회 안에서 역사하는 성령의 중대한 역할을 망각하는 경향을 보인다. 그러나 오순절파도 자체적인 위험을 안고 있다. 첫째, 오순절파의 교회론은 말씀과 성례 가운데서 만나는 그리스도의 사역으로부터 성령의 사역이 분리되는 비역사적 신비주의 형태로 변질될 가능성을 안고 있다. 둘째, 그 교회론에는 성령의 자유를 지나치게 강조하는 위험이 도사리고 있다. 즉, 특정한 개인적 은사에 대한 강조로 인해 겸손이 상실되고, 성령의 임재로 나타나는 그리스도 안에서의 연합을 놓칠 수 있다.

뉴비긴의 교회론은 사고와 행동, 선교와 연합, 성취와 기대로 나타난다. 그에게 교회는 하나님의 순례하는 백성이다. 교회의 본질은 결코 정적인 용어로 정의되지 않고, 앞을 향해 나아가는 것, 종말론적 기대와 하나님 나라의 성취와 미리 맛봄으로 정의된다. 종말론적인 동시에 선교적인 관점에서 이해하지 않고는 교회를 규정할 수 없다. 하나 되기를 그치거나 선교적이기를 그칠 때, 교회는 자가당착에 빠진다.

뉴비긴은 선교를 아버지의 선포와 아들의 삶을 나눔과 성령의 증거를 전하는 것으로 규정한다. 그는 "아버지께서 나를 보내신 것처럼 나도 너희를 보내노라.…성령을 받으라"(요 20:20-21)는 말씀을 근거로 하나님 나라의 선포와 예수 그리스도 안에 현존하는 하나님의 통치, 그리고 성령의 증언이라는 삼위일체적인 관점을 피력한다. 이러한 선교의 삼위일체적 관점은 성령의 능력을 받은 사도들과 교회가 복음의 증인으로서의 사명을 감당하는 것으로 나타난다. 그는 「오픈 시크릿」(pp. 77, 80)에서 성부와 성자의 선교가 어떻게 교회의 삶을 통해 변혁적인 능력으로 나타나는가를 다음과 같이 설명한다.

나는 하나님의 왕권이 교회에 현존한다고 주장했다. 하지만 그것이 교회의 소유물이 아니라는 점이 강조되어야 한다. 그것은 교회 안에 안주하지 않는다. 선교는 단순히 교회의 삶에 본래 갖추어진 능력을 발휘하는 교회의 자기 선전이 아니다. 그와 같은 서술을 받아들이는 것은 선교에 대한 심각한 왜곡을 재가하는 것이다. 반대로 능동적인 선교의 동력은 교회를 다스리고 인도하며 전진하는 힘, 즉 하나님의 영의 주권적이고 살아 있는 능력이다. 선교는 단순히 교회가 행하는 그 무엇이 아니다. 선교는 자신의 증인이 되어 세상과 교회 모두를 변화시키고, 언제나 자신의 선교 여행에 교회 앞에서 이끄시는 성령께서 행하시는 그 무엇이다.…교회가 선교를 기반으로 시작된다는 것은 주권적인 성령의 활동에 의해 이루어진다는 것을 말한다.

교회의 선교적 본질을 이해하는 뉴비긴의 세 가지 접근 방법은 하나님 자신의 삼위일체적 존재 양식에 근거한다. 교회는 그 본질인 하나님의 선교를 재발견하려는 노력을 통해, 연합을 파괴하고 복음의 통전성을 왜곡하는 이원론적 세계관으로부터 벗어나 문화를 변혁하는 공동체가 될 수 있다. 뉴비긴에게 기독교는 제3의 방법으로서 이론과 실천 모두를 포함하는 것이었다. 이것이 바로 복음이 사회와 문화 한복판에서 개인적인 가치의 차원을 넘어 공적인 진리로 나타나는 것을 의미한다. 뉴비긴의 선교적 교회론은 삼위일체 하나님의 선교로, 말씀과 행위 그리고 복음 선포와 사회적 관심이 통합된 통전적 교회론이다.

57년 전에 저술된 본서가 오늘날 한국 교회에 주는 교훈은 무엇이며, 본서를 통해 배울 점은 무엇인가? 복음주의적인 관점에서 본서는 에큐메니컬 운동에 대해 적개심(?)을 지닌 근본주의자들에게 용납되지 않을 수도 있다. 하지만 뉴비긴이 말한 대로, 성경으로 돌아가 교회의 본질을 탐구한다면, 삼위일체 하나님의 주권과 통치 아래 교회의 가시적 연합이 선교를 위한 기초임을 발견하게 된다. 교회 연합 운동의 배경은 선교이며, 선교는 교회의 본질이다. 사실 뉴비긴이 본서를 저술한 때는 에큐메니컬 운동이 태동한 지 얼마 지나지 않은 때였으며, 에큐메니컬 진영과 복음주의 진영이 분명하게 형성되지 않은 때였다. 그 후에 뉴비긴은 IMC 총무로 선교 행정가로서의 역량을 발휘했으며, IMC와 WCC의 통합에 주도적인 역할을 했다. 그 이유는, 그가 늘 주장하던 대로, 교회의 연합과 선교적 본질과의 연속성에서 이해될 수 있다. 교회 연합체로서 WCC에 대한 그의 염려는 "선교 부재"에 대한 것이었다. 1961년 WCC 뉴델리 회의에서 IMC와 WCC의 통합이 이루어졌고, WCC 진영 내의 선교적 동력은 그의 기대와 달리 활성화되지 않았다. 대신 세속화와 인간화 논쟁이 에큐메니컬 진영의 주요 신학적 의제를 형성했고, 요하네스 호켄다이크(J. C. Hoekendijk)를 중심으로, 교회의 선교에 대한 의구심이 제기되고 1952년 IMC 윌링겐 회의에서 나온 "하나님의 선교"(*Missio Dei*)에 대한 환원주의적 접근이 시작되었다. 그후 에큐메니컬 진영의 선교적 방향은 뉴비긴의 의도와 다르게 진행되었다.

본서를 통해 뉴비긴의 선교적 교회론을 접하며 전 세계적이고 다원적인 상황 가운데 선교에 적극적으로 참여하는 한국 교회가 함께 숙고해야 할 점은 다음과 같다. 교회의 전통적 표지들인 하나의 교회가 다양성을 인정하며, 거룩한 교회가 성령에 이끌리는 교회로서 선교의 활력을 불어넣기 위해 은사적인 특성을 유지하며, 보편 교회가 전 세계에 흩어진 지역 교회들의 특성을 인식하고, 사도적 전통을 이어오는 교회가 그 선교적 정체성을 잃지 않고 사회와 문화를 변혁하는 대항문화 공동체로서 예언자적인 표지들로 보완되어야 한다. 뉴비긴의 교회론을 통해 오늘날 복음주의와 에큐메니컬 운동 양진영의 대화를 위한 통로를 발견할 수 있을 뿐 아니라, 급속히 부상하는 오순절 운동에 대한 신학적 숙고와 대화의 장을 확장해 나갈 수 있을 것이다.

레슬리 뉴비긴은 "현대 교회에 수많은 문제를 제기한 예언자"(A Scandalous Prophet)라는 다소 역설적인 별칭을 얻었다. 그가 현대 교회, 특히 한국 교회에 도전적으로 제기하는 문제들은 교회의 본질에 대한 회복과 더불어 교회 자체가 새로운 사회-문화적 실재가 되는 것이라고 볼 수 있다. 뉴비긴을 대하며, 한국 교회는 교회가 선교를 소유하는 것이 아니라 삼위일체 하나님의 선교가 교회의 본질적 존재 양식임을 깨달아야 한다. 그것은 인간이 되셔서 십자가에 달리시고 부활하신 예수 그리스도를 통한 구원을 이루어 세상을 자신과 화해시키신 하나님의 영원한 사랑에 근거한다.

오늘날 수많은 분열과 갈등을 경험하는 한국 교회가 교회의 선교적 본질을 재발견하는 데 실패한다면, 계속 자기 자신만을 위해 존재하고 하나님 나라와는 무관한 자기 충족적 프로그램들과 자기 이익만을 추구하는 세속 기업으로 전락할 것이다. 뉴비긴의 삶과 사역과 신학을 접하면서, 한국 교회는 복음에 대한 자신감으로 충만하고 성례전적 공동체를 지향하며 성령에 이끌리는 교회인지 반드시 물어야 한다. 한국 교회의 갱신과 개혁은 하나님 나라를 위해 교회가 일으키는 거룩한 스캔들을 통해 일어날 것이다. 이것이 뉴비긴의 교회론이 우리에게 주는 도전이며 선물이다.

* 레슬리 뉴비긴의 생애와 선교 사역, 신학적 흐름에 대해서는 다음 자료들을 참고하라.
- Lesslie Newbigin, *Unfinished Agenda: An Autobiography*(Grand Rapids, MI: Eerdmans, 1985). 「아직 끝나지 않은 길」(복있는사람).
- Lesslie Newbigin, *Lesslie Newbigin Missionary Theologian: A Reader*. Paul Weston Compiled and Introduced(Grand Rapids, MI: Eerdmans, 2006).
- Geoffrey Wainwright, *Lesslie Newbigin: A Theological Life*(New York: Oxford University Press, 2000).

옮긴이 **홍병룡**은 연세대학교 정치외교학과와 동 대학원을 졸업했으며, IVP 대표 간사로 일하던 중 캐나다로 가서 리젠트 칼리지(MCS)와 기독교학문연구소(Institute for Christian Studies)에서 공부했다. 「여성, 그대의 사명은」, 「소명」, 「정의와 평화가 입맞출 때까지」, 「다원주의 사회에서의 복음」, 「그리스도와 문화」, 「헬라인에게는 미련한 것이요」, 「코끼리 이름 짓기」, 「기독교 교리를 다시 생각한다」(이상 IVP), 「완전한 진리」(복있는사람) 등 다수의 책을 번역했다.

교회란 무엇인가?

초판 발행_ 2010년 9월 20일
초판 9쇄_ 2023년 5월 25일

지은이_ 레슬리 뉴비긴
옮긴이_ 홍병룡
펴낸이_ 정모세

펴낸곳_ 한국기독학생회출판부
등록번호_ 제2001-000198호(1978.6.1)
주소_ 04031 서울시 마포구 동교로 156-10
대표 전화_ (02)337-2257 팩스_ (02)337-2258
영업 전화_ (02)338-2282 팩스_ 080-915-1515
홈페이지_ http://www.ivp.co.kr 이메일_ ivp@ivp.co.kr
ISBN 978-89-328-1144-4

ⓒ 한국기독학생회출판부 2010

책값은 뒤표지에 있습니다.
무단 전재와 복제를 금합니다.